U0625381

新媒体运营与传播研究

郭潇雨　著

全国百佳图书出版单位
吉林出版集团股份有限公司

图书在版编目(CIP)数据

新媒体运营与传播研究 / 郭潇雨著.--长春:吉林出版集团股份有限公司,2023.1

ISBN 978-7-5731-3073-0

Ⅰ.①新… Ⅱ.①郭… Ⅲ.①传播媒介一运营管理

Ⅳ.①G206.2

中国国家版本馆 CIP 数据核字(2023)第 040530 号

新媒体运营与传播研究

XINMEITI YUNYING YU CHUANBO YANJIU

著:郭潇雨

责任编辑:欧阳鹏

技术编辑:王会莲

封面设计:豫燕川

开　本:787mm * 1092mm 1/16

字　数:235 千字

印　张:11.75

版　次:2023 年 1 月第 1 版

印　次:2023 年 1 月第 1 次印刷

出　版:吉林出版集团股份有限公司

发　行:吉林出版集团外语教育有限公司

地　址:长春福祉大路 5788 号龙腾国际大厦 B 座 7 层

电　话:总编办:0431—81629929

印　刷:吉林省创美堂印刷有限公司

ISBN 978-7-5731-3073-0　　　　定价:70.00 元

前言

人类社会经历了四次意义重大的传播革命，每一次革命都带来了人类信息传播的巨大变化，也都在很大程度上改变了人类的生活。目前，我们正处于第五次传播革命——互动传播时期。在这一时期，人们通过各种数据、文字、图片、声音、信号等方式开展互动，其中新媒体传播互动是这一时期产生的一种新型传播方式，也是人们研究的重点。这种将信息科技与媒体产品相融合，以现代信息科技的快速发展为依托，通过现代信息技术开展信息传播的媒体活动在带动信息传播发生巨大变革的同时，也通过其带来的媒体创意新经济，使得原来的传统媒体从规模经济转向了范围经济、共享经济等模式，从而在很大程度上拓展了信息传播的渠道和空间，提升了信息传播的速度和效率，也因为这些显而易见的优势，新媒体传播已经成为我国新闻传播的重要形态，受到人们的关注。

新媒体传播凭借媒介技术的发展将我们带到了一个众语喧哗、瞬息万变的时代。在这里，人们大声疾呼，迷醉在这个由媒介构成的全新世界里。然而，伴随着新媒体时代的到来，新媒体不同于传统媒体的表达形式、传播频率、传播范围、传播速度、受众特点等常常使人不知所措。传统媒体时代形成的"内容为王"观念虽然在新媒体时代仍被强调，但网络、渠道、平台和终端的作用和价值日渐凸显，服务与市场的理念正逐步深化。因此，深入研究新媒体的运营与传播，推动新媒体科学有序的发展就成为新闻传播研究的一个重要内容。

本书共有十章。第一章作为全书开篇，首先对新媒体进行了界定，本书所界定的新媒体立足于当下，指的是相对于报刊、广播、电影、电视等传统媒体而言的新的媒体形态。其次对新媒体的基本特点和用户在新媒体中扮演的角色、地位进行了研究。第二章是对新媒体的前世今生，即新媒体的产生与发展、发展现状进行了梳理，以及对新媒体发展趋势进行了分析。第三章梳理了传媒技术的革新历程，对互联网的产生与进化的分析，使我们更清晰地认识到技术的进步对推动新媒体发展的重要作用。第四章在对传统媒体和新媒体的对比研究基础上，分析了新媒体的发展优势，对新媒体的三方运营作了简要阐述。运营模式决定着一家公司、一个产品能走多远。因此在第五章分别介绍了网络媒体、手机媒体、互动性电视媒体、户外新媒体等多种运营模式。大数据时代，越来越多的企业把注意力转向了数据化的精细运营。因此第六章聚焦大数据对新媒体运营的加持、深化和产生的变革。第七章从新媒体传播推广的理论基础、新媒体传播内容的特点、新媒体传播渠道的特点和新媒体传播推广的效果等方面来加以介绍。为了尽可能减少人们在选择信息时的混乱状态，就必须对杂乱无章的新媒体传播内容进行生产与编辑，第八章主要内容是网络新闻稿件的判断与选择，手机媒体的新闻编辑，新媒体内容的获取、集成、分发与管理，新媒体广告的策划与运作。第九章聚焦新媒体传播的舆论引导与控制。新媒体舆论成为社会舆论的主流，我们对其特点和存在的问题进行了分析，并提出了加强新媒体舆论引导的方法，同时还对新媒体条件下谣言的传播与消解进行分析和阐述。第十章分析了如何更好地进行新媒体的管理，以确保其健康、有序地发展。

在图书的撰写上，本书在新媒体快速发展带来的媒介环境大变革的基础上，在理论和操作层面，沿着新媒体的运营模式，大数据与新媒体运营的关系，新媒体传播的理论基础、传播内容、传播渠道的特点以及传播效果，新媒体传播内容的生产与编辑，新媒体传播的舆论引导与控制和新媒体的管制与规划这些方面对新媒体的运营与传播进行了梳理、把握和探讨，有助于读者结合媒体发展的大环境深入思考新媒体传播的内涵，了解新媒体传播的优势和问题，并思考如何更好地利用新媒体来推动我国传媒产业的健康发展。

在本书的撰写过程中，作者不仅参阅、引用了很多国内外相关文献资料，而且得到了同事亲朋的鼎力相助，在此一并表示衷心的感谢。由于作者水平有限，书中疏漏之处在所难免，恳请同行专家以及广大读者批评指正。

作　者
2021 年 12 月

目 录

第一章 新媒体概述

第一节 关于新媒体的界定

在全书的开始，我们有必要对"媒体"和"媒介"这两个经常混用的概念做一下说明。两个词语均来自于英文单词中的"media/medium"，并无概念上的本质区别，只是在使用习惯上有细微的差别。一般来说，媒介是整体的抽象名词，媒体则是个体的具象名词；也有的学者认为媒介指的是语言、文字、声音、图像等内容信息，而媒体指的是书本、报纸、杂志、广播、电视等传播媒介及其机构。在本书中，"媒介"与"媒体"以及"新媒介"与"新媒体"的概念等同，未作区分。

"新媒体"这一概念最早可以追溯到50多年前。1967年，美国哥伦比亚广播电视网（CBS）技术研究所所长 P. 高尔德马克（P. Goldmark）发表了一份关于开发电子录像（EVR）商品的计划书，他在计划书中将"电子录像"称作"New Media（新媒体）"，"新媒体"概念由此诞生。随后，美国传播政策总统特别委员会主席 E. 罗斯托（E. Rostow）在向当时的美国总统尼克松提交的报告书中也多次提到"New Media"这一概念。"新媒体"一词随后开始在美国流行，不久便成为全世界的热门话题。

近年来，随着新媒体在我国的迅猛发展，"新媒体"一词也成为国内业界和学界炙手可热的新词语，越来越多的媒体从业者、IT 人士和学者开始关注、探讨新媒体。尽管如此，对于新媒体的许多基本问题，比如界定问题，国内研究者们众说纷纭、各执一词，并未形成较为统一的认识。

对此我们认为，从严格意义上说，新媒体并非一个科学的概念，因为"新"是相对于"旧"来说的，任何事物在诞生之始都是以新面目出现，但随着时间的流逝，"新""旧"之间的界限会逐渐模糊，直至消失。鉴于此，本书试图从时间和技术两个维度来对新媒体做出相对客观的界定。

首先，"新媒体"是一个时间性概念。我们知道，媒体作为一种工具，其物质形态是随着技术的发展而不断演变的。从最早的口口相传、结绳记事到文字的诞生、印刷术的发明，从书籍的广泛普及再到近代新闻报业的崛起、广播电视等电子媒体的壮大，直至当前以数字和网络技术为支撑的一系列新媒体的兴盛，媒介形态始终处于一个不断发展、演化的过程之中。所以所谓"新媒体"，只是在与"旧媒体"的对照中所产生的时间性、历史性概念。例如，广播、电视相对于印刷媒体是"新媒体"，但相对于网络媒体便是"旧媒体"了。在媒介发展史上，每一次媒介技术的变革都会带来所谓的"新媒体"，特别是在知识爆炸、技术更新迅速的今天，各类新媒体层出不穷，新媒体的外延更是不断被拓展。仅以社交类媒体为例，在短短几年中，微博、微信、移动办公平台等新媒体形态纷纷冒了出来。在信息时代，不仅是新的技术变革和物质形态的变化可以产生新媒体，新的软件开发、新的信息服务方式的推出都可称为一种新媒体的诞生。可以预期的是，今日的新媒体在未来同样会被归入"旧媒体"的范畴。从这一角度说，本书所界定的新媒体立足于当下，指的是相对于报刊、广播、电影、电视等传统媒体而言的新的媒体形态。

其次，"新媒体"是一个技术性概念。当下的新媒体指的是依托数字技术、网络技术、移动通信技术、智能技术等基础技术或新兴科技而产生的向用户提供信息服务的一系列新的工具或手段，在"万物皆媒"条件下，其种类仍在急剧扩充。其中有的属于新的媒体形式，有的则属于新的媒体硬件、新的媒体软件或新的信息服务方式。从传播学视角看，它们又可以分为两类：

一类可以称作新兴媒体，是新媒体的典型形态，以桌面互联网媒体、移动互联网媒体、智能媒体、互动电视媒体为代表。它们依托全新的传播技术，以改变传播形态为主要诉求，强调体验和互动，内容生产日趋分散化和个性化。

另一类则可以称作新型媒体，包括户外彩屏、楼宇电视和车载移动电视等。它是在传统媒体基础上依托新技术衍生而来的，其传播形态并未发生根本性改变，但是信息质量有效提高，传播范围更加宽广，达到了以前无法覆盖的区域。

综上所述，我们对"新媒体"这一概念作广义和狭义两种界定。广义上的"新媒体"，是利用数字技术、网络技术、移动通信技术和智能技术，通过互联网、宽带局域网、无线通信网和卫星等渠道，以电视、电脑和移动终端等为主要输出终端，向用户提供视频、音频、语音数据服务、社交服务、休闲游戏、远程办公、在线教育等集成信息和娱乐服务的所有新的传播手段或传播形式的总称，包括"新兴媒体"，也包括"新型媒体"；而狭义上的"新媒体"则专指"新兴媒体"。

本书对新媒体的审视基本依据广义上的界定及其视野而展开。其中，某些理论概括和阐述，则主要聚焦"新兴媒体"。

第二节　新媒体传播的基本特点

一、超媒体性

超媒体性是指在多种媒体中非线性地组织和呈现信息。美国学者尼葛洛庞帝在其《数字化生存》中指出，超媒体是超文本的延伸。所谓超文本是一种按照信息之间关系非线性地存储、组织、管理和浏览信息的计算机技术，主要表现为受众可以根据自己的兴趣和需求通过点击链接选择性地阅读文本信息内容。"超文本"是在早期网络只能传输文本信息的条件下提出的概念，而现在，依靠数字技术对多媒介信息的整合，新媒体可以为信息使用者提供文本、图片、声音、影像等多媒体信息，这些多媒体信息同样按照超文本的方式组织，用户通过点击、滑动或扫描二维码等方式，不仅可以获得文本信息，还可以获得相关音频、图像、视频、互动等信息，这便是新媒体的超媒体特性。

二、交互性

交互性是新媒体区别于传统媒体的最突出特点。它包括两层含义：信息发送者和接收者之间的信息交流是双向的；参与个体在信息交流过程中都拥有自主权。面对面的信息交流、电话就具有很强的交互性；而作为大众传播媒介的报刊、广播、电视，其信息的传播具有单向性，信息反馈不方便，交互性比较差。

互联网特别是移动互联网的普及为人们提供了廉价且便捷的传播渠道，这就使任何拥有联网信息终端的个人既可以是信息的接收者也可以是发送者，真正实现了信息的双向交流。新媒体使参与者对信息交流过程具有平等的控制权，参与者可以依据自己的兴趣和需要选择性地交流信息。例如，在微博中，用户能够自主选择关注哪些账号、浏览哪些信息，还可以随时随地发布文字、图片、视频等内容，又可以进行点赞、转发、分享、发送弹幕等互动；而 VR/AR 技术、可穿戴设备等技术让用户得以进入沉浸式的传播状态，能够发生更加深层次的互动，未来与新媒体的交互将是万物互联式的交互，交互由"刻意"变为自然。由此可见，在新媒体环境中，交流双方真正实现了信息的交互传播。

三、超时空性

由于传统的大众媒体主要依靠地面的信息传递系统，同时国家之间出于文化控制的需要对境外媒体在本国的传播进行限制，所以传统大众媒体所传播的大部分信息被限制在国家和地区范围内，并未真正实现信息的全球化传播。而新媒体利用连接全球电脑的互联网和通信卫星完全打破了地理区域的限制，只要有相应的信息接收设备，在地球的任何角落都可以接收到新媒体传播的信息。另外，移动互联网的发展，还使新媒体摆脱了有线网络的限制，提高了用户接收信息的即时性。

新媒体还大大缩短了信息交互传播的速度，甚至实现了信息的"零时间"即时传播。传统大众媒体的信息交流是单向的，受众不能直接进行反馈，只能利用其他媒介，如书信、电话等进行反馈，而且反馈也是延迟的。而新媒体，无论是早期的网络社区，还是现在以微信为代表的社交类媒体都使信息的交互传播突破了时空限制。在移动办公平台中，不同用户可以在其中发起线上讨论，还可以举行实时视频会议、多人网络授课，这就是新媒体突破时空限制进行信息传播与互动的代表。

四、个性化

新媒体环境下，用户往往拥有专属的信息终端，如手机、平板电脑等；并且这些信息终端在网络中都有一个固定的信息标识，如 IP 地址、手机号码、微信号、电子邮箱等。在这种条件下，用户对信息具有极高的控制权，可以通过新媒体定制、选择、检索信息。另外，用户在长期使用新媒体过程中形成的信息接收习惯也有机会被记录，形成特定的信息接收标签，信息传播者可以根据信息标识和信息接收标签确定一个或多个用户向其传播特定信息。这样，每一个新媒体用户都可以发布和接收完全个性化的信息，大众传播转变为"小众传播"，甚至是"一对一传播"。随着大数据技术、算法推荐技术、机器学习技术的应用和发展，新媒体将更加智能，从而提供更加个性化的内容和服务。

五、虚拟化

新媒体基于数字化的信息，塑造并存在于一定的虚拟空间当中。数字化信息以比特（"0"或"1"）的排列组合来表示和传播，人们可以方便地通过调整比特的排列来修改信息，甚至制作虚拟的信息。文字、声音、影像、互动场景等在内的数字化信息都是由技术人员利用数字技术模拟真实世界信息制作出来的。近年来，人工智能的概念从计算机科学的专业层面延伸至大众视野，机器人记者和围棋手正是新媒体虚拟性的一种表现，VR、AR 和 MR 技术让人能够完全沉浸到虚拟环境或虚拟和现实复合的环境当中，将新媒体的虚拟化特点直观地呈现到人们面前。

新媒体的虚拟信息传播不仅指信息本身的虚拟性，还指传播关系的虚拟性。人类之间信息传播的目的是在人与人之间建立关系，进行信息的沟通和交流。在传统媒体环境下，传播者和受众的角色是特定的，至少传播者的角色是特定的，人们知道信息的来源。然而在新媒体环境下，传播者和受众的角色大部分是匿名的，被赋予了"虚拟角色"，交流双方在这种条件下开展交流活动。所以，建立在虚拟数字信息交流基础上的人际关系也具有一定的虚拟性，而这种虚拟的人际关系将极大地改变传统社会的人际关系模型。

六、平台化

在交互性和个性化的基础上，新媒体也带有深刻的平台化基因。虽然被称为"新媒体"，但新媒体并不局限于"媒体"的信息传播属性，并逐步发展出了丰富多样的"平台"属性。在这个意义上讲，新媒体不仅是纯粹的信息传播平台，还可能带有学习教育、休闲娱乐、购物交易、移动办公、社会交往等平台属性。对于早期的论坛来说，人们在上面发布各种类型的内容，实质上就具有了平台化的特征。在微博、今日头条等新媒体中，平台的入驻者可能是个人，也可能是一种组织，如新闻媒体、企业、行政机构，还有可能是某一虚拟形象，如电视剧的角色。随着"万物皆媒"时代的到来，新媒体存在的场景将进一步拓展，新媒体的平台化特征也会越来越明显。

第三节　新媒体"用户"审视

新媒体的发展在施拉姆的"七分钟比喻"中，大概只是白驹过隙，惊鸿一瞥。但正是这"一瞬间"，却给人类社会的信息获取、信息互动、人际交往，乃至整体的社会结构带来了翻天覆地的变化。新媒体的社会地位在不断变化、不断上升，从单维度的通信工具、技术名词发展成为多维度的信息公共平台、舆论构建平台和娱乐休闲平台，成为公众生活中不可或缺的一部分。它的超时空性、跨地域性打通了天然的物理鸿沟，把地球变为一个村落；它的开放性、透明性和多重应用把现实世界和数字世界融为一体。新媒体也让受众的地位得到了极大的提升，由"受众"升级为"用户"，这意味着新媒体的受众不再是被动的信息接收者，同时扮演着信息生产者、接收者和交互者三方面的角色。

一、积极的信息生产者

庞大的用户数量和强烈的参与精神是网民能够生产出丰富内容的基础，丰富的原创内容成为新媒体的巨大优势，从而能够进一步激发网民的参与热情——这正是新媒体的活力所在。

（一）生产基础：庞大的用户数量

截至 2019 年 6 月，我国网民规模达 8.54 亿，互联网普及率为 61.2％，手机网民规模达 8.47 亿，占总网民数量的 99.1％。庞大的用户数量既是新媒体发展的基石，也凸显出当下新媒体的主流地位。互联网在我国发展之初，只被人们看作一种技术性工具，使用者局限在高知群体和技术工作者中，普通公众对互联网可望而不可即。新媒体的使用终端种类和功能也很有限，比如手机最初被看作财富和地位的象征，仅有语音通话功能。随着互联网的普及，新媒体使用终端的性价比逐步趋于理性，日益贴近大众的消费能力；与新媒体相关的各种新技术、新概念、新形态不断推出；基于网络连接的新媒体至今已成为人们日常生活的重要组成部分，覆盖度不断提升，为网民积极尝试和参与新媒体信息生产奠定了基础。

（二）生产动力：强烈的参与精神

"公共领域"这一概念最早由汉娜·阿伦特提出，之后由哈贝马斯诠释。理想的"公共领域"需同时满足"位于权利之外""全民参与"并开展"理性讨论"、讨论的问题要符合"公共利益"等条件，因此具有强烈的乌托邦色彩。但"公共领域"寄托着大众的理想，是人们不断追求的目标。新媒体的传播特性使其在一定程度上具备了"公共领域"的特征，启动了独立个体进行自我传播的时代，从而强烈地激发了公众的参与热情。

新媒体的发展动因具有多重性，既有技术力量的推动，也有市场利益的诉求，但如果从用户层面探寻新媒体发展的核心动力，普通公众对话语权的诉求则一定要提及。新媒体的主要特征就是开辟了自由的空间和通道，让每个普通公众都有机会表达自己的情感、传播自己的思想、提出自己的质疑。诚然，这一空间不可避免地会遭到政治权力的干预和商业利益的侵蚀，但相较于传统媒体时代所有的传播媒介都由专门机构牢牢把控、个体话语无从表达的境地，新媒体的表达和传播空间相对而言已经"自由、平等"很多。论坛、博客、微博、微信等新媒体打造了开放自由的参与空间和"表演"场所，开辟了信息时代的"公共领域"。

（三）生产形式：内容生产＋行为生产

传统媒体时代内容出版受到严格把关，内容传播区分成了泾渭分明的传者和受者，内容生产者局限于某些特殊群体之中，广大草根智慧缺乏施展的空间。而 UGC（User Generated Content，用户生产内容）是目前新媒体内容生产的一个重要特征，鲜明地昭示了新媒体用户的创造活力。这些未经主流意识疏导的、带着鲜明草根风格的内容，也正是新媒体的魅力所在，吸引了大批受众、观阅者，培育出大量草根作家、艺术家。在新媒体时代，人人都可以做导演，人人都可以办公众账号，人人都可以成为媒体。微信公众号内容与形式花样迭出、直播平台上明星与粉丝直接互动、微博上永不落幕的新闻发布会，构成了信息时代独特的文化景观。当下，以微博和微信为代表的社交媒体成为用户常用软件，终端和网络的相互融合，让"两微"的内容生产更迅捷，也使网民更及时地把握热点信息并创作热门话题。

此外，用户参与新媒体的各种行为也会产生大量数据，包括用户在新媒体中注册时产生的个人信息，发生浏览、点赞、转发以及更复杂的互动行为时产生的行为数据。这些数据不像内容生产是用户有意识地生产，而是用户在新媒体活动过程中的行为数据，但在新媒体时代具有巨大的价值。通过研究个体行为数据、不同用户行为的关联数据和用户群体的大数据，可以对新媒体用户的"生存"习惯有更加深刻的理解。

二、主动的信息接收者

新媒体提供的内容更加丰富庞大，并且种类繁多、针对性强、更新速率快，能够帮助用户更好地满足多方面的信息获取需求。对于新媒体用户来说，信息获取和接收依然是很重要的组成部分。只不过新媒体用户的信息接收，呈现出与传统媒体时代不同的特点。新媒体为用户的主动性接收提供了可能，用户可以不受使用空间和时间的约束，根据自己的需要，选择自己想要进入的使用终端、浏览的信息、收看的视听内容、体验的互动与服务等。用户接收的信息源也更加多样，他们可以选择是否关注或添加某个信息源，决定接收信息源的种类、信息类型、接收方式和接收频率等。新媒体通过技术了解每个用户的基础画像、需求方向和行为特征，实现点对点传播和定制化传播，给予了用户个性化的信息接收体验。在这种条件下，结合用户使用新媒体的场景，新媒体用户培养出了全新的信息接收习惯，碎片化、浅层次的信息接收成为主流。用户在观看短视频内容时的行为就很好地说明了这一点，其获取的短视频都是在用户画像基础上推荐的，可以自由滑动决定是否观看某一条短视频、关注某一个短视频内容创作者，此外每条短视频的观看时间也是较短的，上一条和下一条短视频内容往往没有关联。

三、多样的信息交互者

信息交互者是新媒体赋予用户的全新身份，在某些场景下，信息交互甚至成为用户使用新媒体的全部内容。新媒体让用户实现的不只是基础的信息反馈，与传统媒体的信息反馈相比，新媒体具有明显的优势，用户能收到即时的信息反馈，用户在发送信息的一瞬间就能收到发送成功与否的反馈或是其想要了解的内容。而群体交互、人机交互、环境交互是新媒体发展出的新型交互形式。群体交互是指在新媒体使用过程中人与人的连接所形成的交互形式，它包括对现实环境人际关系的"复制"，如基于家庭、公司和学校等关系的交互形式再现；也包括论坛用户、社交媒体群聊、网络游戏玩家等多样的群体交互形式。人机交互包含两方面的含义：一方面是指在新媒体环境下人们所收到的信息反馈往往是由算法加工或分发的；另一方面是指人们在硬件层面与设备进行的互动，如智能音频的语音交互、体感游戏的身体交互形式。环境交互则是5G时代新媒体正在发展的交互形式，在人与人交互的基础上，人与物、物与物的交互得到立体化呈现，家庭、竞技、交通等环境交互形式将进一步应用和拓展。

第二章　新媒体的发展历程

第一节　新媒体的产生与发展

近年来，随着信息技术的快速更新换代，新媒体取得了突飞猛进的发展，并成为当今社会信息传播的重要载体，与此同时，新媒体产业在经济生活、政治生活中扮演着越来越重要的角色，成为这个时代企业竞逐的领域。新媒体的发展是媒介技术催生的结果，无论是网络媒体、手机媒体还是数字电视媒体，在技术进步的推动下，在政策利好、受众需求日趋多元化的大背景下，都取得了长足的进步。新媒体是一个相对的概念，是报刊、广播、电视等传统媒体以后发展起来的新的媒体形态，包括网络媒体、手机媒体、数字电视等。本节将从产业视角解析新媒体的发展历程，并对我国新媒体产业的发展现状及趋势做出阐述和分析。

一、网络媒体发展概述

（一）互联网成为第四媒体

互联网是国际互联网的简称，英文原文是"Internet"。互联网是一个由不同类型和规模的、独立运行和管理的计算机网络组成的世界范围的巨大计算机网络——全球性计算机网络。组成互联网的计算机网络包括小规模的局域网（LAN）、城市规模的城域网（MAN）以及大规模的广域网（WAN）等。互联网是继电报电话、无线电、电脑之后的又一个伟大发明，它将两台计算机或两台以上的计算机终端、客户端、服务端通过计算机信息技术连接起来，人们可以与远在千里之外的朋友相互发送信息、彼此进行互动等。

我国从1994年开始接入互联网，1995年出现商用互联网服务，起步虽然较晚，但发展极其迅速。华中科技大学的钟瑛将我国互联网的发展划分为四个阶段：第一阶段，1995年1月之前，是互联网萌芽到初步成型阶段；第二阶段，1995年年初至2000年年中，是互联网发展的第一次高峰；第三阶段，2000年年中至2003年年底，是互联网发展的低谷；第四阶段，2003年年底至今，是互联网发展的第二次高峰。她认为，我国互联网发展十几年的历程中，积累了丰富的经验与教训，最后形成具有中国特色的网络运营模式，其所显示的主要特色和竞争趋势可以从四个方面来进行分析：商业门户网站的市场竞争更趋激烈，垂直网站在特色定位上抢占阵地，电信运营商进行业务多方位拓展，媒体网站在回归与开拓中努力转型。

互联网如今已经成为最主要的新媒体。1998 年 5 月，联合国新闻委员会把互联网正式列为继报纸、广播、电视之后出现的"第四媒体"。互联网的出现，不仅是一场技术革命，更是一次重要的社会革命，它将人们带入一个全新的数字化世界。

（二）网络媒体的概念及发展概述

网络媒体，全称为互联网新闻媒体，是根据中国有关法律法规建立，并经国家有关部门批准、授权或承认，在国际互联网上依法从事新闻信息的选择、编辑、评述、登载和链接等服务的专业网站，以互联网为介质构筑传播平台来报道新近发生的足以吸引大多数人共同兴趣的新闻。网络媒体以网络技术的发展为前提，通过互联网这个平台来提供信息服务，可以说网络媒体是网络技术发展到一定阶段的产物。

中国社会科学院新闻与传播研究所的闵大洪将中国网络媒体的发展分为如下几个阶段：（1）1995 年至 1998 年，网络媒体步入中国传播领域。从 1995 年《神州学人》杂志进入国际互联网到 1998 年搜狐网和新浪网的成立，是中国网络传播活动的萌芽探索阶段。这期间，中国互联网媒体完成了从无到有、从简单翻版到商业应用的转型。国家对互联网的管理也逐步重视，出台了一些相关的专门文件，行业化趋势越来越明显。1995 年中国媒体陆续上网，正式揭开了中国网络媒体发展的序幕。此后三年，中国网络媒体数量激增，网络媒体发展势头迅猛。1996 年到 1998 年期间，中国媒体形成了第一次上网热。这股热潮充分说明互联网在中国日益普及，媒体开始探寻新的发展道路。这一时期的最主要特征是：报纸、杂志、广播电台、电视台纷纷上网，以电子版、网络版为基本形态，这是中国网络媒体的初级阶段。（2）1998 年年底至 1999 年，商业门户网站涉足网络新闻传播领域。这一时期最主要的特征是：基于互联网发展带来的新变化——门户网站的出现，特别是门户网站涉足网络新闻传播，对国内以往的新闻和信息传播格局给予了巨大的冲击，奠定了门户网站在网络新闻传播领域中的领先地位。（3）2000 年至 2001 年，党所领导的网络媒体体系形成是这一时期最主要的特征。2001 年 2 月 7 日中宣部部长丁关根考察了新华网，并指出要增强紧迫感，加快发展我国的网络新闻事业，尽快建成有规模、有影响、有中国特色社会主义的网络新闻宣传体系。2001 年 6 月 22 日，"首届中国网络媒体论坛"在青岛开幕，来自全国 100 多家网络媒体的代表及有关专家、学者近 300 人参加了这次论坛。论坛以推进中国网络媒体的发展为宗旨，组织、联系新闻单位和网络新闻机构汇总从事网络传播的部门与单位开展业务交流、人员培训、学术研讨、专题活动等，并要求每年至少举办一次年会，由各媒体网站轮流承办。国家对网络媒体的重视为网络媒体的壮大提供了肥沃的土壤。在党中央的部署下，主流新闻媒体网站迅速增加实力，形成综合性新闻网站形态，同时从中央到地方各级重点新闻网站陆续建立，形成了党所领导的网络媒体体系，构建起中国互联网新闻传播的基本格局，网络新闻传播法规建设及相应的管理机构的设立亦同时起步。(4) 2002 年以后，网络媒体成为中国重要的媒体形态，中国互联网跨入规模效应阶段。这一时期，网络媒体不再是单纯的媒介组织行为，它已经与整个社会的方方面面构成了千丝万缕的联系，网络媒体的规模效应和扩散功能进一步放大，对社会的影响越来越大。这个阶段有如下三个显著特征：第一是网民规模急剧扩大，为网络媒体的发展提供了受众基础，网民数量飙升，用时大为缩短，网上民意表达空前活跃，网络媒体正在迅猛崛起。第二是 Web 2.0 广泛应用，为网络媒体加速发展注入了技术力量，不少新的传播形态开始出现（如博客），新闻网站队伍进一步壮大，门户网站开始盈利；除了 Web 2.0 技术的应用外，我国互联网基础设施的快速铺建和电脑产业的快速发展也为网络媒体提供了坚实的硬件基础，随着我国经济的持续稳定发展，家庭电脑普及率越来越高，互联网技术越来越便捷，使用者的门槛也越来越低，这将不断提高使用者的创造力，促进互动，扩大互联网传播的能量，中国网络媒体的力量将更加强大。第三是媒介组织与分散的网民相互作用，使网络媒体的舆论先锋作用更加突出，甚至在许多方面超过了传统媒体。就规模和影响而言，网络媒体已在中国传播格局中占有极其重要的地位，其自身也由不成熟的媒体走向成熟的媒体。

（三）网络媒体的特征

1. 信息的海量性

网络媒体容量之大，任何其他媒介都无可企及。报纸、杂志、广播、电视等传统媒体由于受到版面、频道、时段等资源的局限，一定时间内信息的流量是一定的。而网络媒体可以综合利用文字、图像、声音等多媒体手段进行传播，24 小时全天候发布新闻信息，因而具有海量信息传播的优势。

2. 传播的便捷性

与传统媒体相比，网络传播的快捷性是有目共睹的。网络媒体的信息发布不受版面、频道和发布周期的限制，可以随时随处地传递信息，尤其是它的博客、播客和回帖，可能随时发布最新信息。网络新闻的更新发布是以分钟甚至秒来计算的。因此，网络的快捷性远胜过传统媒体新闻，这一点在报道突发性事件上尤为见长。

3. 信息的开放性

互联网是一个四通八达、没有边界、没有中心的分散式结构。网络新闻的发布是全球性的，其受众可能遍及四海。"网络传播无国界"，网络信息的传播不受国家、地区的限制，在网络传媒面前，任何隔离带、防火墙的作用都是有限的。

4. 交流的互动性

网络媒体之所以发展迅猛，与其互动性的特点紧密相关。互动性又称交互性，包含"一对一、一对多、多对一、多对多"的传播方式，是大众传播和人际传播两者相结合的传播方式。在互联网上，受众可以发表看法，表达意见，最大化地体现自己的参与，是一种主动性的互动。用户可随时依据自己的兴趣和需要，去检索、查询和浏览各种信息，用户有选择和控制传播结果的主动性。另外，在网络传播中，通过网上评论、电子公告牌、电子邮件、论坛、博客、播客、微博、QQ、微信等多种形式进行交流和对话，用户既可以利用网络公开发布信息，也可以利用网络广泛交流意见从而参与到新闻传播过程中来。大量网民积极参与传播信息、评论新闻、讨论新闻话题等活动，极大地提升了网络新闻传播的社会影响力。

二、手机媒体发展历程

（一）手机媒体定义

目前学界对于手机媒体的定义还没有达成统一的定论。从技术角度来看，手机媒体是一种通过宽带流媒体技术，集网络和传统媒体于一身，向用户数字化传输图像、文字、音频等信息的新媒体。而中国人民大学匡文波教授在其著作《手机媒体概论》中将手机媒体定义为"是借助手机进行信息传播的工具；随着通信技术（如 3G）、计算机技术的发展与普及，手机就是具有通信功能的迷你型电脑，而且手机媒体是网络媒体的延伸"。高丽华在《新媒体经营》一书中，从媒体经济以及媒体经营的角度研究了在产品市场、广告市场、延伸市场和资本市场中手机媒体如何运作的问题。手机媒体就是"以手机为试听终端、手机上网为平台的个性化信息传播载体，以个体为传播目标、以定向为传播目的、以即时为传播效果、以互动为传播应用的大众传播媒介，也叫移动网络媒体"。这些定义都离不开互联网，因此，我们可以总结：手机媒体是以手机为终端，以移动互联网为传播载体，具有通信、娱乐、阅读等多种信息传播功能的传播媒介。

（二）手机媒体的发展历程

便携式电话即手机的概念，最初是美国新泽西州朗讯技术公司贝尔实验室于 1947 年提出的。第一部传统意义上的手机 Dyna TAC 是在 1973 年 4 月 3 日由美国 IT 巨头摩托罗拉公司工程师马丁·库帕（Martin Cooper）及其团队发明的。手机终端的发展是技术演进的结果，经过一系列的手机终端标志性事件的考察，从 1983 年第一台商用手机以来，手机终端产品经历了近 40 年的历史，从最开始的语音通信工具演变为一台安装有操作系统的移动信息处理小型计算机。手机最初主要是作为语音通话的工具而发明的，但是，随着手机尤其是智能手机的广泛应用以及移动通信技术的快速发展，手机除了充当通信工具之外还多了另一个身份——大众媒体。人们通过手机不仅可以通话交流，还可以连接互联网、使用手机客户端、收看手机电视等，因此，手机又被称为"第五媒体"。

目前我国手机用户量位居世界第一，这个庞大的用户群成为媒体竞相追逐的对象。根据工信部 2021 年发布的通信业经济运行数据显示，目前我国国内手机用户已达 16.43 亿户，其中 4G 用户占比 65.07%，5G 用户占比 21.61%。随着手机用户数量的不断增加，手机媒体的内容也经历着一场革命。从最初的只有通话内容、短信内容到现在网页浏览、移动 App 的使用等都使得用户在手机媒体上所花费的时间大幅度增加。

由此可见，手机媒体经历了从身份象征，到通信工具，再到大众媒体的演化过程，而这一系列发展过程与移动通信技术的发展是密切相关的。移动通信技术从手机的发明到现在经历了五代。第一代模拟移动通信系统（简称 1G），典型的代表是美国的 AMPS 系统（先进移动电话系统）和后来改进型系统 TAGS（全向入网通信系统）以及 NMT、NTT 等，主要任务就是语音通信。第二代数字移动通信系统（简称 2G），主要包括 GSM 和 CDMA。GSM 系统是目前全球大多数国家所使用的标准。第二代移动通信系统的核心业务仍然是语音业务，但可以承担语音和低速数据业务。第三代数字移动通信系统（简称 3G）。典型系统包括由中国制定的 TD－SCDMA、欧洲制定的 WCDMA、美国制定的 CD-MA2000 三大标准。与第二代系统相比，3G 最重要的特征就是能够提供高速移动性多媒体数据通信服务，并具有更高的传输速率和更好的语音通信质量。第四代数字移动通信系统（简称 4G），2012 年 1 月正式将 LTE－Advanced 和 Wireless MAN－Advanced（802.16m）技术规范确立为 IMT－Advanced（俗称 4G）国际标准。目前世界多国的 4G 信号覆盖已经非常广泛。4G 相比前几代通信系统的特征是保证人类利用移动通信网络的沟通从技术的角度而言不存在任何障碍。第五代移动通信技术（简称 5G），国际电联将 5G 应用场景划分为移动互联网和物联网两大类。5G 呈现出低延时、高可靠、低功耗的特点，极大地方便了广大用户。

我国移动通信技术的发展自 1987 年开通第一个模拟通信网以来，经历了 30 多年的发展历史。2000 年以前，手机作为一种身份的象征只有少部分人使用，主要以语音通信为主；2000 年以来，随着手机终端价格的下跌和手机资费的下调，手机走进了普通工薪阶层，以语音通信和手机短信应用为主；2007 年，随着智能手机的大规模问世，手机逐渐成为人们上网的主要工具之一，变成了移动信息处理小型计算机，通过手机上网进行即时聊天、手机直播、手机支付、手机购物、手机新闻、手机阅读等多项数据业务应用。至此，借助于移动互联网和互联网的迅猛发展，手机应用得到了前所未有的发展。可以说，是手机通信技术的快速发展带来了手机媒体的形式及内容的变革，推动了手机媒体的不断发展。

（三）手机媒体的特点

1. 手机终端便捷化

从最初像砖头一样的"大哥大"发展到现在只有巴掌大的智能手机，可以说手机的"瘦身"为它的便携性提供了最有利的条件。而这可以说是所有媒体里面最具特色的了。虽然笔记本电脑、收音机、电视都出现了迷你型的设备，但是没有一种媒体的传播终端像手机这样具有"随手性"。就目前来看，手机媒体这种接收和发送信息的随时随地的方便性，是其他媒体无法比拟的。计算机再瘦身，也不具有手机这样的便携性。有人把手机形容为"影子媒体"，因为手机往往 24 小时不离身，大众在等车、候机、坐地铁等闲散的时间，都被手机媒体充分地填充。手机是生活黏性度最高的媒体，这都源于手机媒体体积小巧、容易随身携带的特点。

2. 信息内容个性化

信息终端使用的易携带性，决定了手机媒体也具有高度的个性化的特点。美国麻省理工学院教授尼葛洛庞帝（Nicholas Negroponte）认为，在后信息时代，我们的生活环境变得越来越虚拟化和数字化，大众传播的终点仅仅是一个人，信息的传播也明显带有个人化的特点，媒介的传播受众范围变得更窄，媒介传播的受众变成了个人。手机媒体的针对性会在大众传播中渐渐分离出来，让信息真正提供"以人为本"的个性化服务。有学者认为，电视是家庭信息终端，计算机是办公室信息终端，手机就是个人信息化的终端。手机最能充分体现个性化的差异。

3. 信息互动双向化

与手机媒体相比较，传统媒体的信息发布者与受众无法随时随地进行双向沟通。而手机媒体克服了这一不足，手机媒体的传播可以选择单向的传播方式，也可以选择双向传播甚至多向传播，这就成就了手机媒体交互性强的特点。传统媒体的受众对于信息的反馈基本上是后续的、延时的，这就导致受众接收信息缺少及时性和直接性。对于传统媒体的传播网络，手机媒体的传播模式有了很大的改进，传播环境可以呈现环状的或者星状的结构。如果说电视媒体的传播体现的是环状的结构，那么移动通信网络体现的就是多对多的典型的星状结构。手机媒体体现了无中心化机构的网络，受众与传播者一律平等，没有明显的界限。所以手机媒体给用户传递的信息，不仅是用户需要的，而且是用户关心的，想参与其中的，手机媒体为受众的这种渴望参与和快速互动提供了平台。手机媒体越来越张扬自己的独特个性，实现了各种媒介功能的集约化，可以通过手机媒体浏览报纸信息、收看电视节目、进入互联网，手机媒体是对"媒介是人的延伸"这一理论最为生动和全面的阐释。

4. 媒介平台整合化

手机媒体是媒介融合的最主要的平台。它能够整合所有传统的媒介形态，兼容报纸媒体、广播电视媒体和网络媒体等各种媒体的表现内容和外在形式，已经成为一种新的媒体形态；并且能够充分发挥出传统媒体本身所具备的一切传播优势。手机媒体整合的多样的传播方式和传播途径，其优势是其他媒体无法比拟的，也使手机媒体作为"第一媒体"进入人们的视线范围，影响人们的生活和传播媒介的整体格局。

三、数字电视媒体发展概述

（一）数字电视定义

数字电视（Digital TV，DVD），指节目信号的摄取、记录、处理、传播、接收和显示均采用数字技术的电视系统，包括了节目采集、节目制作、节目传播到用户端接收的全过程。数字电视是信号传播技术革命的产物，是"继黑白和彩色电视之后的第三代电视"，又叫数码电视。数字电视传输的图像及其伴音信号是经过数字压缩和数字调制后形成的数字电视信号，经过地面无线电波、有线电缆和卫星信号的传送，由数字电视机接收后，通过数字解调和数字音频、视频解码处理，还原成原来的图像和伴音。

数字电视并不单指人们家中的电视机，而是指内容生产、传输和接收的整个电视系统，在电视信号采集、制作、播出、发射、传输和接收等各个环节都使用数字信号，或整个系统的所有信号都是通过"0，1"数字串所构成的二进制的数字流来传播。与模拟电视相比，数字电视信号损失小，传播效果好，具有图像质量高、节目容量大、伴音效果好等特点。与目前普遍使用的模拟电视相比，数字电视不仅可以让观众接收到更高质量的电视信号，还可以使观众由被动收看转为主动点播，不再受节目播出时间的限制。数字电视也大大增加了可传送节目的容量，可从原来模拟电视的几十套增加到几百套。

（二）数字电视发展历程

我国政府很早就开始注重数字技术的发展。早在 1992 年就已正式立项并由国务院成立相应的领导小组，1999 年完成了有线数字电视转播实验。2000 年国家发展计划委员会批准建立北京、上海、深圳三个数字电视试验区后，在国内外多家公司支持下开通了数字电视。2001 年，我国政府发布《广播影视科技"十五"计划和 2010 年远景规划》。从 2003 年起，数字电视推广试点工作正式展开，北京、上海、青岛、江苏、杭州、佛山、深圳、广州、大连、福州、厦门等地陆续开通了数字有线电视。到 2005 年年底，中央和省级电视台制作和播出系统设备已经有 80％实现了数字化。但受制于我国的广播电视体制，包括有线电视在内的数字电视产业化进程仍进行得十分缓慢。从 2007 年开始，一系列相关政策的制定为数字电视的发展发挥了重要的作用，全国数字电视产业从全面启动阶段过渡到快速发展阶段。2007 年年底，随着免费数字电视的激活，数字电视开始受到广泛的关注。2008 年 1 月 18 日，国家广电总局公布了《国务院办公厅转发发改委等部门关于鼓励数字电视产业发展若干政策的通知》（国办发［2008］1 号）。2009 年 7 月 29 日，国家广电总局发布《关于加强广播电视有线网络发展的若干意见》，其中提出了有线电视信号由模拟向数字转变、由单向向双向转变的目标。2009 年 8 月 25 日，国家广电总局发布《国家发改委、国家广电总局关于加强有线电视收费管理等有关问题的通知》，利用价格政策推动有线电视的数字化。2012 年，我国有线数字电视用户数已超过 1.9 亿。各地数字电视平台上运营的业务基本相同，大致分为三类：基本节目服务、基于单向网络的增值业务（包括付费频道业务和数据广播业务）、基于双向网络的增值业务（互动电视系统包括视频、数字图书馆、多媒体服务）。

第二节 新媒体的发展现状

一、我国新媒体产业发展现状

新媒体自诞生以来，其产业化的进程就在不断推进之中。在当今信息化浪潮席卷全球的大背景下，新媒体产业作为信息产业的支柱和代表，不仅在中国，也在世界范围内得到了迅猛的发展。网络媒体和手机媒体以指数级的速度迅速得到普及，其所创造的产业价值也成倍地增长，以数字电视为代表的电视媒体之间的竞争和博弈也迅速地发展。可以说，新媒体产业的出现，是计算机技术、通信技术、数字广播技术等不断创新和发展的成果。因此新媒体产业不只是以一个单一的产业身份发展，它涉及的范围广泛，同时影响着数字家庭产业链、通信产业链、传统媒体产业链等众多产业，并促使这些产业不断创新和发展。目前，中国上网人数和手机用户数位居世界第一。中国互联网络信息中心发布了第 49 次《中国互联网络发展状况统计报告》，报告显示，截至 2021 年 12 月底，中国网民规模达 10.32 亿，互联网普及率为 73.0%，互联网已经深度嵌入中国社会发展的各个层面，成为媒体深度融合的新引擎。截至 2021 年 12 月，我国手机网民规模达 10.29 亿，网民中使用手机上网的比例达 99.7%，手机上网比例持续提升。2021 年上半年，各类手机应用的用户规模不断上升，场景更加丰富。其中，在线医疗应用增长最为迅速，用户规模达到 2.98 亿，较 2016 年年底增长 38.7%，互联网已经深度嵌入中国社会发展的各个层面，成为媒体深度融合的新引擎，成为提升中国国际话语权、文化软实力的重要传播平台。通过互联网这一宽广的平台，新媒体有了更大的发展空间和更好的发展前景，用户数量的迅速增加也不断地推动新媒体产业更快更好地发展。

《新媒体蓝皮书：中国新媒体发展报告 No.12（2021）》显示，中国新媒体在世界新媒体格局中有强势表现。截至 2021 年年底，微信月活跃用户数达 12.68 亿。微信凭借庞大的用户数量和会话数量，成为全球社交应用软件的领先者。这些数据和事实表明，在全球互联网发展浪潮中，中国新媒体行业显示出了强大的竞争力与影响力。

新媒体已经成为今天众多产业关注和投资的热点，这为新媒体产业的发展提供了良好的环境基础。投资、收购、合并等产业变革更为新媒体产业的迅速发展提供了动力。中国的经济和以 IT 行业为主的高科技领域已经成为国外投资机构关注的焦点，尤其是新兴媒体及互联网行业已经被众多国际投资巨头纳入其投资计划中。

移动互联领域成了中国新媒体发展的主战场。随着 5G 移动通信技术的商用和基础网络设备的不断完善，移动互联网发展浪潮将持续推进，移动直播、移动广告等成为新的发力点，新的媒体生态圈和媒体生态系统逐步成形。同时，新媒体跨行业将带动更多传统产业转型，互联网金融、互联网医疗、互联网教育等多行业会实现高速发展。基于跨屏互动的发展趋势，新媒体发展将更为强调场景化、个性化和垂直化，为用户提供专属信息服务。随着移动宽带的发展和基础网络环境的进一步优化，移动视频、移动直播产业的市场前景将更为广阔，具有巨大的商业价值。

在第八届中美互联网论坛上，习近平主席倡导和平、安全、开放、合作的网络空间，并倡导与美国等世界各国合作，展示了共享、共治的大国情怀。在 2021 年 9 月第六届世界互联网大会上，习近平主席的贺信充分体现了对全球信息化发展浪潮的深刻思考，要让数字文明造福各国人民，推动构建人类命运共同体，赢得了国际社会的热烈反响。新媒体已经成为中国表达国家立场与观点、树立国家形象与权威的国际交流平台。

二、我国新媒体产业快速发展的原因

（一）信息技术发展为新媒体提供必要的技术保证

美国传播学家丹尼斯·麦奎尔认为，真正的"传播革命"所要求的，不只是信息传播方式的改变或者受众注意力在不同媒介之间分布上的变迁，其最直接的驱动力，一如以往，是技术。回顾人类传播史，不难发现，信息技术的发展起着决定性的推动作用。信息技术的每一次革命都给人类的政治、经济、文化和社会生活带来巨大影响，推动着人类文明向更高层次迈进。信息技术的发展为人类的信息传播提供了更有效的工具和手段，新媒体在弥补旧媒体的各种缺陷的同时"为人类打开了通向感知和新型活动领域的大门"，"人在正常使用技术即人体各种延伸的情况下，不断受到技术的修正。反过来，人又不断地寻找新的方法来修改自己的技术"，并以此增强获取、传递、使用信息的能力。数字技术、计算机网络技术、移动通信技术三大技术系统融合在一起构成新媒体发展的技术平台，并为新媒体兼容各种新信息技术提供了基础。

互联网、无线通信、卫星发射、宽带、数字电视等高科技的迅速发展，5G 技术和数字流媒体的广泛应用，数字文化、信息、娱乐产品的不断涌现，以及二网融合等技术的发展，为新媒体产业的发展提供了技术支撑与外在动力。数字技术与网络技术的发展使计算机不再是一种孤立的计算工具，而变成了新媒体信息共存的平台，可以实现全球资源最大限度的共享。同时，数字技术的发展使信息的利用更加便捷，信息产品的开发更加深化。数字媒体的存储功能使文本的保存、加工、修复、上传与下载更加便捷；强大的数据库功能可以实现个性化点播、专题分播、重播、编排创新；将模拟转化为数字的应用可以永久保存一些珍贵的模拟信息资源：数据查询与搜索功能方便受众的学习、交流与挑选；未来音频与视频搜索技术的研发成功，将使人们更加方便地找到电视广播节目。尽管技术的发展与创新离不开政府的有力支持，但作为应用技术的新媒体技术的快速发展与应用，更需要企业研发机构的参与。因此，新媒体技术的发展与运用既是新媒体产业发展的前提，又需要新媒体产业的繁荣发展做支撑。

1. 数字技术

数字技术指的是运用 0 和 1 两位数字编码，通过电子计算机、光缆、通信卫星等设备来表达、传输和处理所有信息的技术。数字技术一般包括数字编码、数字压缩、数字传输、数字调制与解调等技术。数字技术是信息社会的基础，也是新媒体的核心技术，现阶段的新媒体无不以数字技术为基础，因此，也把新媒体称为数字媒体。

首先，数字技术使媒体的融合成为可能。在人类社会中，信息的表现形式是多种多样的，我们把这些表现形式称为媒体（medium）。新媒体的一个共同的特点就是信息的最小单元是比特（bit）——"0"或"1"。任何信息在计算机中存储和传播时都可分解为一系列"0"或"1"的排列组合。比特只是一种存在的状态：开或关、真或假、高或低、黑或白，总之简记为 0 或 1。比特可以用来表现文字、图像、动画、影视、语音及音乐等信息，使不同媒体之间可以相互融合。文本数据、声音、图像、动画等的融合被称为多媒体（Multimedia）。同时多种媒体之间也可以相互转换，信息便于储存。

其次，数字技术使信息的交互成为可能。人们过去熟悉的媒体几乎都是以模拟的方式进行存储和传播的，而新媒体以比特的形式通过计算机进行存储、处理和传播。交互性能的实现，在模拟域中是相当困难的，而在数字领域中信息在发送者和接受者之间是双向流动的。因此，具有计算机的"人机交互作用"是新媒体的一个显著特点。所有的数字媒体都包含互动的功能，智慧可以存在于信源和信宿两端。趋于个人化的双向交流存在于新媒体传播中，传播者和受众之间能进行实时的通信和交换。这种实时的互动性首先使反馈变得轻而易举，同时信源和信宿的角色可以随时改变。

再次，数字技术是软件技术、智能技术的基础。目前，软件程序是所有自动化电子设备的核心，包括计算机、手机、数字电视在内的新媒体都是依靠软件系统工作，而电子邮件、即时通信、博客、播客、维基等所有的网络新媒体形态更是以软件为存在基础。没有各类软件的开发，新媒体基本不可能出现。而各类软件的开发都是在数字技术的基础上完成的。

2. 计算机网络技术

计算机网络技术，为多媒体信息传播提供了渠道。计算机网络技术是通信技术与计算机技术相结合的产物。计算机网络是按照网络协议，通过电缆、双绞线、光纤、微波、载波或通信卫星，将地球上分散的、独立的计算机相互连接的集合。计算机网络具有共享硬件、软件和数据资源的功能，具有对共享数据资源集中处理及管理和维护的能力。人们可以在办公室、家里或其他任何地方，访问、查询网上的任何资源，极大地提高了工作效率，也可以上传信息，为信息交互传播提供了物质基础。

当下，网络新媒体提供的信息服务主要基于因特网（Internet）。因特网是一组全球信息资源的总汇，是由许多小的网络（子网）互联而成的一个逻辑网，每个子网中连接着若干台计算机（主机）。Internet 以相互交流信息资源为目的，基于一些共同的协议，并通过许多路由器和公共互联网而成，它是一个信息资源和资源共享的集合。万维网（WWW）是一个庞大的信息网络集合，可利用诸如 Microsoft Edge、Firefox 之类的浏览器访问。利用浏览器，在客户计算机的屏幕上可以显示文本和图片。利用浏览器与其他应用程序相结合的办法还可以播放声音。用户可以很方便地从网站中选取各种内容，也可以利用该网站中的超链接转到其他网站。

随着各种基于因特网的软件和信息服务的推出，因特网已成为各类新媒体存在的平台，例如，电子邮件、博客、IPTV 等新媒体都是因特网推出的新的信息服务方式。

3. 移动通信技术

所谓移动通信就是移动体之间的通信，或移动体与固定体之间的通信。移动体可以是人，也可以是汽车、火车、轮船、收音机等在移动状态中的物体。移动通信技术不仅使人可通过手机与别人通话，还可通过手机看电视、看报纸、听广播、看电影、看书、上网。保罗·莱文森在《手机》一文中对手机做了深刻的哲学解读。手机使人首次回到"前技术"时代那种交流的本真状态。手机把因特网作为自己的内容，成为超越因特网的新媒体。数字技术、计算机网络技术与移动通信技术融合的产物——新媒体——已经改变了世界，它是一切媒介的媒介。美国麻省理工学院教授尼葛洛庞帝早在多年前就指出，计算不再只和计算机有关，它决定我们的生存。毫无疑问，正是科学技术的日新月异，为新媒体的出现提供了物质基础。

随着移动通信技术的升级和智能手机的普及，移动互联网成为新媒体产业发展的支柱。移动互联网的出现带来了移动网和互联网融合发展的新时代，移动网和互联网的融合也会是在应用、网络和终端多层面的融合。移动互联网涉及传统蜂窝通信、互联网、无线通信网、传感器网络、物联网、云计算等诸多领域，能广泛应用于个人即时通信、家庭互联、战场通信、现代化物流、城市信息化、应急通信网络等多个场景，是目前炙手可热的概念和媒体产业极富应用前景的领域。移动互联网在应用多种技术为人们提供便利的同时，也背负了多种技术需要面临和解决的问题，比如安全和隐私、移动终端管理、接入网络、应用服务等。然而，在不远的将来，移动互联网领域必然会出现新的更加实用的体系架构，创新型的应用模式和崭新的相关技术解决方案等，推动移动互联网不断走向成熟。移动互联网，尤其是移动互联网与其他应用平台的有机结合体，必将成为未来人们进行移动通信和获取互联网服务的首要模式。

（二）受众的个性化、多元化需求是新媒体产生的社会基础

纵观人类传播史，大众传播主要经历了四个时代：第一个是依据人类自身本能的口语传播时代；第二个是纸质传播时代（媒介载体为报纸、书籍、杂志等形式）；第三个是电

子传播时代（媒介载体为广播、电影、电话、电报、电视等形式）；第四个是数字传播时代（媒介载体为高清晰度电视、电脑、VCD、DVD、CD、互联网等）。从技术层面上讲，这四个时代的划分是科学进步的三次飞跃。而从受众需求的层面上来讲，四个时代反映了人们的生存态势对媒介与信息需求的不同程度。在数字信息时代，人们对信息的需求表现出前所未有的多元化、个性化。亿万人民同看一张报纸的时代已经一去不复返了。受众不仅希望接收到声音、图片、动画、文字甚至力量、气味、滋味等多样信息，还希望在与信息源的互动中参与信息的加工和提供，并且能随时随地参与传播过程。这种多元化的受众需求，网络、手机等新兴媒体形式正好能够满足。

传统媒体由于版面、时段、频道的限制不可能提供所有受众需要的信息，但是，利用新媒体的海量性、非线性的特性，受众可根据自身的兴趣或独到的创意通过数据库编排出属于自己的信息，从而使单一的、个人化的传媒内容消费成为可能。新媒体的出现，使根据个体或某个同质的局部群体的个性化需求定制产品和服务的时代正在逐步取代整个社会只消费一种型号产品的大众化消费时代。受众的社会需求正是新媒体产生与发展的原动力。

（三）政策法规的支持

在我国，随着新媒体产业的迅速发展，政府对新媒体的规制也在逐步地放开，传媒产业的政策环境正在逐步地向积极的方向发展。国家在《"十一五"时期文化发展规划纲要》中指出，要"发展手机网站、手机报刊、IP电视、移动数字电视、网络广播、网络电视等新兴传播载体"，强调要"积极发展以数字化生产、网络化传播为主要特征的数字内容产业……积极发展网络文化产业，鼓励扶持民族原创的、健康向上的网络文化产品的创作和研发，拓展民族网络文化发展空间"，提出"鼓励自主研发数字内容、数字传播、数字服务终端的产品和装备，开发数据处理、存储、传输、下载、适用互动等数字出版的增值业务，扩大数字出版的产业群体"。这些都表明国家已经把数字化出版与传播作为传媒业现代化的重点之一，为新媒体产业的发展提供了制度供给和制度保障。开放的市场环境是新媒体产业快速发展的重要原因之一。政府正慢慢给予媒体产业发展更多的空间和主导权，一系列对新媒体产业发展的利好政策也相继出台。2003年以来，我国陆续出台了若干文件，中宣部、文化部、广电总局、新闻出版总署联合下发的《关于文化体制改革试点的意见》（2003年），中共中央、国务院下发的《中共中央、国务院关于深化文化体制改革的若干意见》（2005年），国务院发布的《文化产业振兴规划》（2009年）等，一方面鼓励扶持新媒体的发展，另一方面也不断加强对新媒体产业的规范和引导。

第三节 新媒体的发展趋势

对于新媒体的发展趋势，有研究认为存在四大趋势：第一，对传统媒体冲击加强，融合替代趋势加速。新媒体分流传统媒体的广告资源和用户资源，对传统媒体的冲击将继续加大。博客、微博、微信等新媒体对传统媒体报纸、杂志等替代速度加快。第二，营销价值凸显，营销属性加强。新媒体的营销价值正得到广告主以及广告公司、公关公司等营销机构的认同，新媒体逐渐成为企业整合营销中的重要组成部分。一些国际知名品牌，正逐渐减少对电视广告的投放，对基于互联网、手机新媒体、卖场视频等媒体的投放将增加。新媒体企业短期内难以通过内容获得收入，营销收入成为重要收入来源，因此将促使其注重营销领域的开拓。同时新媒体营销价值的优势，将增强广告主对新媒体的投放力度。第三，产业投资价值看好，合作、收购力度加强。第四，产业创新速度加快，新的产品、新的服务不断涌现。

由中国社会科学院新闻与传播研究所和社会科学文献出版社 2016 年共同发布的《新媒体蓝皮书：中国新媒体发展报告》提出，我国新媒体行业未来将呈现以下八大趋势：

一、"互联网＋"效应持续显现，将成为全产业发展的经济驱动因素

"互联网＋"政策促进产业升级与经济转型，新媒体全产业化发展形成新的经济形态。新媒体跨行业带动更多传统产业转型，互联网金融、互联网医疗、互联网教育等多行业实现高速发展。同时，互联网和大数据应用对供给侧结构性改革具有促进作用。

二、移动互联网领域成为新媒体发展主战场，移动化发展热潮不减

据工业和信息化部发布的 2015 年全年及第 4 季度电信服务有关情况通告，截至 2015 年年底，全国移动宽带用户数达 7.85 亿，其中 4G 用户全年新增 2.89 亿，总数达到 3.86 亿。随着 4G 移动通信技术的进一步推广和基础网络设备的不断完善，移动互联网发展浪潮将持续推进。同时，5G 技术的研发也将致力于为移动互联网用户带来更佳的使用体验，技术牵引用户转移，进一步为移动互联网提供动力。

三、媒体融合发展成为行业自觉

媒体融合上升为国家战略发展规划，以传统主流媒体为首，在各方力量的推动下，媒体融合成为媒体业全行业发展自觉。媒体融合步入深度融合发展阶段。媒体分离新闻生产业务与媒体经营，改革新闻生产方式，优化人才和组织机构构成，构建现代传播体系。

四、新的媒体生态圈和媒体生态系统逐步成形

2016 年，基于跨屏互动的发展趋势，新媒体发展将更为强调场景化、个性化和垂直化，为用户提供专属信息服务。媒体生态圈的建立以用户为核心，通过媒体与其他产业抱

团合作，满足用户多种需求，各方参与者从中获益。

五、智能技术向跨行业渗透，逐步进入相对理性发展时期

智能技术将继续改变媒体生态，写稿机器人、传感器、虚拟现实硬件等智能设备将在信息生产中被更广泛地应用。同时，智能技术将被运用到诸如安防行业、家居行业、餐饮行业等传统行业中，应用范围扩大，实现跨行业技术应用与发展。在经历了爆发期之后，智能产业的发展将更趋理性化。

六、网络文化产业发展进一步推进，提质增效是重点

2016 年，网络文化产业的发展在扩增量的同时，提升网络文化作品的质量是行业发展导向。国家为网络文化产业发展提供了政策支持和资金保障。财政部下达 2015 年度文化产业发展专项资金 50 亿元，共支持项目 850 个，项目数较 2014 年增长 6.25%。利用专项资金，网络文化产业可以通过创新管理模式、更新文化产品信息生产理念与流程、与互联网融合发展等措施助推文化产业成为国民经济支柱性产业。

七、自媒体"变现"热潮涌现

自媒体发展呈现两极化发展趋势。2016 年，具有较强传播力、影响力与品牌价值的一批自媒体凭借其用户积累，将有可能以广告、电商、增值服务等多元模式实现商业价值。

八、新媒体资本市场合作与竞争并存

在 2016 年 3 月两会期间，李克强总理在《政府工作报告》中提出："支持分享经济发展，提高资源利用效率，让更多人参与进来、富裕起来。"分享经济和共享经济将在新媒体领域大力发展，新媒体平台合作成为发展趋势。同时，新媒体向全产业渗透发展，也必将带来激烈竞争。

第三章　新媒体技术

第一节　传媒技术的革新历程

媒体的革新与发展是伴随着技术的进步而进步，依赖着技术的发展而发展的。

起初，雕版印刷实现了文字信息的大量快速复制与传播，但是一个版面雕刻完成后，其内容无法改变，因此只能应用于历书、佛经这样内容固定且使用量大的内容。大约在公元 1041 年到 1049 年间，北宋的布衣工匠毕昇发明了泥制活字印刷术。再到 1455 年，古登堡发明了世界上首台可以成熟投入商业应用的铅活字凸版机械印刷机。此后，由机械操作的印刷机解决了作为大众传播媒体的报纸每次印刷量并不大，但内容却频繁更新的问题，从而真正地拉开了大众传播的序幕。

机械印刷之后，电脑激光照排技术诞生，进一步提高了印刷的生产效率，实现了电子版面的远距离传输，推动了报纸媒体的兴盛壮大。

媒体传载文化的重要飞跃就在于突破了文字的局限，将声音、影像引入并使之成为手段与载体之一，而这一切都始于无线电的发明。1893 年，尼古拉·特斯拉（Nikola Tesla）在为费城富兰克林学院以及全国电灯协会做的报告中，描述并演示了无线电通信的基本原理，展示了他所制作的无线电系统的仪器。1897 年，他在美国获得了无线电技术的专利。

1906 年 12 月 24 日的晚上，雷吉纳德·菲森登（Reginald Fessenden）在美国马萨诸塞州通过无线电广播播送了两段笑话、一支歌曲和他自己用小提琴演奏的《平安夜》，这一广播节目被当时有接收机的人们清晰地收听到，从而成为历史上首次公开的无线广播。

1920 年 6 月 15 日，马可尼公司在英国举办了一次以梅尔芭太太担当主演的"无线电—电话"音乐会，几乎整个欧洲都能清晰地收听到，这被看成是广播事业的开始。1922 年 11 月 14 日，伦敦 ZLO 广播站正式开始在英国每日播出节目，该站在 1927 年改为英国广播有限公司，也就是之后大名鼎鼎的 BBC。1922 年，法国埃菲尔铁塔的无线电台也正式开始播音。到 1927 年止，美国国内已拥有 737 个广播站，广播电台如雨后春笋般在各国相继涌现。

在技术层面，无线电经历了从电子管到晶体管再到集成电路，从短波到超短波再到微波，从模拟方式到数字方式，从固定使用到移动使用等各个发展阶段，无线电技术已成为现代信息社会的重要支柱，而它所传输的内容也从电波、声音开始升级到图像、视频以及多媒体的综合信息。

1925 年，英国人贝尔德成功地通过无线电波传输了一位年轻店员的脸庞图像。1928 年，贝尔德开始正式播送电视系统，同时开始研究和试验彩色电视。1929 年，英国广播公司（BBC）与贝尔德签订许可合同，试验性播出电视。1936 年，BBC 利用无线电在世界上首次实现了定时电视节目的播放。

1962 年，苏联实现了利用人造地球卫星传输电视节目信号，卫星通信成为实现更大范围电视传播的一个重要手段。1973 年，数字技术开始应用于电视广播。1979 年，有线电视问世，电视信息可以在地面更长距离且不受干扰、不失真地传输，并为之后的双向互动奠定了技术基础。1991 年，日本索尼公司开始试播高清电视。

正是这些技术层面的不断突破与发展，才使得人们眼前的电子屏幕，从黑白发展到彩色，从模糊发展到清晰，从往事回顾发展到即时直播。电视也成为首个整合了包括文字、图像和声音这些综合信息的传播工具，它不仅是一种不断演化的技术代表，更成为一个国家、一个社会的文化实力承载体，被赋予了更多的文化色彩，一度成为无可争议的"传媒之王"，同时，也成了更新的网络媒体诞生之后的主要受冲击目标。

第二节 互联网的产生与进化

互联网自诞生之日起，就在日新月异的科技发展史中打满了它的烙印。这几十年来的发展，推动着新媒体，走过了特征显著的各个时期，这也成为持续至 21 世纪最广泛的科技应用，更成为继造纸与印刷术之后，信息传播与存储的最核心发明。

一、科技启蒙

这一阶段大多是科学家们与早期的计算机工程师们所进行的全新开拓工作。

1969 年，美国军方建立的阿帕网在几所知名的大学中同步进行研究与试验，10 月 29 日 22：30，位于加州大学洛杉矶分校（UCLA）的阿帕网第一节点与斯坦福研究院（SRI）的第二节点成功连通，实现了不同网络间的远程通信。这一试验结果在之后被视为互联网正式诞生的标志。

那时用于联网试验的电脑又大又笨重，而且连接两台电脑之间的网络结构复杂得可怕，它们之间的速度与效率也令人不敢恭维。参加阿帕网实验的计算机科学家 K. 莱昂纳德（K. Leonard）教授介绍说："我们所做的事情就是从一台计算机登录到另一台计算机。当时登录的办法就是依次键入 L、O、G 三个字母。于是我在这台机器上开始键入 L，然后问对方：'收到 L 了吗？'对方回答：'收到了。'我再依次键入 O 和 G。还未等到我得到对方'收到 G'的确认回答，系统就瘫痪了。所以第一条网上信息就是'LO'，意思可以理解为'你好！'。"这就是人类互联网历史上的首次通信。

1971 年，为阿帕网工作的麻省理工学院博士雷·汤姆林森（Ray Tomlinson）设计了一个名为 SNDMSG（即 Send Message）的软件，并使用这个软件在阿帕网上发送了第一封电子邮件，收件人是另外一台电脑上的自己。为了让电子邮件更加有效率且便于管理，汤姆林森设计了电子邮件的格式，即由前面的用户名称与后面的邮件地址域构成，两者之间他选择了"@"符号作为间隔，理由是这个符号比较生僻，不会出现在任何一个名字当中，而且它的英文读音与"at"相同，也有着"在"的含义。在此之后，电子邮件成为互联网诞生之后应用时间最长、最持久的一项应用。

1972 年，为了方便地登录另一台主机，Telnet 协议诞生。简而述之，该协议就是让一台计算机登录到另一台计算机所必备的基础通信协议，也是黑客入侵其他计算机的必用协议，更成了黑客技术与反黑技术相互争夺控制权的主阵地。

1973 年，基于文件传输的 FTP 协议制订。FTP 协议使得不同计算机上文件信息的共享成为可能，用户可以进行各类有用信息的检索、下载或者上传。

1974 年，互联网中最重要的一个协议，传输控制协议（TCP）制订，它可以被详细解释为"包交换网络"。我们可以把互联网看成一群相互不认识的人组成的关系网格，大家各处其位，负责传送每一件通过自己这里的包裹。由于大家的情况不一，首先要防止出现包裹太大太重有人拿不动的情况，因此就要严格地把所有要传递的东西都切割打包成标准化的小包，然后给它们编号，最后拿到东西的人就可以根据小包包上的编号组合恢复出原来的包裹。当然，由于传递的是数字化的包包，每个人传递成功时，都需要给上一个人发送确认信息，如果上一个人没有接收到确认信息，那么小包包将会被视为传递丢失，上一个人就会把刚才的小包包再复制一份，重新发送，直到收到确认信息为止。由此可见，这样的 TCP 协议充分保证了在复杂多变的互联网环境下信息传递的可靠性。

1975 年，人造地球卫星沟通了美国夏威夷与英国之间的互联网连接，从而使跨越两大洋的通信变得更加便捷。

二、社会普及

1978 年，在 TCP 协议的基础上分解出了 IP 协议，它们连在一起被统称为 TCP/IP 协议。IP 协议也称为网际协议，它是进一步规范 TCP 协议中提到的数据小包包的标准，并通过一整套软件程序，确保不同的计算机之间的数据转换。此外，IP 协议中最重要的一个内容就是定义了 IP 地址。按照设计，联到互联网上的每一台电脑都将拥有一个唯一的地址，就好像电话号码一样，有了它，别人就可以随时随地、方便快捷地联系你并找到你。

1983 年，阿帕网正式宣布全面采用 TCP/IP 协议进行网络通信。在 TCP/IP 协议全面进入互联网之后，对于冷冰冰、抽象而难记的 IP 地址问题，有科学家创造性地提出了"域名"的概念。它实际上是以规范的、形象的字母形式组成的另一套地址系统，然后再与 IP 地址系统一一对应。域名的命名有较为严格的规范，它主要由主机名＋机构名＋后缀组成，其中机构名是域名的关键，它具有与商标相似的性质及功能，可以由任意字母、数字或两者的混合构成。因此，有些企业就使用商标、企业名或者它们的音译、拼音等来注册，如"sony""baidu"，有的则从容易传播的角度来选择好听、好记并易于输入的字母、数字组合，如"2233""aaaaa"。其次重要的部分是后缀，由网站类别名及国别名构成，其中网站类别名主要有 com（公司）、net（网络机构）、org（组织团体）或者 gov（政府部门），国别名则有 cn（中国）、jp（日本）、tv（图鲁瓦）等。每个国家或地区都会分配一个由两个字母构成的国别名，它们两者既可以组合在一起形成综合后缀，如"aaaaa.com.kr"，也可以单独构成，比如"aaaaa.tv"，或者"aaaaa.com"。而最前面的主机名，则由域名注册所有者自主命名，用以区分对应自己提供不同网络服务的主机。域名系统在网络访问时的特殊作用，使得越是简单、上口的域名越容易被人记住，从而使域名抢注与域名交易发展成了新媒体时代的一个特殊行业，动辄卖出几百万、几千万元的域名交易已是常见的案例。

1984 年，全球开始有超过 1000 台的主机联网。为了便于寻找、管理这过千台的电脑主机，域名服务（DNS）产生。它就像生活中的电话簿一样，详细全面地记录了哪一个域名对应着哪一个 IP 地址，当某一台主机改变了 IP 地址，只需在域名服务（DNS）系统里相应地修改出新的 IP 地址，用户就可以通过原先的域名非常方便地访问新的地址。

1986 年，中国兵器工业计算机应用研究所和德国巴符州政府开始了一项计算机国际网合作项目。为了突破少数发达国家对中国互联网研究的封锁，兵器工业研究所在德方人员的帮助下开始尝试通过德国卡尔斯鲁厄大学的"中转"与国际网络进行连接。经过若干次的尝试与失败之后，1987 年 9 月 20 日，在王运丰教授的主持下，研究组通过这台计算机成功发送了中国第一封电子邮件，邮件内容是由李澄炯教授提议的"越过长城，走向世界（Across the Great Wall we can reach every corner in the world）"。这象征着中国开始进入全球互联网世界。

三、浏览时代

互联网不能只是一个可描述的世界，更应该是一个可以让人轻松地看懂、看清楚的世界。浏览器的诞生则让这一切成为现实，并引领着新媒体走入了浏览时代。

1989 年，蒂姆·伯纳斯·李（Tim Berners Lee）根据他当年 3 月提出的一个关于万维网（World Wide Web）的设想，开发出了世界上第一个网页浏览器和第一个网页服务器。

1990 年，作为中国的国别顶级域名 CN 注册成功。

1994 年，在美国国家科学基金会等单位的支持下，4 月 20 日，中国通过美国 Sprint 公司联入 Internet，实现了与国际互联网的全功能连接。从此中国被国际上正式承认为真正联入互联网的第 77 个国家。同年，中国科学院计算机网络中心将中国国家顶级域名（CN）服务器迁回国内设置。

1994 年 12 月 15 日，世界上第一款商业网络浏览器 Netscape Navigator 1.0 正式发布。它的出现让普通用户也得到了查看网页文字和图像的机会，从而开创了网络浏览器的时代，迅速占有了 90% 的市场份额。

1994 年，华裔青年杨致远在美国创立了雅虎（Yahoo.com）网站。

1995 年，张树新在北京创立瀛海威网络，这是中国最早提出应在国际互联网络上提供中文信息的网络服务公司，也是最早提供互联网服务（ISP：Internet Service Provider）业务的网络商之一。它的成立，标志着中国互联网用户开始从科研技术人员转向普通百姓。但由于开办过早，该公司于 2001 年衰落，一度又被称为"中国互联网产业发展的先烈"。同年，中国电信开始建设全国骨干网，这是国有企业首次投资建设互联网基础网络，也从此奠定了中国电信在国内互联网产业中的老大局面。

1995 年 8 月 24 日，在看到 Netscape 浏览器软件发展的巨大成功后，软件巨头微软开始意识到这是一个不可丢失的市场，于是迅速推出了自己的浏览器软件"互联网探索者"（Internet Explorer，简称 IE），并把它捆绑在自己的 Windows95 操作系统中免费发布。

从 1996 年开始，微软虽然因为将 IE 软件捆绑在操作系统中的手段受到美国以及欧洲相关司法机构"反垄断""反不正当竞争"的司法阻击，但这依旧没能阻挡它在浏览器市场上的节节推进，网景浏览器逐步退出市场，IE 开始了长达十年之久的浏览器垄断时代。

四、中国崛起

相对于西方发达国家，中国在互联网领域的起步很晚，但发展速度惊人，这昭示着中国时代的到来。

1997 年 10 月，由中国电信集团所建立的公用计算机互联网（CHINANET）实现了与中国科技网（CSTNET）、中国教育和科研计算机网（CERNET）、中国金桥信息网（CHINAGBN）的互联互通，从而构成了中国地区事实上的互联网。同年 5 月，丁磊在广州创建网易。

1998 年 2 月，从美国麻省理工学院回国创业的张朝阳正式将公司更名为搜狐公司。11 月，马化腾注册成立腾讯公司。12 月，北京四通在线与美国华渊资讯合并，创建了新浪网，由王志东任首任总裁与 CEO。至此，影响整个中国互联网格局的四大门户网站先后全部成立，虽然此时各个门户的雏形创建还进展不一。

1999 年，腾讯公司在自己的 OICQ 软件参加一家大企业的招标出局后，决定开始由自己运营公司。这年年底，李彦宏在美国硅谷成立百度公司，着手回国发展。中国首家大型电子商务网站 8848. net 成立，并主办了当年中国首届 72 小时网络生存测试活动，开启了媒体炒作的先河，一时引发了全国舆论的关注，带动了中国首轮电子商务网站的创建热潮。而此时的马云，则在杭州建立了自己的阿里巴巴网站，以其独有的思路悄悄进入了电子商务领域。

五、网络寒冬

2000 年，新浪、搜狐、网易三大门户先后在美国纳斯达克上市，却遇上美国纳斯达克股市连续崩盘的大环境。同时，这三大网站都存在着"有营收无赢利"的问题，开始遭遇投资人的犹豫与冷落。在上市的风潮与兴奋劲还没过去的时候，中国的互联网产业便迎来了首次网络泡沫。

2001 年 3 月，搜狐网在纳斯达克股市的股价已跌至一美元的边缘，面临着被摘牌的危机。

2001 年 6 月，新浪网创始人之一王志东以强硬的对外声明表达其对董事会决定的不满与抗议后离职，引发了新浪网有史以来最大的人事动荡。

2001 年 6 月底，中国首家上市网站中华网因被怀疑提供虚假招股说明而面临一起股东集体诉讼案。

2001 年 9 月，网易遭遇误报合同事件，被纳斯达克股市正式通知停牌。

2001 年中，亿唐、找到啦这些一度兴盛火爆的新型互联网企业开始通过大幅裁员面对危机，更有不少网站尝试重组、合并甚至注销等手段。中国互联网业整体进入了第一个寒冬期。

2002 年，在手机短信、网游、电子商务等多元化收费业务的支撑下，搜狐、新浪、网易几大门户网站终于宣布开始实现赢利。

2002 年 8 月，有中国博客之父之称的方兴东将博客这一形式引入中国并创立了"博客中国"网站。

2003 年，"非典"病毒的肆虐严重打乱了中国人正常的生活与商业活动，却在无意中促成了电子商务与网络游戏的兴盛发展。阿里巴巴在 B2B 企业平台迅猛发展的同时，果断决定推出 C2C 个人交易平台淘宝网以及网上支付平台支付宝；B2C 电子商务网站卓越网成功融资 4200 万元人民币；网络游戏公司盛大网络成功融资 4000 万美元。

六、百花齐放

2004 年，中国互联网产业掀起新一轮上市潮，TOM、腾讯、盛大等网站纷纷上市，中国网络概念股上市进入第二个黄金时期。

随着谷歌、百度的崛起，2004 年 8 月，搜狐推出"搜狗"，新浪推出"爱问"，纷纷抢滩新一代搜索引擎市场。

腾讯在坐稳即时通信软件老大的位置之后，开始跻入门户网行列，于这一年推出自己的门户网站 QQ.com，在当年 10 月"2004 年中国商业网站 100 强"的调查活动中，得票率超越新浪、搜狐、网易，名列第一。

2005 年，阿里巴巴旗下的淘宝网超越易趣，成为国内电子商务 C2C 的领军网站。百度代表中国本土搜索引擎，在国内的市场份额全面超过了谷歌（Google）。

七、Web 2.0

2005 年，作为中国播客代表的土豆网创立，作为中国 SNS 代表的校内网成立。中国互联网开始进入 Web 2.0 阶段。

2006 年，谷歌（Google）以 16.5 亿美元收购 YouTube；国内各大视频网站频获融资，发展迅猛；新浪网全面启动博客战略，各大门户纷纷应战；随之，威客、掘客、维客等带着 Web 2.0 特征的各类网站应运而生。

2007 年 3 月，江南春创办的分众传媒成功收购好耶网，成为中国最大的数字化传媒集团。

2007 年 7 月开始，某些国内知名网络游戏公司先后顺利成功上市，从而加剧了国内网络游戏的市场竞争。

2007 年 11 月，电子商务的领军企业阿里巴巴在香港成功上市。

八、移动互联

2008 年，开心网引领国内 SNS 网站成为当年最热门的网络应用，SNS 网站里的各种网页小游戏风靡一时，更引发了社会舆论的讨论。

2008 年 7 月，苹果公司为 iPhone 等硬件产品的使用专门创建了 App Store，提供各类应用软件产品的下载或网上销售，获得了飞速发展，App Store 成为手机软件业发展史上的一个重要里程碑。

2008 年 7 月，火狐（Firefox）浏览器市场份额首度超过 20％，而微软的 IE 浏览器市场份额开始跌破 70％。在此时机下，谷歌推出 Chrome 浏览器，引发了新一轮浏览器市场大战。

2009 年，国家工信部发放 3G 牌照，中国 3G 正式进入商用，移动互联网日趋成熟，云计算概念得到深入应用；而基于移动终端发布的 Twitter 应用红遍全球，新浪等网站在国内推出了微博服务。

九、社交变革

2009 年 8 月，新浪网上线社交媒体平台新浪微博，引发搜狐、网易、腾讯纷纷跟进微博战略。新浪微博最终更名为微博，并以独立公司的身份在美纳斯达克成功上市。

2010 年 3 月，以团购消费为服务方向的美团网成立，引发了全国各种团购网站的兴起，被称为"千团大战"的市场局面形成。

2010 年 11 月，奇虎 360 公司推出"扣扣保镖"对战腾讯 QQ，腾讯因此宣布所有电脑用户必须在 360 软件与 QQ 软件之间做出"二选一"的决定。该事件引发了双方的相互对抗乃至诉讼，被称为互联网反不正当竞争第一案的"3Q 大战"。

2011 年 1 月 21 日，腾讯公司推出移动手机即时通信应用程序微信，凭借语音、视频、朋友圈等功能，逐步发展成为用户最多的社交通信软件。

2012 年 8 月，京东商城挑起与家电商场之间的激烈价格战，开始改变中国的电商竞争格局。

2013 年 7 月，小米电视发布；9 月，乐视超级电视发布，中国电视行业开始进入智能化、网络化阶段。

2013 年 12 月，中国工信部向移动、电信和联通发放 4G 牌照。

2014 年 6 月 30 日，中国网民已达 6.32 亿，其中手机网民 5.27 亿，手机网民规模首次超越传统的 PC 网民规模。

2014 年 8 月，滴滴出行（原名嘀嘀出行）上线，引发新一轮 O2O（注：Online To Offline 的缩写，即在线离线/线上到线下，指将线下的商务机会与互联网结合，让互联网成为线下交易的平台）行业的爆发式发展，在移动支付、新型物流、社交关联的全面升级支持之下，O2O 逐渐成为社会零售及服务消费的主流形式。

2015 年 3 月，"互联网＋"写入中国国家政府工作报告；同年 7 月，国务院印发了《关于积极推进"互联网＋"行动的指导意见》。

2016 年 3 月，谷歌的人工智能程序 AlphaGo 战胜世界围棋冠军李世石，各大互联网公司相继宣布开始在人工智能领域投入研发重兵。

2018 年，以比特币价格疯涨为代表事件的区块链产业被疯狂激活，随后产生出金融投资与底层能力两个发展方向。

2018 年 12 月 10 日，工业和信息化部正式向 4 家运营商发放 5G 牌照。

第三节　技术对新媒体的推动

回首已逾五十年的发展历程，可以看到，技术的发展一次又一次地推动着互联网的不断更新、蜕变，新媒体从外形到内涵也在不断地被充实与完善。几个技术性的关键词，紧扣着传媒的命门，推动着传媒的革命。

一、网速：从 Modem 到 5G

网速指通过网络传输信息的速度。在生活中，我们通常将此理解为电脑、手机等设备联网时信息上传和下载的速度。

网速以"字位"作为单位，即 bit（简写成小写的 b），而电脑中存取数据的单位却是"字节"，即 Byte（简写成大写的 B），两者之间的换算关系是 1Byte＝8bit，或者 1B＝8b。电信业务中提到的网速 1M、2M、3M、4M 等都是指小 b，而我们在电脑屏幕上看到的具体文件的大小却以大 B 作为单位。所以当电脑软件显示的下载速度为 100KB/秒的时候，实际上这时的带宽速率差不多等于 800bit。反过来理解，如果宽带的速率为 2M（bit），那么理论上下载文件的最快速度能达到每秒 250KB。

在民用领域，较早的上网连接设备有 14.4K 和 36.6K 的 Modem，通过电话线拨号上网，缓慢的网速使得那时的网民用"小猫"这个昵称来称呼它。之后升级至 56K，网民就称其为"大猫"。应用 ISDN 及 DDN 技术后，网速可以提高到 128K。这一时期被总称为互联网的窄带时代，网速不仅慢，而且易受干扰、易断线。缓慢的网速极大地制约了互联网的发展。因此，当时网上的信息以文字为主，图片都会尽量压缩，更不要提音频与视频了。

通过有线电视同轴电缆线上网的 HFC（Hybird Fiber Coaxial）技术出现后，它的理论带宽可以高达 1024M，实际应用的下行带宽最高能够达到 30M，互联网由此开始进入宽带时代。由于 HFC 在技术上的优势，其在欧美等国家拥有广泛的市场与众多的用户。而在国内，有线电视运营商早期只关注利润较高的有线电视节目传输，对宽带接入的市场推广、技术研究都较落后。此外，电信运营商却大力发展基于电话线传输的 DSL 宽带技术方案，最早投入运营的 ADSL 带宽从 512K 开始，逐步发展到 2M、4M 以至 8M，更为重要的是，它通过电信行业的整体综合优势，迅速站稳了互联网接入商的老大地位。

对于用户来说，网速快慢除了与根本性的技术方案应用有关之外，还存在着许多其他的制约与影响因素，这被称为"木桶效应"：盛水的木桶由很多块板组成，无论其中的绝大多数木板有多长，决定这只桶能盛多少水的是最短的那一块板。上网也是如此，从电脑到上网设备，从上网设备到运营商机房，从运营商机房到公众网，从公众网到目的服务器，这其中任何一个环节的快慢都将决定最终网速的快慢。

无论是 HFC 还是 ADSL，它们都是不对等宽带，一般上行速度只有下载速度的一半甚至更少。之后，无论是有线电视还是电信，包括联通与移动，都开始大力发展拥有对等带宽的以太网宽带。通过将光纤铺到小区，再以五类线方式连接到用户家中，甚至在后期开始尝试用直接光纤联到用户，这样，民用宽带的网速可以提高到100Mbit甚至是1Gbit，而且上传下载都具有相等的速度。

移动互联网出现之后，人们选择网速的目光开始从有线方案转向无线方案。2G（即第2代手机通信技术方案的简称）虽然解决了无线上网的问题，但仍然属于窄带的标准。之后从3G到4G，逐渐开始了手机通信的宽带化发展，到最新的第5代移动通信技术的5G网络，其网速最高可达每秒10Gbit，网络延迟时间已从4G时的30—70毫秒缩短到1毫秒。5G网络不仅能够直接为移动手机提供高质量的网络服务，而且还将成为一般性家庭和办公网络的提供商，成为各种有线网络提供商的强大竞争对手。

二、存储：从磁盘到云端

在计算机技术中，"存储"的含义指通过合理、有效的方法，将信息数据保存在合适的介质中，以保证用户可以持续对它进行访问；狭义的理解也可以专指这些保存数据的介质，比如硬盘、软盘、光盘，等等。

数字存储的第一大特点就是格式标准统一，不论是文字、照片，还是声音、视频，抑或动画多媒体，再复杂的信息表现形式都可以转化成计算机所理解的0与1的标准数据，从而避免了传统资料馆里那种分类复杂、要求不一的存储要求。第二，数字存储具有强大的复制、备份能力，确保了信息保存的安全性。第三，数字存储的再访问、再使用性非常高，用户可以在纷繁浩杂的存储库里非常方便地调用查看。

计算机技术在存储领域的发展方向就是更安全、更廉价、更快速、更便捷。

更安全是信息数据存储的首要大事。纸张等介质一旦发生物理性灭失便会产生不可挽回的情况，而数字存储除了能不断提高自身的抗摔打、防损坏的特性之外，还具备恢复及修复各种信息数据的技术，这也是它非常突出的一项优势。

更廉价的要求则是在数字存储需求呈几何级发展的态势下提出的。由于数字存储在安全性上具有极大的优势，越来越多的信息进入数字储存，用户对存储空间的要求与日俱增，成本问题开始凸显出来。从磁鼓到磁芯再到半导体，各种各样的新技术应用到数字存储上，其目的就是用更低的成本存储更多的信息。从IBM于1956年生产的足足有两只冰箱大小的5MB存储空间的硬盘开始；2010年日立公司推出了3.5寸标准大小的民用硬盘，其存储空间达到了2TB；2019年西部数据推出一款闪存盘，其体积缩小到了1元硬币大小，但存储空间却高达4TB。

更快速的要求是基于存储数据的读取方便性而言的。使用缓存技术、采用新型材料、改善存储结构等都是提升信息读取速度的有效方法。

更便捷的要求指向数据使用的方便性。无所不在的互联网把随身携带、随时使用变成了现实。把存储中心建在网上，这样用户就可以通过PC、手机以及多种移动设备随处随时读取存储内容。

　　信息存储的不断进步，正根本性地改变着人们对于信息传播与信息积累的传统理解。海量信息的快速复制与即时储存成为可能，存储成本不断降低，使得信息积累速度呈几何级别增长，人类社会的信息共享变得简单而又易得，个体对社会的影响力正在逐步加大。数字化生存、网络化生存正从陌生的名词演变成既成的现实，现代人信赖网络存储，同时又在不断充实发展着网络存储。更大的网络存储与更快的网速，似乎把整个世界浓缩成了一台超级电脑，一本包含几乎所有人类文明的大百科全书。

三、网络：从互联互通到万物互联

　　互联网的核心便是"互联"，不同的电脑运行着不同的操作系统，甚至各自组成结构不同的局域网络，但是只要它们能够共同遵守互联网所设计的基本协议与规则，就可以相互连接在一起，它们之间的用户便可以相互通信，任何一个网络的用户都可享受另一个网络的服务。

　　不同的网络"对等开放、相互通联"，这本是互联网的内核精神，但我国在互联网发展初期就产生了不同的网络运营商，他们各自在网内拥有一定的网络资源，然后通过互联互通节点与其他运营商的用户进行沟通交换。面对市场竞争，占据主导地位的运营商会更加关注自己付出的成本与收益之间的关系，从而有意放任甚至制造互联互通的"故障率"，这样一来，使用自己网络的用户访问速度非常流畅，但使用其他运营商的用户的访问速度却又慢又容易中断，以达到打击竞争对手的商业目的。

　　对此，国家做出了诸多努力，一方面强化网间结算体系，设法调整新老运营商之间的利益得失；另一方面加强监管与法制管理力度，打击不正当竞争行为。只可惜限于当时的相关法制条款不到位、监管力度偏小，互联互通的各种障碍问题一直是那些年里各家运营商之间无法破解的难题。

　　网站以及提供网络游戏等各种服务的公司与机构无法放弃任何一种网络上的用户，于是，为了尽可能地保证所有用户都能有良好的访问效果，他们只能被迫选择双线、三线机房，也就是在同一处的机房里同时接入多家网络运营商的线路，有的还会使用 CDN（内容分发网络）服务，通过 CDN 技术将相同的服务信息尽量发送到离用户最近、最快的网络，让不同运营商的用户在访问自己的网站时都能达到良好的访问速度。但这种付出对于全社会而言，是一种使用成本上的巨大浪费。

　　在几家运营商共同建设的互联网之外，还存在着电信公司所建设的电话通信网、广电所建设的有线电视网这两个更大概念上的全国性网络。针对这些问题，一些有识之士提出了"三网融合"的口号，希望这三张最主要的全国性网络能够结束争斗、相互融合，共同为市场以及用户提供更加高质量、低成本的语音、数据、图像以及节目方面的多媒体通信业务。

虽然大家都很认同"三网融合"的最终方向，但是这种融合的结果，到底是通过"三张网络各自明确分工，再通过统一的规则、规范相互接入"这样的方式来逐步实现的，还是通过"三张网络放开限制，通过同步发展所有业务，并接受市场竞争"这样的方式最终实现同质化合并的？这两种思路中，后者又被称为"三网合一"。两种观点在学术层面上开始有了较为激烈的辩论。

1999年9月17日，由国务院办公厅发布的"国办发〔1999〕82号文件"要求："电信部门不得从事广电业务，广电部门不得从事通信业务，双方必须坚决贯彻执行。"这一规定支持了第一种观点，暂时中止了学术上的辩论，但是却没能阻止双方在实际业务推广过程中各自向对方领域进行各种渗透的努力。在此期间，各地的电信与广电之间的局部冲突事件时有发生。

2001年的"十五"规划纲要与2006年的"十一五"规划纲要中连续两次重申"三网融合"的规划，要求"制定和完善网络标准，促进互联互通和资源共享"。

2010年1月13日，国务院常务会议决定加快推进电信网、广播电视网和互联网的"三网融合"。会议明确了"三网融合"的时间表，并且正式明确"三网融合"并非三大网络的物理融合，而是在更高业务层面上的融合，更准确地讲应该叫"三网渗透"。也就是说在一定的条件下，允许电信网做广播电视节目传输（目前具体的表现形式有"IPTV"等）、广电网做电信业务（电话通信等），以及在互联网上广泛地开展各种全业务（手机电视、网络电视、网络电话等）。

正是在这一"回归业务""回归市场"的正确决策之下，困惑中国互联网行业发展多年的互联互通问题逐渐得到了解决。而CDN服务技术的高速发展，也彻底解决了在互联互通中最后一道人为化的障碍。"三网融合"的实践努力，打破了原有体制带来的网络市场划分限制，冲破了不同行业之间人为设置的各种壁垒，促进了新媒体的实用信息传播发展，解放了新媒体无限的生命力与创造力。

之后，行业的发展开始从"网网互联"的低层面问题中走出来，对外上升至"万物互联"，也就是从互联网基础上延伸和扩展而成的物联网发展。从技术角度而言，物联网主要是通过多种信息传感设备采集并获取所需要的信息，并通过所有可利用的网络接入与互联网相结合，由此形成一个巨大的网络，从而实现在任何时间、任何地点，人、机、物之间的互联互通。

从根本而言，物联网的核心和基础仍然是互联网，它是在互联网基础上延伸和扩展的网络。但是，物联网将其用户端延伸和扩展到了任何物品与物品之间，让它们都可以实现信息交换和通信，从而极其广泛地影响了互联网在工业、农业、环境、交通、物流、安保等几乎所有基础设施领域的应用，有效地推动了社会资源更加合理的分配与使用，提高了各个行业的效率与效益，加快提升了人们在家居、医疗健康、教育、金融与服务、旅游等生活领域的使用感受，全面改进了服务质量，极大地提高了人们的生活质量。

四、云计算：从个体性到协作性

云计算原本被称为分布式计算机技术。计算机在追求更高速、更有效的计算速度的时候，产生了两种不同的思路：第一种思路是继续研发性能更强的超级计算机，第二种思路则是借鉴蚁群原理，通过应用程序将一项工作分解成非常多且非常小的单元，交由大量普通的计算机通过网络协调、各自处理，但最终却能够实现超强的计算性能，这就是云计算的思路雏形。

随着网络的高速发展，云计算的概念被谷歌公司再度扩展，把各种通过网络提供需求，再通过网络响应，以非常容易扩展的方式把强大的计算能力提供给最终用户使用的服务，均称为云计算。

在云计算模式下，用户的电脑或者其他终端的个体性能发展已经变得不再重要，只需要完成信息的输入与最终结果的接收即可，所有的繁杂运算过程全部交给网络及网络服务器，按照各自所需享受"云计算"平台的强大处理能力。

云计算的根本思想，就是在现代社会中不再单纯地依赖某一个个体的有限能力，而是聚积分散力量，有效地协调组织，联合成强大的中心，再将资源重新按需分配给相应的个体去使用。这也从思想上带给新媒体发展以根本性的启发。

五、人工智能：从自动化到智慧化

人工智能，英文原词为 Artificial Intelligence，习惯上缩写为 AI。从本质而言，在这个世界上，所有具有智慧并能自主运行的事物都是自然演化的。从植物生长、动物生存再到人类活动，这些高低不同的智能都是自然智能。人类几十万年进化而来并制造生产出的各种工具与机器，也只能做到不同程度的自动化而已。但是，自从计算机被发明以来，电脑计算能力高速发展，人类开始在机器人制造、自然语言理解、图像捕捉识别、电脑专家系统等方面不断取得新的突破，从而使得机器有可能对人的意识、思维的信息过程实现越来越多的模拟。这样的人工智能虽然还未实现对人脑功能的替代，但却开始拥有像人一样思考的能力，会在某些领域存在实现部分人脑智能的可能，甚至还有可能超过人的智能。

人工智能这个术语最早于 1956 年夏天，由麦卡赛（McCarthy）、明斯基（Hyman Minsky）、罗切斯特（Nathaniel Rochester）和申农（Claude Shannon）等人为首的一批年轻科学家在聚会时共同提出。它在社会上被大众所逐渐了解，得益于科技公司在棋类比赛领域发起的长期化的"人机大战"。

1997 年，IBM 公司的"深蓝"电脑击败人类的世界国际象棋冠军加里·卡斯帕罗夫

（Garry Kasparov）；2016 年，谷歌公司的人工智能程序 AlphaGo 战胜人类的世界围棋冠军李世石。这两件轰动全球的新闻，象征着人工智能技术在人类社会的两次里程碑式的突破与进步。

相对于计算机时代之前就已经有的自动化机械而言，拥有人工智能技术的机器人主要解决的是脑力替代而不是体力替代问题。因此，落到实际应用领域，人工智能主要会沿着两种不同的思路快速发展。

第一种思路是对于人脑的增强。它所研究的是，在一些特定的场景与环境之下，人类脑力会受到限制与制约的一些工作，这时人工智能的替代实施，可以让人类更轻松地得到更完美的结果。这方面的具体应用主要有：金融行业的智能精算、安全领域的智能监控、生活领域的自动驾驶、工业领域的自动生产等。在此之中，科学家们相信，运用人工智能自动驾驶技术的汽车，将会是未来社会中的主流交通工具，它将会比人类自己驾驶汽车更加安全、更加高效。

第二种思路是通过对人脑的模拟，应用深度学习的原理，从而突破人类生理极限，实现人脑智慧的革命性突破。这方面的应用主要有：各种生物识别（指纹、视网膜、面部等）管理、大数据预测、全领域专家系统、海量信息智能检索等。它们中间，有的是人类工作以往所无法达到的高度与深度，有的是过去所不敢想象的地步。如果没有人工智能的推进与帮助，许多理论将只会停留在纸面上，更多的则会停留在实验室阶段。人工智能的研究与发展，将会彻底改变技术对现实生活提供的各种帮助与改变。

而在新媒体领域，人工智能在这两个思路上都有所发展，却又有着截然不同的初期反馈。在人脑增强这个思路上，新媒体报以一种积极的欢迎姿态。这是因为人工智能介入后，可以帮助新媒体实现全新的、更为高效的内容生产流程，应用更加智能、快捷的内容生产工具。2017 年 12 月 26 日，新华社发布的中国第一个媒体人工智能平台"媒体大脑"，提供了在新闻稿件写作、新闻分发、语音转换、版权监测、人脸核查等多个领域的智能化功能，这就是典型的新闻生产的工具增强型应用。而在人脑模拟这个思路上，一方面，新媒体的应用需要突破一定的技术障碍，因为就当前人工智能技术在媒体领域的应用程度来看，它离完全实现人脑的模拟或替代仍有不小的差距，在主观化、情感化以及逻辑化的作品创作中，尚不能超越人类作者。另一方面，人工智能介入媒体生产以及传播后，也将会对技术自身的缺陷与掌控技术的人力因素之间的区分原则，对技术过程透明度与传统道德判断能力的匹配原则，产生一些全新的挑战与影响。

六、技术与新媒体的互动

一方面，技术是引发媒体革命的先决条件。媒体革命，是新旧传播方式、传播理念的剧烈对抗，这种对抗的表现形式就是技术的发展与取代，就是以新技术的诞生与应用、以新技术的优势展现与旧技术退出舞台为最终的标志。

新媒体的诞生，未必是一鸣惊人的，最初网络传输的信息内容未必快过电报、电话，早期的网络视频也远差于传统电视。但是，技术的不断发展帮助新媒体发展得越来越精彩，这代表了新媒体不可逆转的发展趋势。

而新媒体在革传统媒体命的同时，也时时不忘继续革自己的命。从信息爆炸至产生大量冗余信息的 Web 1.0 时代，到个人作用不断凸显、人人即媒体的 Web 2.0 时代，新媒体通过技术的发展与演变，不断地否定着自己的过去，继续引发着一轮又一轮的新革命。

当人们已经习惯于把电脑视为新媒体的主导工具之时，谷歌创造性地推出了全新的手机操作 Android 系统，彻底改变了之前人们只把手机当成一种通信工具的看法；随后，苹果公司 iPhone 的推出再度将手机推到了新媒体更新一代终端的舞台上，在人们面前展示了一个完全不同的手机世界，更展示了一个全新的新媒体载体。于是，新媒体无线上网、手机上网的革命悄然而至。

另一方面，技术验证着媒体革命的结果。技术在媒体革命背后为其提供动力的同时，也在前台展现出自己独特的魅力。无论是电脑上种种新的网络应用，还是手机中日益强大的新兴功能，从即时通信软件无比方便的人际沟通，到微博微信无所不在的影响，从网络购物贴心迅捷的服务能力，到电子政务高效简洁的实现能力，技术正在实践着新媒体革命之初的种种承诺与愿景，也在验证着新媒体革命的必然性与先进性。某种程度上，新媒体在理论方面的研究，可以被看成是为技术的发展与演化提供理论的需求与预言。为了验证这种需求与预言的正确性，新媒体技术发展日新月异，不断带给大家惊喜。

IBM 公司于 1996 年就开始提出电子商务的概念，提出利用简单、便携、低成本的新媒体传播手段与通信方式，实现各种商业和贸易活动。为了达到这一目的，新媒体在技术方面逐步实现了电子银行、网络支付、信息展示、在线交易等多个关键性环节的功能，使得一些新一代优秀的电子商务网站走出了严冬，走进了发展的春天，走入了新媒体发展的最前沿阵地。

技术与产业的发展若不能同步，影响将会非常大。产业先行而技术滞后就会带来市场的困惑，人们感受到的东西由于技术实现的障碍，并没有出现之前想象中的那种效果，于是，公众担心、用户怀疑，先行者往往会成为"先烈"，例如瀛海威.8848 网站，但是它们所留下的激情与梦想，正在被日后的技术所证实，并以足够的理由为后来者所景仰。

而技术先行但产业滞后，往往表现为经济生活中泡沫的破灭甚至股市的衰退。回顾2001 年席卷全球的互联网第一次经济泡沫的破灭，我们可以清楚地看到，当时中国的三大门户尽管不同程度地出现了各种形式的危机，但是它们在基础信息内容的积累、新媒体理念的实践、新媒体架构的建设方面，都没有出现太大的过失，这也最终决定了，在资金投入不出现严重中断、人才结构不发生太大断层的条件下，它们依旧有着充分的机会重新崛起。因此，一旦无线增值、网络游戏以及电子商务各个领域的商机到来，它们所积累的技术与应用手段便可以在瞬间爆发，迅速打出一个漂亮的赢利翻身仗。先行的技术必有市场应用的价值，这一价值的真正体现之日，也就是新媒体占据市场主动权之日。

第四章 新媒体与新媒体运营

目前，绝大多数主流传统媒体都开始尝试涉足新媒体运营，但无论是自主创建门户网站、运营公众号、开发客户端，还是与新媒体运营商进行合作，都没有真正将原有业务与新媒体全面融合。在信息传播渠道方面体现为二者并行。

第一节 新媒体与传统媒体

新媒体同传统媒体的关系是传媒业界关心的重点，也是新闻传播学术界高度关注的重要问题。社会普遍认为，新媒体的出现影响最大、改变最多的就是传统媒体。一般而言，传统媒体指期刊、报纸、电台、电视这几种形式，有时也会扩大范围，将图书、唱片、电影等包括在内。人们认为，互联网、手机、车载移动电视、楼宇电视等新媒体传播样式改变了受众的媒介接触行为，对传统媒体领域产生了深远影响。一方面，新媒体冲击和蚕食了传统媒体的传播领域，对传统媒体产生了巨大影响；另一方面，新媒体也为传统媒体的发展带来了机遇。

一、新媒体的冲击效应

（一）颠覆话语权利

在传统时期，报刊广电等媒体牢牢地掌握了社会的话语权。任何人想要广泛传播信息、营造或影响舆论，必须通过大众媒体。新闻工作者"无冕之王"的美称也来自传统媒体对社会的广泛影响。这种对社会舆论、社会公众的巨大影响，在新媒体时代发生了巨大改变。新媒体的出现对传统媒体的冲击，首要体现即是对传统媒体的话语垄断产生了强烈冲击，媒体生态的传播权、话语权得以重塑。

传统媒体的信息生产传播是以传播者为起点，接收者为终点，是一种线性传播。这种传播模式是少数人对多数人的传播，信息生产的话语权掌握在少数媒体精英手里，他们设置社会话题、引导舆论走向、控制信息类型、垄断传播渠道。而互联网及新媒体的出现，使普通信息接收者也能够进行信息发布，并且可以不通过传统媒体发布信息，就达到影响社会、引导舆论的作用。这样，新媒体为社会公众提供了话语平台，同时也赋予了公众话语权。草根的话语表达虽然往往有庞杂性、纷繁性、多变性的特点，但也体现了当代社会的基本价值观念，形成了社会主流价值观的传播。

新媒体对传统媒体的冲击除了体现在传播渠道和方式的改变外，还体现在对传统媒体的内容生产造成了一定的冲击。新媒体的内容生产不再遵循固有的传统思维逻辑，内容生产拥有了很大的自主性，并且更加贴近平民的趣味和喜好，更加符合普通民众的眼光和价值。

新媒体是制造碎片化阅读、微传播内容的行家。从这一层面上，它冲击了传统媒体的深度报道，限制了内容生产的深度性。新媒体的出现降低了传统媒体的内容生产能力。一方面，新媒体掠夺了传统媒体的内容资源。新媒体传播的门槛与成本都比较低，随意引用传统媒体的内容，导致传统媒体的内容资源逐步流向新媒体。另一方面，新媒体重构了传统媒体的内容价值，不再讲究舆论的引导，也不再看重媒体的责任，这也引致社会的一些批评和担忧。

（二）解构把关角色

在传统媒体时期，"把关人"（Gatekeeper）是非常重要的概念，它涉及新闻的选择与判断，关系着新闻价值的选择。"把关人"又称"守门人"，是指那些在新闻媒介系统中居于决断性的关键位置，既可以指个人，如信源、记者、编辑等，也可以指媒介组织，如报社、电视台等。他们依据既有的价值倾向或者经验对信息进行筛选和过滤，保证传播给受众的信息是"正确"及"适当"的。而新媒体时代，传统媒体"把关人"的角色遭到了颠覆和解构。信息传播的自由度得到了空前解放，信息传播容易带有感性色彩，助长非理性思潮的泛滥。其表现在社会层面，则是极端性、冲突性以及情绪性的舆论容易制造各种事端，甚至引发暴力。

（三）重构广告产业

广告是传统媒体生存发展的重要依仗，一般来说，一个没有可靠财政来源的媒体，每年吸纳的广告费如果低于全年经费支出的50%就很容易面临财政问题。发展态势越好的媒体，广告的吸纳能力、吸纳比例也越好。随着新媒体的迅猛发展，新媒体成为广告的新载体，瓜分了传统媒体的市场份额，传统媒体的影响力降低后，广告的吸纳能力也随之降低，然后进入恶性循环。对于受众而言，传统媒体的广告是强迫式的，而新媒体广告是软性的。对于广告主而言，传统媒体的广告像农田的漫灌，片面追求覆盖面，费用高、效率低；而新媒体的广告总体费用低，而且投放精准，效率大大提高。这种结果导致越来越多的广告主把广告投放的重心转移到新媒体领域，这对传统媒体来说无疑是雪上加霜。

二、传统媒体的转型升级

新媒体打破了传统媒体的生存格局，给传统媒体的发展带来了巨大挑战，但传统媒体并未宣告死亡而从此退出历史舞台。反之，传统媒体利用自身巨大优势，直面新局，积极应对。近年来，传统媒体提出了多种主张，力图采取措施以多种方式进行自我改变，来适应新媒体时期的不同要求。传统媒体根据自身优势和特点，主要抓住内容、渠道、终端三个方面，主动向新媒体延展，力图打造出跨界与混搭的新媒体样式。传统媒体希望与新媒体以"媒介融合"为核心，实施全面转型升级，开创全媒体发展的新战略。

（一）广播电视：社交化之路

"媒介融合"是近年来传媒界频繁使用的一个词语。1978 年美国著名媒介学者尼葛洛庞帝（Nicholas Negroponte）提出"媒介融合"的概念，并对计算机网络、出版业和广电业未来的融合做出了判断。如今，这一个预见已经成了千真万确的事实。在"媒介融合"不断推进的情况下，"三网融合"的主张被不断强化，即电信网、广播电视网和互联网的融合。

三网本来是三个不同形态的、为了自身发展需要而兴建的网络系统，兴建之初三者之间并没有直接关系。但是网络和新媒体的发展改变了这一切，在新媒体的冲击下，电视也需要"上网"，具体做法是：借助"媒介融合"的力量，将社交网络（推特、脸书、微信等）的主动体验和电视的被动观看进行有机结合，让它们进行无缝连接，从而形成"社交电视"。"社交电视"是"能够在看电视的情境下支援传播及社交互动的任何技术，并包含能够研究电视相关的社交行为装置及网络"，表现为人们"拿着平板看电视"或"拿着手机看电视"，也有厂商力图发展出智能化的电视机，通过电视可以有效连接网络，实现网络功能与电视节目观看的有机统一。

"社交电视"是通过社交平台或社交终端来实现电视内容的社交化。在互联网终端的支持下，互联网与电视等视频内容的提供方相互合作，可为用户提供电视签到，而且可以把签到的状态分享、传播至第三方平台。"社交电视"在依托多种技术终端的同时，重构了用户的消费体验，改变了用户看电视的习惯。"社交电视"是一条完整的产业链。在"社交电视"铸就的产业链上，内容提供商、平台运营商以及广告主都起到了关键作用。

（二）报业：融合式生存

面对新媒体的冲击，报纸是最早意识到危机并力图改变的传统媒体。在"媒介融合时代"来临的同时，"纸媒贬值论""纸媒边缘论""报纸消亡论"不绝于耳。2005 年菲利普·迈耶（Philip Meyer）在《正在消失的报纸：如何拯救信息时代的新闻业》一书中说："30 多年来，新闻报纸一直以缓慢却稳定的速度丧失着读者。"

报纸面临的挑战很多，主要有报纸销量下降、报纸读者减少、面临数字化困境。也有学者认为，报纸媒体独有的物理及传播特性是其他媒体无法替代的。①报纸仍然具有权威性。②报纸具有史料性。③报纸具有思想性。④报纸具有地域性。报纸的这些特性很大程度上来自其历史惯性，习惯阅读报纸的读者不愿意迅速改变自身的习惯。老读者可以使报纸继续存在，但报纸不能面对自己成为老年用品并最终消失的现象坐视不管。让青年一代养成读报的习惯是报纸需要关注的头等大事，出路是网络，具体做法为数字化。

　　为了促进报业的数字化发展，报业在多年实践中总结出以下几条准则：①发挥报业优势，坚持内容为王。②满足读者需求，坚持受众为本。③提高社会影响，打造品牌价值。④积极转型升级，坚持媒介融合。"媒介融合"促进了新闻传播业务的全面变革，产生了"融合新闻"，又称为"多样化新闻"，它是当前新闻传播领域的主流。

（三）期刊：数字化发展

　　美国学者道琼斯的"波纹理论"从整体上提出了信息资源管理的理念，"一个新闻事件发生，就像一块石头投进水里，会产生很多波纹，一个波纹一个波纹地扩散开，影响面会迅速放大。道琼斯可以把这个新闻通过道琼斯通讯社、《华尔街日报》（网络版）、CNBC电视频道、道琼斯广播、《华尔街日报》等七种不同的媒体卖七次"。

　　如我国的《家庭》杂志，通过互联网多个载体进行转载传播，在资源共享的基础上较为成功地利用不同类型媒介的内容差异生产出个性化的产品来满足不同受众的需求。它有手机版、多媒体版、语音版、网络版、博客版，可实现信息资源的全方位挖掘和价值的再传播、再利用。在实践新闻"波纹理论"的基础上，新闻产品链也由此形成。

　　从某些方面看，新媒体为期刊的发展提供了难得的机遇。数字技术的发展为跨媒介之间的融合、合作提供了技术支撑和保障。数字技术能够"借助专门的设备将各种信息片段，包括视频、文字以及声音等转化为电子计算机所能够识别的二进制数字，通过在网上处理、传送和压缩，打破了以往不同传媒之间的技术阻碍而被整合成为单一媒介"。在此语境下，"媒介融合"可以进行各种形态的信息传播，报纸、期刊、网络、广播电视等媒介互相渗透与联动。麦克卢汉（Marshall McLuhan）也早已预见到"媒介融合"的这种混杂特性，他把它称为一种"内战"，其中"媒介的交错或混杂释放出新的巨大的力量和能量，如同核裂变、核聚变产生的一般"。

　　可见，跨媒介间的这种"杂交"力量是惊人的。数字化期刊是媒介融合的典型产物，它是传统期刊形式的大解放，是音频、视频、数码图片、文字符号等多媒介形式和资源的整合，成为"一切媒介的延伸"。

　　"媒介融合"引发连锁反应将促使"大媒体"经营理念的产生。在"大媒体"产业时代，产业结构转型的动力来自产业融合，整个传媒业需要在一个新的更高的层次上进行融合、重组。从全社会层面看，媒介产业融合是次新型的产业革命，它不仅会改变传统的媒介产业结构，其资源配置、整合方式也必然会发生结构性变化，形成新的经济增长点。

　　数字化期刊是一种信息产业的经营和延伸。期刊产业突破原有形态束缚后，正在向其他传统产业渗透，即把其他产业的信息资源整合成数字期刊的产品和服务，把内容、包装、传送和终端紧密结合起来。有学者认为："准确地说，我们传统媒体在未来的定位应该是内容的经营者。不单单呈现内容，还要经营内容。不单单有资源，还要把这个资源变成一个产品，变成产品以后，要把它经营好。经营的话，不单单是销售的问题，还要有多种产品的开发，多种开发的销售，然后实现我们复合性的生活。"数字化期刊走向产业化、集团化和品牌化是必然发展趋势。它由单一产品发展为多介质、多媒体产品并利用品牌优势资源向相关产业延伸。"融合新闻"的发展，有演变成一种独立运行、流程完整、操作规范的新闻生产模式的可能。

三、"媒介融合"：传统媒体的最终选择

尼葛洛庞帝在《媒体实验室：在麻省理工学院创造未来》一书中描绘了"媒介融合"的蓝图。他用三个圆圈来描述计算机、印刷和广播三者的技术边界，认为三个圆圈的交叉处将成为成长最快、创新最多的领域，并且这三个圆圈呈现出叠加和重合的发展趋势。在他看来，"媒介融合"是在计算机技术和网络技术二者融合的基础上用一种终端和网络来传输数字形态的信息，由此带来不同媒体之间的互换性和互联性。美国佛罗里达州坦帕市（Tampa）"媒体综合集团"（Media General）的经典案例，从真正意义上迈出了"媒介融合"的跨时代步伐。

（一）"媒介融合"的界定

对于"媒介融合"概念的界定至今没有定论，比较具有代表性的是美国新闻学会媒介研究中心主任纳齐森（Andrew Nachison）的观点。他认为"媒介融合"是指："印刷的、音频的、互动性数字媒体组织之间的战略的、操作的、文化的联盟。"此定义更多是指各个媒介之间的合作和联盟。我国学者许颖发现，"媒介融合"是分层次、分阶段进行的。第一层次是媒介互动，即媒体战术性融合；第二层次是媒介整合，即媒体组织结构性融合；第三层次是媒介大融合，即不同媒介形态集中到一个多媒体数字平台上。

有学者对"媒介融合"进行了分类。学者戴默等人提出了"融合连续统体"的概念，界定了"融合新闻"的几种模式，包括交互推广、克隆、合竞、内容分享和融合五个方面。还有学者把"媒介融合"界定为一种能力。美国堪萨斯大学新闻和传播学院的甘特认为它是"一种可以通过报纸、电视、广播、网络、个人数字助理以及其他一切可能出现的信息平台进行信息传递、广告售卖的能力"。学者宋昭勋曾经对"融合"一词的演进历史进行过梳理，认为在不同传播语境下该词可以表达多种不同含义，即媒体科技融合、媒体所有权合并、媒体战术性联合、媒体组织结构性融合、新闻采访技能融合和新闻叙事形式融合。

"媒介融合"是在传统媒体与新媒体从对立碰撞转向合作依存的背景下提出的，加上媒介市场的不断细分、社会阶层的分化、受众的"碎片化"、新媒介形式层出不穷、媒介终端功能日益强大、跨媒体所有权成为可能等因素，促使"媒介融合"成为不可逆转的潮流。"媒介融合"是在数字技术、网络技术等传媒技术的基础上，以受众需求为导向，从整体上打破传统传媒业的边缘，凸显个性媒介的优势，实现立体式传播效果的演变过程。

（二）传媒从业人员的融合媒介素养

"媒介融合"极大地改变了媒介生态，导致媒介文化的重构与整合，人们也趋向于适

应更加混合、多样化的文化生存模式。同时，"媒介融合"重新整合了新闻与传播业务，建构了新的传播模式和采编流程。传统媒体同新媒体的融合协作，不断充实、更新与优化新闻和信息内容，促使大量优质内容的生成与共享。而这个过程也对编辑、记者等传媒从业人员的媒介素养提出了更高的要求。

跟传统媒体的媒介素养相比，"媒介融合"时期的媒介素养具有"双向沟通"和"去中心化"等基本特征。对记者而言，"媒介融合"的结果要求他们不仅仅是单纯的报刊、广播或电视记者，而是综合性的信息采编者，"媒介融合"为记者提供了充分施展才能的机会。媒体形态的多样化使他们有了更多的选择平台，记者需要成为能在跨媒介、跨平台中承担不同工作的全能型记者，需要以多媒体融合的技能完成新闻事实的采集与表达。

对数字编辑而言，"融合媒体"下的编辑思维是极为复杂的。媒介编辑的思维是多种思维方法相互结合、补充的产物，也是发散性与聚合性、线性与非线性、静态与动态等思维方式的融合。对期刊编辑而言，由于媒介融合带来的不同媒介内容的流动和相互整合，传统媒体单向的"议程设置"变为了双向互动，"议程"开始更多从网络媒体向传统期刊媒体"溢散"，因而编辑要善于通过对文稿的选择、版面的优化、"超链接"运用信息检索、网络论坛等方式来有效地设置媒介议程，满足公众的信息及内容需求。

此外，编辑内部以及和其他团队之间的合作变得更加重要，在内容和形式方面，都要适应融合媒体时期的要求，要有多向思维、独特视角和新颖创意。融合媒体时代的合作不仅是记者编辑的合作，也不仅是作者、读者、广告、发行等相关人员的密切协作，而是要与社会和市场紧密联系，不断地碰撞、协商和适应。

总之，今后的融合媒体必然更加个性化、精准化。如果"内容决定论"继续成为新媒体时期媒介信息生产的基本规则，"以编辑为中心"就仍然是媒体运作的主要模式，编辑对浩如烟海的信息进行过滤、聚合和整合，以实现对新闻资源的最大优化。无论是记者还是编辑，都要在大文化、跨学科视野中拥有"大编辑"全方位、立体式的思维方式，充分利用"大媒体"、多媒体传播手段和渠道，生产出极具多样化和个性化的优质新闻产品。

四、我国传统媒体与网络新媒体融合的探索

1995年10月20日，中国传统媒体《中国贸易报》最早触网。1996年，广东南海音乐台、广东人民广播电台等率先开办了网上节目，1997年在网上连续48小时直播香港政权交接仪式。同年，中央电视台通过网上视频开始播出部分节目。1998年12月31日，上海电视台与中央电视台合作，首开大型活动网上视频直播的先河，但由于带宽的限制，当时能够欣赏到网络直播的网民寥寥无几。网上广播到1999年后才在互联网络上崭露头角。到2002年底，全国有近200家广播电台在互联网络上开办了网络电台或实现广播节目网络播出。报纸、杂志、广播电台、电视台纷纷上网，形成了中国网络媒体发展的初级阶段。

2010 年后，移动互联网迅速崛起，面对来势汹汹的新媒体浪潮，传统媒体在微博、微信和新闻 App 兴起之际，纷纷上马这"两微一端"的标配，以此作为自身的"新媒体装备"，甚至一个媒体可能有多达数十个微信公众号。但其核心发展思路还是"传统媒体为体，新媒体为用"，而在这种思路指导下的媒体转型是治标不治本的"＋互联网"行为。我们可以做一个对比，截至 2013 年 3 月，《南方都市报》新闻 App 有 11 万的用户量，而 2013 年 5 月腾讯新闻 App 的装机量却是 2 个亿。传统媒体新闻客户端走的是"内容驱动"路线，网络媒体新闻客户端走的是"技术驱动"路线。"酒香也怕巷子深"，没有传输的渠道，优质的内容难以传达给受众。如腾讯、新浪、搜狐、网易、今日头条等，以网络技术为核心支撑的商业网络公司对媒体传播业务的介入结果要远远优于传统媒体对网络新媒体的拥抱。

仔细思考，商业网络公司对传统媒体施以影响可分成三大阶段：

第一阶段是网络这种全新传播介质出现，数字化、即时传播和海量链接、利用网络"去中心化"的技术影响了传统媒体的垄断地位，但由于商业网络公司没有新闻采访权，所以它们还得向传统媒体支付费用以获取一手内容的版权，这个阶段传统媒体的主流地位还是不容置疑的。

可是，随着第二阶段网络公司大量的 UGC 出现，它们冲击着核心内容生产业务，实现了功能价值上的替代，传统媒体的客户折服于新媒体，广告被分流到了新媒体，传统媒体的商业模式根基受到动摇，"泛媒化"直接影响市场份额。

第三阶段由于智能终端设备在大众中的普及，碎片化时间的力量最大限度地发挥出来，商业网络公司对传统媒体的依赖持续减弱，甚至于彻底"脱媒化"，这是颠覆性的改变。传统媒体跟网络新媒体的融合不是在原有模式基础上画延长线，而是把互联网作为基础，当运营的基本逻辑，所有的内容生产、营销行为都要考虑网络的规则与机制。传统媒体更需要依靠多年积累而来的影响力、独特的新闻视角和鞭辟入里的新闻解读能力，保持并突出自身专业内容和原创优势。同时，还要适应新环境下用户需求的变化和多元化的特点，转变内容运营的思维，实现从传统的新闻思维到以产品思维、服务思维、数据思维和互动思维为中心，才有可能在与新媒体的竞争中争得一席之地。

第二节　新媒体的发展趋势与优势分析

一、新媒体的发展趋势

新媒体的出现与发展会对传统媒体造成较大的冲击，它不仅改变了媒介形态，甚至对信息传播的范围、速度及人们接收信息的方式都产生了一定的影响。在新媒体飞速发展的同时，传统媒体也做出了相应的改变，开始谋求共同发展，由此呈现出了"媒介融合"的趋势，出现了网络电视等，以此可以看出，传统媒体也在积极发掘 5G 与网络市场。即便如此，新媒体——网络与手机媒体的出现依然会给传统媒体带来较大的冲击。

参照中国互联网信息中心在 2020 年 3 月发布的调查结果表明，我国网民人数规模已达 9.04 亿。较 2018 年底增长 7508 万，习惯使用手机上网的网民的比例约为 99.3%，其中青少年占了很大的比例，同时，青少年网民选用台式机上网的比例有所下降。由此可以看出，手机已然成为中国青少年首选的上网工具。同样，由中国互联网信息中心在 2020 年 4 月发布的报告显示，截止到 2020 年 3 月，我国网络视频用户规模人数约为 8.5 亿，其中，"抖音""快手"等短视频平台逐渐成为网络视频主流，传统电视视频所占比例逐步下滑，很多网友表示手机端短视频已经成为生活中的必需品。

由此可见，随着互联网的迅速发展，5G 时代的到来，人们越来越离不开新媒体所带来的便捷和足以改变人们生活方式的丰富内容。互联网时代必然会给人们带来巨大的时代机遇，同时也承载着前所未有的挑战。如何正确看待新媒体，把握机遇抓住新媒体优势，让它服务于社会成为我们必须要面对的社会话题。

二、新媒体发展的优势

（一）不断增长的信息数量

新媒体同传统媒体相对比，拥有着海量的信息内容，而互联网技术又为如此庞大的信息量节约了存储空间。正因如此，网络媒体得到了迅速发展，从而成了与传统媒体相抗衡的新媒体。新媒体承载着巨大的信息量，在为我们的日常生活提供了极大便利的同时，也提高了我们的办事效率；另外还有助于缩小不同国家的人民之间的距离，使得"地球村"不再只是空谈。

（二）不断加强的舆论监督

新闻媒体自身所承担的一项最为重要的社会功能即舆论监督功能。伴随着新媒体的普及，新闻媒体的舆论监督功能也得到了相应的增强，促使信息的传播体现出了高效性与及时性的特征。一般情况下，传统媒体除了重大事件以外，是对某一事件进行长期追踪报道的，而新媒体碍于自身传播方式的特殊性，会使传播效果获得较强的穿透性。

（三）提高了受众的参与性

新媒体的特点之一即是其具备较强的交互性，媒体与受众群体可以起到相互影响的作用。传统媒体却与此不同，主要依靠单向传播，经常会带有"宣传"的目的，难以与受众人群进行即时沟通。不过，新媒体在向受众群体传播信息时，可以同时收获人们所给予的反馈，以此实现新闻的"传播"功能。长此以往，受众偏好的新闻风格、价值观念等，都会促使媒体的报道风格发生改变。正是由于新媒体的出现，才能为普通受众提供一个可以表达自身看法的机会与平台，以期提高受众的参与性。

（四）改变了传播方式

以往，传统媒体是受到时间与空间限制的线性传播。传统媒体在传播方式方面分别展现出了优势与劣势，优势为报纸等传统媒体较易保存，且便于携带，可以对事件进行富有深刻性的评价，但其所能传递的信息量也有限，时效性差强人意，此乃劣势。新媒体却与此不同，可以打破时间与空间的限制，促使媒体与受众实现零距离接触。并且，新媒体既能帮助受众阅览报纸、书籍等，又可使受众观看各类视频与图片。新媒体在信息传播方面拥有着较好的实效性，具体表现为：虽然现在的电视媒体可以使用"直播"技术，但是其在遇到普通或一般突发性事件时，仍然需要沿用"采播"模式才能将信息传递给观众，可是，新媒体却可以在事件发生的第一时间内播出信息，这方面的时效性要明显强于电视、广播等传统媒体。

第三节　新媒体运营概述

一、新媒体用户运营

（一）用户思维的内涵

用户思维是指以用户体验为中心，让用户在产品或服务使用过程中更好地实现个人价值的思维方式，即生产者与消费者的关系倒转。换言之，就是将自己代入到用户的角色当中，把自己当作产品用户的一员，从用户的角度来思考问题，通过深入的分析，结合用户的需求来设计产品、生产内容、策划活动、推广方式等。这样才能真正做到急用户所急、想用户所想、被用户所需。

小到上美团团购个套餐，大到去医院挂个号，都有消费者评价系统。好的评价就意味着好的口碑，好的口碑象征着好的用户体验，而好的用户体验直接影响到了品牌的形象和美观度。用户思维是新媒体运营，尤其是自媒体领域的核心，不仅要让用户感兴趣，还要让用户看得痛快、用得痛快，在看完用完后还能成为你的粉丝，这是用户思维关注的问题。

（二）抓住用户"痛点"

如何抓住用户的"痛点"是用户思维的关键。一切产品和服务都离不开这一点：了解用户的内心。这也就是说，运营者需要比用户更了解用户自己，赋予用户强烈的价值感，让用户成为产品的粉丝。因此，一旦抓住了这个点，便有了和用户进行互动的切入点，有了和用户建立良好关系的"通行证"。很多新媒体输出虽不像家用电器、服装等能直接服务于用户，满足他们的物质需求，但却能满足他们对新生事物的求知欲、了解资讯等一系列精神需求。只有深入了解用户的"痛苦"，才能给予用户最直接的好处。此刻，产品、情怀都是工具，而服务则更是工具。其实用户并不会太关注你是什么产品，更关注的是你能够带给他们什么样的好处。抓住用户的感觉，让用户觉得新颖、有趣、好玩，是新媒体人必须面对的问题。

（三）提高"用户黏性"

"用户黏性"是指用户对于品牌或产品的忠诚度、信任度、依赖度以及对再消费的期望度。有学者将其定义为吸引和保留消费者的能力，是在互联网上表现用户和服务者之间某种关系的强度指标，类似于传统媒体所指的"忠实读者""忠实观众"，但多了一种服务意识，更趋向于平等。"用户黏性"的衡量标准主要体现在两个维度：

一是使用频率，互动深度。如 App 是否经常被打开，用户是否深入其中；公众号是否经常被打开阅读，用户是否有互动等。

二是稳定性。稳定性是指用户是否会长期使用此产品，是否会迁徙到其他竞争产品当中去等。

影响"用户黏性"的一个必不可少的因素就是：建立在真实的需求之上，而且需求越大越好，越硬越好。除了真实的需求外，还要求产品真正有用。如外卖订餐 App 就是为了满足单位没有食堂的办公人员希望吃上优质便捷的午餐的需求，这是上班族的真实需求，也是硬需求。但是，如果无法保证服务质量，出现了饭菜不好吃、等待时间长等问题，那就无法真正满足用户的需求，自然也无法产生"用户黏性"。

所以，另一个必要的因素是真正有用，能解决问题。不仅能满足真实需求而且还真正有用，那么一般来讲就能够产生价值。然而在当今市场激烈竞争的大环境下，有价值不一定就能产生黏性。市场是巨大的，不免会出现替代产品，这里有两个因素值得注意：转换成本和可替代性。其中的转换成本是指新媒体用户离开产品时所要承担的损失。用户一旦选择了使用其他平台的产品，那么所要面临的是损失了在原有平台上付出的时间精力金钱以及积累的成果，其中最具影响力的是用户付出的社交成本和培养的习惯。如果产品转换成本低，就很难形成较高的黏性，因为当用户发现更好的产品时，就会毫不犹豫地离开。因此，要提高新媒体用户的转换成本，增强"用户黏性"，就必须注重培养用户的消费习惯甚至是生活方式，并且让用户与其他用户之间建立起深厚的关系。

与此同时，从新媒体运营者的角度来讲，提高"用户黏性"，也可以在感性方面做文章。利用"情怀"等多种因素，建立起用户与产品之间的情感联系，提升产品的社会价值，这样对于提高"用户黏性"同样有较为显著的效果。

二、新媒体内容运营

（一）加强政府监管工作，提升信息的公信力

通过新媒体发展趋势图来看，对辟谣类与数据分析认可的网民大约占据 33% 左右，网民希望在新媒体平台上看到真实的信息内容。目前，我国对新媒体产业管控比较严格，但是仍然存在监管力度不强与预计不足等问题，从而对行政管理部门提出了更高的要求与挑战。想要实现对新媒体行业的监管职能，首先要建立健全的法律法规体系。2017 年，国家出台的相关规定中明确了跟帖评论的权限，规定跟帖服务提供者要对用户真实信息进行核对，

未得到真实身份认证的用户禁止跟帖评论与转发。由于政府部门加大了监管力度，从而遏制了有害信息的传播。近几年，随着新媒体技术与运营服务的全面升级与改革，政府监管部门要适当调整监管力度，对新时期新媒体领域存在的问题进行全面分析与解决。

（二）创新内容形式，提升市场核心竞争力

新媒体运营过程中要注重运营思维创新与内容创新，结合新时期发展特点，通过深度调查与分析，提出鲜明的观点，从而找到适合自身的运营模式与发展模式。在运营模式创新中，可以通过跨企业合作的方式实现资源的共享与互换，充分运用各类新媒体传播平台的优势获取更多权威性信息内容，从而更新传播模式，促进经济效益与社会效益的统一发展。

除此之外，要结合大数据分析技术进行新媒体运营，通过分析结果作为参考依据，分析用户的兴趣爱好与浏览习惯，从而精准地推送信息内容，通过这样的方式锁定目标受众群体，逐渐提升市场竞争力。也就是说，新媒体产业发展要遵循差异化原则，在逐渐发展过程中进行总结与分析，从而形成与自身发展相匹配的运营模式，最终提升在市场上的核心竞争力。

（三）严格做好内容把控工作，促进行业健康发展

首先，提高内容发布的门槛，增加实名认证环节，全面控制发布者的信息传播情况，有效控制信息传播源头，将低俗、违法等不健康信息及时删除，阻止二次传播。对信息内容的发布者要进行专业知识教育，针对一些网红要进行正能量传播教育，从而提高个人素质，积极引导他们发布正向健康的信息，远离网络谣言与虚假信息。

其次，面向受众群体要及时传播准确与客观的信息内容，以免公众未能及时了解事情真相而出现恐慌情绪。新媒体把控人员可以设置专门的网络版块，及时发布权威信息来辟谣，并且在网络上普及网络公德意识，引导人们正确处理网络信息内容。

最后，要完善新媒体审核技术应用。新媒体平台每天产生海量的信息内容，如果仅仅依靠人工审核无法及时跟进与解决，此时就需要人工智能技术的应用。例如，可以通过人工智能手段，针对文章中的关键字、敏感词进行屏蔽，所以内容制作者与编辑者只需要避开这些关键字就可以控制不良内容。同时审核人员在处理人工智能标记的文章后，会学习工作人员的处理方式，从而提升审核工作的效率与能力。

三、新媒体活动运营

（一）确立活动主题

活动主题是针对活动对象的，它主要的目标是快速吸引活动对象的注意以及清晰地展现活动的内容。确立活动主题要分别从产品利益和用户需要两个方面分析。

首先，从产品利益出发，弄清楚用户到底追求什么产品利益。用户遇到了什么问题需要产品给他们帮助？产品利益中最具差异化或者说最亮眼的点是哪一个？通过这个维度可

以找到我们活动主题中优先要体现的元素。

其次，理清目标对象的需求。策划的活动是对什么样的用户进行拉新、促活、留存、转化？做好了人群细分，才能更好地设计主题的内容和表达方式。要明确目标用户的物质需求、生活需求、情感需求等各种需求。根据用户所在场景的不同，提炼出用户的需求，并根据用户的需求构思出活动方案。例如：世界杯猜球活动（积分猜球），用户的身份场景就是球迷，他们需求的就是打赏、竞猜、助威。用户的核心需求映射出心理状态的变化，也是创意玩法的主干，活动运营人员要使用各种手法来牢牢抓住用户的心。

用户的心理需求分为深度心理需求和基础心理需求。深度心理需求包含：好奇心、虚荣心、好胜心、成就感、从众心理等；基础心理需求包含：利益心理（优惠、奖品等）。例如拼购这种比较火的活动形式，其基础心理需求是优惠心理。

（二）策划核心玩法

常见的既有创意又能实质落地的活动玩法。

1. 抽奖

抽奖活动是网络线上活动中最为常见的，其特点是用户参与门槛低，中奖有一定的概率性，利用的是人们对未知事物的期待，大部分用户的参与意愿很高。这种类型的活动只要设置对于用户有一定的吸引力的奖品，并让用户相信活动能领到奖品，参与人数一般不会很少。

2. 竞猜

竞猜类活动经常出现在一些比赛、竞技类产品上，利用的是人们喜欢预知未来等心理特点。例如，世界杯期间很多竞猜活动就深受球迷们的喜爱，再加上有吸引力的奖品，很能鼓励用户积极参与。

3. 红包

红包活动是自微信平台开始流行，在用户群体中广受喜爱的一种形式。结合中国的文化，人们一直对红包赋予喜庆、吉利的意涵。红包活动的策划也是比较复杂和考验运营能力的，还有很多玩法创新，例如：新人红包、口令红包、语音红包，以及最近拼多多上热度很高的邀请朋友助力开红包。

4. 投票

投票活动是一个可以让用户自愿带来流量的活动，因为参与竞选的用户为了获得荣誉或者赢得奖励，一般会邀请好友帮忙投票。投票是公众号吸粉最快的一种活动，但是通常粉丝质量不高。常见类型有选美、优秀行业评比等。

5. 新人有礼

新人有礼活动的目的是拉新，针对新注册的用户直接给予一些平台的奖励，鼓励新用户前来注册，并培养用户常登录平台，熟悉产品常规功能的习惯。

第五章 不同类型的新媒体运营模式

第一节 网络媒体的运营模式

一、门户网站

门户网站是互联网兴起之初便出现的第一代产品。随着网络环境的改变，门户网站的内涵与外延一直在变化。Web 2.0 兴起后，门户网站拓宽业务范围，从原来的搜索引擎门户，演变到现在集内容服务、信息服务、网上交易、虚拟社区于一体的综合性门户。

目前门户网站已分化出许多不同种类。按门户网站提供信息服务的特点划分，门户网站可分为综合类门户网站和垂直类门户网站。按门户网站的构建主体划分，门户网站可以分为企业门户网站、商业信息门户网站和政府门户网站。由于篇幅有限，本节只研究商业信息门户网站，主要是新浪、搜狐、网易这几大网站。

作为国内最早一批门户网站，搜狐和新浪的盈利模式都沿用了"雅虎"模式，即"风险投资＋网络广告"的方式。随着门户网站的逐步发展，其盈利模式相对清晰和稳定。目前几大门户网站的盈利模式主要包括以下几方面：

（一）增值服务

增值服务是根据用户需要提供深层次的延伸服务或个性服务，这里分为互联网增值服务和移动及电信增值服务两大类，其中，互联网增值服务主要包括会员增值服务、通信增值服务和游戏增值服务。

增值服务是黏着客户的一项重要措施，在保证基本服务的同时，以用户体验为中心，满足用户更多的期望，从而销售或推广自身产品。增值服务可以在很大程度上加大产品的差异化，并且这种差异化已经得到了各大门户的充分重视和积极利用。

（二）在线广告

在线广告始于 1994 年，是以互联网为平台，通过投放横幅、文本、音视频等来达到推广和销售产品这一目的的方法。在门户网站创立之初，在线广告几乎是其主要收入来源。在线广告同传统广告的本质是相同的，但因其传播速度快、影响范围广、投入成本小、可精确投放的特点，备受广告主的喜爱。在线广告不仅是现代营销战略必不可少的一种方式，同时是各大网站收入的重要组成部分。

新浪近几年的财报显示，2017 年，新浪净收益 15.8 亿美元，其中广告收益为 13.1 亿美元，非广告收益为 2.72 亿美元。2018 年，新浪净收益为 21.2 亿美元，其中广告收益为 17.9 亿美元，非广告收益为 3.19 亿美元。2019 年，新浪净收益为 21.6 亿美元，其中广告收益为 17.2 亿美元，非广告收益为 4.193 亿美元。2020 年受疫情影响，新浪净收益为 16.9 亿美元，广告收益为 14.9 亿美元，非广告收益为 2.038 亿美元。新浪致力于打造国内全方位社交网络，其收益的提升直接得益于微博的流行与应用。微博为新浪打造了一个黏性生态圈和良好的品牌效应，有力地推动了以移动为核心的社交产品的推广和发展，使新浪在网络广告和网络营销方面保持了出色的业绩。

（三）在线游戏

在线游戏的商业价值早在 2005 年便被各大网站重视起来。游戏是我国互联网行业重要的市场之一，也是门户网站积极竞争的市场之一。2020 年网易财报显示，在线游戏服务净收入达 546.1 亿元，占营收的 74.1%，游戏的净收益明显是网易收入的支柱。

（四）付费搜索和排名优化

付费搜索又叫竞价排名，是门户网站最早开展的业务之一。其基本特点是按点击付费，即用户在搜索结果中点击该推广信息，则该推广信息投放者需要支付相关的推广费用。排名优化是利用搜索引擎的搜索规则来提高网站在有关搜索引擎内的排名的方式，其排名属于自然排名。在四大门户网站中，搜狐的搜狗搜索是最具代表性的搜索引擎营销业务。随着网络普及范围的扩大，人们对于网络搜索的依赖性也不断增强。

由于新媒体带来的巨大冲击，网络用户向移动端的大量转移，门户网站在业务发展上都做出了极大的改变。它们不能固守门户网站的业务，在向前发展的过程中都以门户为基础积极探索新业务，包括设立自己的自媒体平台、积极开拓各自的客户端业务等。从网站发展模式来看，三大门户网站的发展方向出现了明显的分化，形成了"媒体平台"和"关系网络"两种模式。前者以新浪和搜狐运营模式为代表，后者则以网易为代表。它除了门户网站，还有电商、邮件服务和游戏。从营收上来看，新浪包括网络广告营收（主要是微博广告）和非广告营收。搜狐营收主要有两个方面：广告营收，其中包括品牌广告营收（最大的营收来源）和搜索及搜索相关营收，此外还有一部分网络游戏营收。网易营收主要有三个方面：在线游戏服务（主要营收来源），广告服务，邮箱、电商及其他业务。游戏收入是网易的支柱性利润来源，后两个方面的收入非常有限。

二、搜索引擎

搜索引擎是工作于互联网上的一门检索技术，从功能和原理上大致被分为全文搜索引擎、元搜索引擎、垂直搜索引擎和目录搜索引擎等四大类。

全文搜索引擎的原理是，爬虫程序先从互联网上抓取文章，并对内容进行预处理，再利用分词程序将其进行分词，然后索引程序扫描分好的词，对每一个词建立倒排索引，并记录下该词在文章中出现的位置和次数。用户检索时，搜索引擎就会将数据库中事先建立的索引进行检索，并将检索结果反馈给用户。全文搜索引擎是当前应用最为普遍的主流搜索引擎，百度、谷歌都是全文搜索引擎。

元搜索引擎就是通过一个统一的用户界面帮助用户在多个搜索引擎中选择和利用合适的搜索引擎来实现检索操作，是对分布于网络中的多种检索工具的全局控制机制。360综合搜索就属于元搜索引擎。

垂直搜索引擎是针对某一个行业进行搜索的专业搜索引擎，是搜索引擎的细分和延伸，是对网页库中的某类专门的信息进行一次整合，定向分字段抽取出需要的数据进行处理后再返回给用户。购物搜索、视频搜索都属于这一类搜索技术。

目录搜索引擎是以人工方式或半自动方式搜集信息，由编辑员查看信息之后，人工形成信息摘要，并将信息置于事先确定的分类框架中，严格意义上不能称为真正的搜索引擎。

（一）国内搜索引擎市场格局

Analysys易观产业数据库近期发布的数据显示，2017年第一季度中国搜索引擎运营商市场规模为187.6亿元，同比上升5.3%。在这一季国内搜索引擎的PC端市场份额中，百度占3/5的市场份额，360占1/4的市场份额，其他搜索引擎约占15%。这一季，国内搜索引擎的移动端市场份额分别为：百度83.2%，神马12.52%，搜狗搜索2.87%，Google 0.51%，必应0.36%，360搜索0.26%，其他0.28%。

（二）搜索引擎的主要盈利模式

由于百度在我国的搜索引擎行业占有绝对的市场地位，故本书以百度为例，分析其主要的盈利模式。

1. 在线营销服务

（1）搜索引擎广告

最主要的在线营销服务就是搜索引擎广告。这类广告既包括在搜索结果页面所展示的广告，也包括在搜索引擎的联盟站点出现的广告。网络搜索基本是以关键词的形式进行搜索，所以搜索引擎广告的主要形式就是关键词广告，它包括竞价排名和固定排名两种形式。

竞价排名是搜索引擎最主要的盈利模式，是一种按效果付费的网络推广方式。对于购买同一关键词的网站，按照付费从高到低进行排序，价高者最靠前。竞价排名的收费相对不高，主要按用户点击量来收取费用。固定排名是广告主所付费的关键词网页在搜索结果中出现的位置是固定的，推广位置中的第一位到最后一位的价格是逐渐递减的，付费越高，排名就越靠前，曝光量就越大，广告效果一般比较好。

除了关键词广告以外，内容定向广告也使用较多。这类广告不显示在搜索结果的页面上，而是出现在与搜索引擎服务商有联盟或利益分成关系的站点上，根据点击量与这些网站进行分成。

（2）各数据库平台广告

百度的数据库包括百度搜索、百度知道、百度百科、百度经验、百度文库、百度学术等大部分数据库平台，它们都有不同形式的广告，但这一部分的广告份额比较小。

（3）广告联盟

百度联盟是国内最大的广告联盟。百度把很多愿意做广告的广告主引入联盟，把很多有访问量的网站也招募进来，然后百度做一个中间商，把这些广告商的广告投放到那些有访问量的网站上去，百度从中赚取一部分佣金或者差价。

2．出售技术服务

百度还向公司企业和政府机构等出售搜索软件和提供相关服务。在门户网站发展初期，新浪网、搜狐网都是通过购买百度搜索引擎技术为用户提供搜索服务的。随着门户网站的逐渐发展，它们开始组建研发团队，摆脱对百度的依赖。但是目前仍然有很多小型网站需要购买这一技术。

3．增值服务收费

百度也有多种增值服务，比如百度文库的会员费、百度云付费服务等。这些增值服务都有收益，但其收益在百度总营收中的占比是比较低的。

4．特殊检索服务收费

这一服务主要有三种：一是付费收录。某些企业出于扩大宣传范围的目的，将自身网站提交给搜索引擎予以收录，让相关产品和服务的信息能够被用户查找到，增加与潜在客户建立联系的机会，这就需要向搜索引擎支付一定的费用。当然，自身质量好的网站也可能免费被搜索引擎收录。二是网络实名。用户想要进入该机构的网站无须记忆复杂的域名网址，直接在搜索引擎窗口中或浏览器地址栏中输入已经注册的中文网络实名，即可进入网站。三是网际专递服务。百度通过收费推出的网络缓存软件，利用 Web 缓存实现了网络内容的本地存储，可将用户的网络速度提高 3 倍以上，极大地降低了通信费用。同时，检索速度的提高使得搜索引擎的竞争力增强，从而使收费成为可能。

根据"Analysys 易观"的预测，搜索引擎的未来发展方向将呈现两个趋势：一是入口概念外延，搜索引擎向新兴业务领域延展触角。虚拟现实、无人驾驶、物联网等前沿技术领域近年来在商业化普及上取得突破性进展，以虚拟现实头盔、无人机、智能家居为代表的一系列面向大众用户的消费级硬件产品的纷纷上市，在完成消费者教育的同时使相关市场走向活跃，行业生态也在逐渐形成。二是补齐服务生态短板，搜索引擎实现"连接人与服务"。移动互联网兴起后，搜索引擎在桌面互联网时代形成的"连接人与信息"的发展策略逐渐走入困境。在处理移动端场景化的用户搜索行为时，搜索引擎仅仅提供搜索结果展示的做法远远不能满足用户搜索行为背后所蕴含的特定服务需求。用户通常从搜索引擎得到信息反馈后纷纷转向其他应用或产品来满足服务需求。因而，"连接人与服务"已成为搜索引擎现阶段发展中的迫切诉求。

三、电子商务网站

电子商务是指人们利用电子化手段进行以商品交换为中心的各种商务贸易活动。电子商务网站，则是为人们提供电子商务贸易的网络平台。

按照参与电子商务交易对象的不同，电商网站分为四种模式：

第一种是 B2B（Business to Business，企业对企业）模式，是指参与电子商务交易的双方都是企业（或商家、公司），它们通过内部信息系统平台和外部网站进行产品、服务和信息的交换，完成包括信息的发布、订货与收货、票据的签发与接收、支付、配送方案等环节在内的整个交易过程。阿里巴巴就是这类网站的典型代表。

第二种是 B2C（Business to Customer，企业对消费者）模式，是指企业与商家通过互联网为消费者提供网上购物的平台。这是我国最早产生的电子商务形式，也是用户量最大、最具竞争力的网购模式。这类模式又可划分为综合 B2C 模式和垂直 B2C 模式。前者的代表性网站有天猫商城、京东商城、亚马逊中国；后者的代表性网站有聚美优品、凡客诚品等。

第三种是 C2C（Customer to Customer，消费者对消费者）模式，是指发生在个人与个人之间的电子商务，交易双方基于同一个在线交易平台，完成商品或服务的选择、购买和支付。淘宝网就是这一类网站的代表。

第四种是 C2B（Customer to Business，消费者对企业）模式。这是一种新兴的电子商务模式，指的是消费者对企业进行反向驱动的消费模式，也就是说消费者提出需求，企业根据消费者需求来进行生产。这种模式的一个基本运行机制是：先由消费者发起需求动议，由这个动议聚集有消费意向的消费者，他们再经过群体内部审议，制订出明确的需求计划，根据需求选择合适的商家，展开集体议价谈判，达成一致后进行联合购买、分配，再对本次交易做出评价，最后消费者群体解散或者发起对抗。比较典型的 C2B 网站有全球旅拍、聚想要等网站，国内很少商家真正完全使用这种形式。"网红"经济和"粉丝"经济可以视为这一模式的一种。它的巨大发展潜力尚待挖掘。

目前，电子商务网站都在由 PC 端向移动端转移，而两者在盈利模式上没有明显的区别，都包括广告、基础服务费、增值服务费、网上支付服务费、物流服务等几方面。具体论述详见下一节手机电子商务部分的内容。

四、微博

据微博发布的财报显示截至 2020 年 12 月，微博的月活跃用户数达到 5.21 亿，移动端占比 90％。2020 年第四季度微博净营收较上年同期增长 10％，达到 5.134 亿美元，归属于微博的净利润为 2900 万美元。第四季度广告和营销营收 4.535 亿美元。2020 年第四季度其他营收为 5900 万美元。

微博的发展可谓充满波折。2010 年被称为微博元年，最初发展非常火爆。2013 年，微信出现之后，微博受到较大打击，在与微信的竞争中处于下风。而近两年微博又迎来第二春，平台效应回升。原因在于，在较强的社交属性基础上，"网红"经济的刺激、微博直播和微博短视频等内容的增长、大数据的积累都极大地推动了微博的商业化进程。它在商业化探索上采取了一些新的运营手段：微博以头部用户的使用习惯作为反向指标，进行商业化探索，创新了一种基于兴趣、位置和内容质量的乱序时间流的关联形式，以降低用户使用门槛，进一步扩展用户群体。这一做法也很快收到了显著的效果。同时，微博把广告做到了见缝插针，在时间流里几乎每次刷新都会出现一次时间流广告，客户端下拉栏、新微博的菜单也被加入了广告，而微博开屏广告也从图片变成了动图和视频。

（一）微博平台盈利模式

"黑马良驹"在百家号中发文总结了微博的主要收入来源，比较全面，主要包括以下八个方面：

第一个收入来源是广告服务。主要广告形式包括微博的展示型广告、"粉丝通"等信息流广告、"粉丝头条"等 F-Commerce 形式的广告等。在广告份额中占比例最大的还是展示型广告，其中由于阿里巴巴的战略投资，淘宝广告占了很大的份额。

第二个收入来源就是游戏的流量分成，游戏在新浪微博的收入中目前还占据着重要地位，是微博第二重要的商业来源。

第三个收入来源是 VIP 会员等增值服务，虽然占的份额不多，但是 2013 年比 2012 年还是略有增长，是新浪微博比较稳定的收入来源。

第四个收入来源是社会化电商。多年来，微博已经积累了用户口碑的底层数据，基于用户的口碑和评论，随着微博支付的布局成功，已经逐步形成"浏览—兴趣—下单—支付—分享"的营销闭环，企业可以在微博完成一站式营销活动，微博成为社会化电商主阵地，影响电商行业现有格局。社会化电商，已经改变了以往微博单纯作为口碑和抽奖平台的局面，真正形成营销的闭环。

第五个收入来源是原生和电商广告。由于营销闭环优势能吸引更多商家，打通新浪、客户端和微博，广告手段更丰富、广告价值提升。

第六个收入来源是移动广告。微博的移动端用户量众多，移动端广告有较大发展空间。随着营销闭环建立，商家在移动端营销行为增加。目前移动端的用户使用时间和广告收入不成正比，有望改善。

第七个收入来源是数据授权收入。基于平台用户规模和活跃度的大数据优势成为微博收入新的增长点。

第八个收入来源是多屏互动广告以及与电视媒体等传统媒体的跨界合作。现在电影和电视节目在微博上话题热度很高，很多人都有边看娱乐节目边刷微博的习惯。微博可以充分利用这一点，跟 Twitter 一样，推出类似双屏互动的广告形式，从电视等传统媒体的收入中分到一杯羹。

总的来说，微博的盈利模式主要包括各类广告、大数据授权收入、社会化电商、增值服务和流量分成。

（二）微博自媒体盈利模式

据微博方面透露，2016 年微博上已经有 45 个垂直领域的月阅读量超过 10 亿次，自媒体作者通过微博获得收入 117 亿元，通过微博引流到外部电商成为自媒体的主要盈利模式。微博 CEO 王高飞表示，微博将通过"赋能"构建新媒体生态，为广大自媒体提供品牌定位、"粉丝"积累、用户转化、商业变现的一站式平台。

五、微信

2017 年 4 月 24 日，腾讯旗下的企鹅智酷公布了最新的《2017 微信用户 & 生态研究报告》。这份报告数据显示，截止到 2016 年 12 月，微信全球共计 8.89 亿活用户/月，而新兴的公众号平台有 1000 万个。微信这一年来直接带动了信息消费 1742.5 亿元，相当于 2016 年中国信息消费总规模的 4.54%。2016 年个人好友数量在 200 人以上的接近 45%，500 人以上的被访者比例占据 13.5%。

微信的盈利模式主要有如下几种：

（一）微信游戏盈利

手机游戏业务是微信盈利的第一大渠道。2014 年 1 月，腾讯发言人表示，将推出手机游戏平台，并改变微信游戏产业 1：9 的分成比例。腾讯移动游戏占据了大部分的市场份额。腾讯公布了截至 2017 年 3 月 31 日第一季度未经审计的财报。财报显示，智能手机游戏方面，腾讯实现约 129 亿元的收入，同比增长 57%。

（二）微信支付盈利

这是微信第二大盈利渠道。2013 年 8 月 5 日，微信 5.0 版本正式上线。这一版本支持表情商店、游戏平台、话费充值及公众号、扫二维码和 App 一键支付等功能，此外，微信支付也应运而生。它是由微信和第三方支付平台财付通共同推出的移动支付产品，目的在于为广大用户及商户提供便捷的支付服务。用户只需要在微信中绑定一张银行卡，并且完成身份认证，就可以将装有微信 App 的智能手机变成一个"钱包"，然后就可以购买合作商户的商品及服务。用户在进行支付时只需在自己的智能手机上输入密码，无须任何刷卡等步骤，整个过程简便流畅。2014 年 1 月 15 日，腾讯推出了移动互联网理财产品——理财通。这款应用精选货币基金、保险理财、指数基金等多款理财产品，为用户提供了多样化的理财服务，并可在官网、微信等平台灵活操作，随时随地无缝理财。理财通一经开通，用户数迅速攀升，成为微信又一大赚钱渠道。这一系列战略布局，迅速建立了微信用户的移动支付习惯，打通了线上线下支付场景，也为微信积聚了巨大的资金池。这成为微信最主要的盈利渠道。

（三）社交广告

微信广告目前包括朋友圈广告和公众号广告，都是基于微信公众号生态体系。想投放广告的用户都需要先申请微信公众号，然后申请广告主，开通付费后才可投放广告。微信朋友圈广告是以类似朋友的原创内容形式在用户朋友圈进行展示的原生广告。广告的投放模式有三种，分别是排期模式、定价模式和竞价模式。排期模式的投放素材分为图文、视频和原生推广页三种，起投金额分别是 5 万元、20 万元和 100 万元。定价模式即本地推广，广告以图文形式展现，投放的企业需要有门店，可以设置商圈作为投放目标。广告主可以自己设定投放时段、人群定向（地域、年龄、性别、兴趣、学历、婚恋状态、手机系统、手机价格、手机品牌、联网环境、再营销）和每日预算。竞价模式只有图文一种展现方式，不支持核心城市和重点城市投放，可以设置每日预算。因为腾讯的大数据对用户的画像还是比较准确的，所以其广告投放有较高的精确性和相对理想的预期效果。公众号广告主要是通过广点通进行推广。

腾讯 2016 年财报显示，2016 年第四季度，腾讯网络广告业务的收入同比增长 45%，达到 82.88 亿元，其中效果广告收入增长 77%，达到 51.68 亿元，主要受微信朋友圈、腾讯的移动端新闻应用及微信公众账号广告收入的贡献增长所推动。

（四）其他利润源

1. 表情包收入

"风靡亚洲的即时通信工具 Line，表情包收入 8 成以上是来自用户付费。Line 设计的馒头人、可妮兔、布朗熊和詹姆斯等表情包，每月创造 10 亿日元（折合人民币 6535 万元）进账。去年表情包的下载收入占总收入的 1/4。"现在微信中大部分表情包是免费的，但也有少数需要收费的表情包。虽然目前用户对表情包的付费意愿并不强，但借鉴国际已有经验，表情包的开发或许在未来会成为微信重要的盈利渠道。

2. "微信＋电商"模式

2014 年 3 月 10 日，"腾讯以 2.14 亿美元以及旗下电子商务资产入股京东，双方同时签署的战略合作协议则称，腾讯将向京东提供微信和手机 QQ 客户端的一级入口位置及其他主要平台的支持，以助力京东在实物电商领域的发展；双方还将在在线支付服务方面进行合作，以提升顾客的网购体验"。这是微信探索电商模式的又一举措。虽然目前腾讯与京东的合作并没有带来明显的盈利，很多人也并不看好这一模式的前景，但是我们认为这将会成为腾讯在"微信＋电商"路上迈出的重要一步，也可能为腾讯带来新的利润增长点。

3. 各类社会公共服务带来的无形资产

微信上提供的城市服务、交通出行服务、生活缴费服务等各种社会公共服务，为微信带来了巨大的无形资产。它虽没有带来直接的利润，但带来了品牌知名度和社会影响力，也使微信成为延伸至各类社会生活需求的综合平台和入口，这将为微信的发展和盈利带来众多的可能性。

第二节　手机媒体的运营模式

手机最初只是单纯的通信工具，然后逐步发展演变成为多功能、多媒体的智能终端。中国互联网络信息中心发布的数据显示，截至 2021 年 12 月，我国手机网民规模达 10.32 亿人，较 2020 年年底增加 4296 万人。网民中使用手机上网的比例为 99.7%，较 2020 年 12 月增长 4373 万，网民手机上网比例在高基数基础上进一步攀升。

2021 年，移动网民经常使用的五类 App 包括即时通信类 App、网络直播类 App、微博社交类 App、综合电商类 App、综合资讯类 App。

一、手机媒体的盈利模式

业务模式是手机媒体运营的核心要素，随着手机越来越智能化、平台化，手机媒体的业务模式越来越丰富，各种业务的盈利模式也各不相同。手机媒体业务主要分为五大类：通信交流类、信息资讯类、移动商务类、专项服务类、休闲娱乐类。

手机媒体的主要盈利领域包括手机视频、手机游戏、手机电子商务和手机阅读几部分。下面将逐一分析这几大业务领域的盈利模式。

（一）手机视频

1. 手机视频概述

中国互联网络信息中心在京发布的第 49 次《中国互联网络发展状况统计报告》显示，截至 2021 年 12 月，中国网络视频用户规模达 10.32 亿人，其中，手机视频用户规模接近 9.75 亿人，与 2020 年年底相比增长 4794 万人；手机网络视频使用率为 71.9%，相比 2015 年年底增长 6.5 个百分点。目前，5G 网络用户逐步攀升，手机资费也在逐步下调，手机网络视频消费已经成为主要的内容消费形式。

手机视频是指基于移动网络（GPRS、EDGE、5G、Wi-Fi 等网络），通过手机终端，向用户提供影视、娱乐、原创、体育、音乐等各类音视频内容直播、点播、下载服务的业务。广义来说，手机视频包括视频类客户端、手机电视和即时视频通信。狭义的手机视频指的就是视频类客户端。本节只针对后者做一分析。

手机视频网站按主导方的不同，可分为三类：运营商主导、电视台主导和网络视频网站主导。

咪咕视频是咪咕文化科技有限公司的主要业务之一。该公司是中国移动面向移动互联网领域设立的，负责数字内容领域产品提供、运营、服务一体化的专业子公司，是中国移动旗下音乐、视频、阅读、游戏、动漫数字内容业务板块的唯一运营实体，下设咪咕音乐、咪咕视讯、咪咕数媒、咪咕互娱、咪咕动漫 5 个子公司。目前，咪咕视频通过与多家直接、间接内容合作商开展的长期稳定合作积累了大量从电视剧、电影、电台、直播到原创视频的全方位版权内容库。同时咪咕视频从咪咕数媒获得原创 IP 支持，与咪咕动漫实现动漫内容共享，咪咕直播也在探索直播付费和打赏的新模式，另外咪咕视讯也通过与爱上传媒在 IPTV 方面的战略合作进军 IPTV 领域。

（1）电视台主导类手机视频是由各级电视台主导的手机视频网站，借助电视台的编辑制作人员、运营管理人才和版权支持，进军移动视频市场。这一部分在下一节互动性电视媒体中有详细论述。

（2）网络视频网站主导的手机视频应用大多是从传统网络视频门户网站发展而来的。这类视频网站拥有海量视频库，上亿的用户资源，专业化的运营人员和编辑人员。这类网站数量较多，市场竞争非常激烈，如腾讯视频、爱奇艺、优酷等。

腾讯视频在内容方面，坚持"全覆盖＋顶级 IP"的战略，将版权采购与自制相结合，巩固了腾讯视频在版权内容方面的市场领先优势；探索"大 IP＋自制"获得成功，独播、联播剧均收获大量流量，海外资源继续扩充丰富，并与国外音乐经纪公司合作，打通直播与音乐业务，完善娱乐生态布局。腾讯直播联手腾讯云实现"云＋直播"微生态的构建，利用技术加内容矩阵为腾讯云直播提供有力支撑。2016 年 11 月，腾讯视频宣布其付费会员突破 2000 万，一年内增长近 300％。广告营销方面，在碎片化的营销环境下，腾讯视频巨大的流量和曝光度、大数据分析能力以及精准触达的技术，为腾讯视频带来更多广告主的青睐。2017 年腾讯视频将继续发力自制内容，并保持对优质内容和顶级 IP 的占有量，摸索发展广告营销、付费会员与更多的商业可能。

（3）其他手机视频领域

除了综合性手机视频平台外，目前手机视频领域还有几块重要的市场，即手机垂直类视频应用、移动视频直播和移动短视频。

在垂直类视频应用中，发展最好的当属视频弹幕网站。视频弹幕网站，是视频分享网站的一个分支。和普通的视频分享网站不同的是，观看者能在观看视频的过程中发表自己的评论，并以滚动字幕的形式即时出现在观看视频画面的上方，从而增强了观看者之间的互动性。

哔哩哔哩是主要的弹幕视频应用。其中哔哩哔哩是目前国内最大的年轻人潮流文化娱乐社区，该网站于2009年6月26日创建，又称"B站"。2016年，哔哩哔哩达成了与东京电视台动画网络播放版权合作，再次丰富哔哩哔哩动画版权库；同时联合SMG成立哔哩哔哩影业，将从版权采购逐渐转变为版权自制。

在商业模式上，哔哩哔哩推出以用户积分兑换的大会员服务充实平台现有的会员体系，与哔哩哔哩浓郁的社区氛围充分融合，并形成与其他网络视频平台的差异化。2017年哔哩哔哩在内容运营和商业模式上继续创新发力，成为垂直网络视频平台的标杆厂商。

移动短视频，简单理解就是视频时长较短，可以快速编辑和美化，并分享到社交网站上的移动视频内容。从来源看，主要分为两大类：一类为视频网站官方出品的资讯类短视频，时间一般控制在几分钟；另一类则为依托微视、秒拍、美拍等短视频应用的UGC形式短视频，视频贡献者主要为品牌和网友，视频时间严格控制在10秒以下，主要用于社交网站上的分享。

2．手机视频的盈利模式

综合各类手机视频，其盈利模式主要包括广告收入、高清视频付费服务、版权分销、电子商务、多级终端服务增值业务。

（1）广告

广告收入始终是视频网站盈利的主要模式。广告收入主要包括贴片广告和植入式广告。

（2）付费

2010年，各大视频网站开始尝试付费服务这种新的盈利模式。付费模式包括以下几种：一是点播付费，即视频网站将一些新近上线、质量较高的内容设置为收费观看，用户需要支付现金或者购买点播券方能观看，否则仅能试看视频前几分钟的内容。二是开辟付费频道，对付费频道里的内容，用户只有支付相关费用才能观看。三是会员服务收费模式，这是使用最普遍的付费模式。视频网站只将部分内容免费开放，其他内容和一些特殊权限，用户只有开通会员、缴纳会员费用才能获得。2015年6月，视频网站爱奇艺带头进入视频付费领域，探索月度、季度和年度收费模式。出于差异化竞争的需要，同时因为行业管控力度加大，外购版权行为的性价比逐渐趋于不利，各大视频网站纷纷实施"自制＋独播"的内容运营方式，这成为付费模式成功的关键筹码。

（3）版权分销

各家视频网站都在着力打造自家的网络自制内容，主要包括自制网剧和网络综艺节目，这使得网站拥有自制内容的完整版权，通过多途径的版权输出，视频网站也获取了不菲的收益。比如，将自制内容的播出版权输出给电视台；或者以"台网联动"的方式进行优势资源的联合推广、联合播出、联合营销。这种盈利模式对自制内容的质量要求较高，对于那些质量欠佳、缺乏创新的自制内容，是很难向外输出版权获利的。

（4）延伸产业收益

移动视频网站的盈利模式并未仅限于"广告＋付费＋版权"，各视频网站已经"开拓出了其他领域的盈利渠道，打造了一套成熟的营销模式和完整的产业链，实现自制内容收益的最大化。""拓展品牌外延、发展相关产业将成为视频网站自制内容最重要的盈利模式之一，但前提是视频网站自制内容的质量很高，具有一定的品牌影响力，拥有一定的用户基础，具备可开发的延伸价值，否则，这一模式只会沦为空谈。"

（5）导流变现

手机视频业务往往产生较大的流量，但是只有流量是不够的，要能够把流量的价值最大限度地开发，实现变现。2009年，淘宝与四大视频网站合作启动"视频购物"；2012年2月，天猫发布视频购物技术并做初步试水；2012年11月，京东商城与乐视网达成战略合作协议，推出视频购物专区；2013年11月，苏宁入股PPTV开创互动视频购物模式；2014年，阿里巴巴入股优酷土豆……各大视频网站纷纷尝试"视频＋电商"的盈利模式。爱奇艺首席营销官王湘君表示，"爱奇艺和京东的合作，正在为中国视频用户'买其所看、买其所想'铺平道路，我们希望用户对节目中商品抱有热情的时候，就以最简单快捷的方式得到它，这是用户利益，也将是精准营销发展的重要方向"。不过，从近些年的尝试来看，导流的目的虽然实现了，但真正实现交易的比例还有限。视频平台要真正成为交易平台还有一段路要走。

（6）游戏联运

联合运营就是网络游戏研发厂商，以合作分成的方式将产品嫁接到其他合作平台之上运营，即研发厂商提供游戏客户端、游戏更新包、充值系统、客服系统等必要资源，合作平台提供平台租用权、广告位等资源进行合作运营。这一形式在弹幕视频网站最为多见。弹幕视频网站深知自身是"二次元粉"的聚集地，并充分挖掘这一平台优势，通过与游戏厂商进行游戏联运的方式将自身的用户"二次售卖"为游戏厂商的消费者，从中获取利润。

（7）上下游产业延伸

手机视频网站"以网络视频为核心，辐射直播、商城、游戏、文学、社交、电影票务等多种服务的视频生态圈正逐步形成，为消费者提供一站式的体验和服务，带动整个数字娱乐市场上下游产业的繁荣"。

（二）手机游戏

手机游戏是运行在手机上的游戏软件，分为单机游戏和网络游戏两大类。

手机游戏的盈利模式比较清晰：

（1）广告投放。即通过免费玩游戏来吸引大量用户，产生广告价值，从而吸引广告主投放。广告通常有三种形式：一种是植入广告，比如在游戏人物设计上进行品牌植入，让人物穿某品牌的衣服，用某品牌的用具，甚至喝某个品牌的水。一种是界面广告，玩家打开游戏，界面下方就会出现滚动的广告条，每次出现游戏开发者都会从中获得一定数额的广告费。还有一种是下载游戏应用前需要收看的广告。

（2）内容付费。这是手机游戏应用的主要盈利模式。这种付费形式包括下载付费和使用中付费两种。有些苹果ios系统中的手机游戏应用需要先付费才能下载安装使用，而有些应用则是先免费，但当用户想要玩更多更高级的关卡时，就需要付费购买。

（3）收取服务费。"任何一种手机电子商务业务在提供服务的同时都要收取一定的服务费，但大多数时候服务费是面向商户来收取的。比如通过支付宝来收款的购物网站或者商铺需要按比例支付费用，在团购网上发起团购活动的商户需要支付服务费。但有时候服务费也面向用户收取，比如用户通过支付宝进行较大数额的转账时。"

（4）增值服务。这指的是游戏本身是免费的，但是要想在游戏中获得更大的快感，就需要花钱购买金币、装备、皮肤、卡牌等。这种模式比内容付费挣的钱多。

（5）开发游戏衍生品。一些影响力较大的游戏，随着游戏的成功，便也形成了IP品牌资源。游戏衍生品就是围绕这一资源的深度开发。比如以游戏为蓝本改编电影、电视剧、动漫、舞台剧，打造主题乐园，设计玩具、服装等。

（三）手机电子商务

手机电子商务就是在手机上实现电子商务的功能，比如用手机进行网上购物、网上外卖、旅游预订、手机支付、团购等与商务有关的活动。它包括B2B、B2C、C2C三种形式。

手机电子商务涵盖的范围很广，也包括很多细分的业务类型，其中手机网购是最主要的业务，手机淘宝、手机京东、手机亚马逊购物、手机当当等，都是使用率较高的手机购物应用。B2C交易规模占比持续提升，线上线下融合进一步加深。特别是新技术、模式应用驱动电商业态多元化。

此处以使用率最高的C2C网购平台淘宝为例，分析手机电子商务主要的盈利模式。

（1）商家竞价排名。商家竞价排名一直是淘宝最重要的收入渠道，其收入主要来源于淘宝直通车。它是由雅虎中国和淘宝网共同开发的垂直搜索引擎模式，是将商品在淘宝网上进行展示，根据卖家对单件商品的出价进行排名，并按实际点击次数进行付费。用户对某一关键词提出自认为合适的价格，谁的出价最高，谁便竞得这一关键词，然后在一段时间内可以选择此关键词搜索结果的某一排名位置。这其实就是一种由淘宝商家参与的竞价模式，类似于百度推广。淘宝直通车展现在淘宝页面右侧和页面下侧，由商家自行从后台设置直通车相关关键词出价。

（2）网络广告。这是淘宝的首个盈利模式，融合了多种广告形式。最多见的形式是网络广告和文本链接广告。网络广告最早的广告形式，是以 GIF、JPG 的图文文件，定位在网络上。文本链接广告是在网页上以文本链接的形式呈现的广告，是最简单却又很有效的网络广告。此外，网页上的广告还包括按钮广告、弹出广告、全屏广告、浮动广告、声音广告及编辑式广告等。手机淘宝中还有开屏广告、推送广告等。

（3）基础服务费。包括店铺月租费、会员费、用户交易费等。"会员收费模式是指包括网上店铺出租、公司认证、产品信息推荐等多种服务组合而成的套餐式增值服务，它一般适用于提供企业之间交易平台的 B2B 电子商务网站。"

（4）增值服务费。包括店铺推广费、特色功能费、娱乐功能费等。淘宝开设有一系列付费推广方式，如"钻石展位"，精选出很多淘宝最优质的展示位置供卖家展示，一般在首页上方的醒目地方，按商家出价的高低来排序展示。阿里巴巴还开通了"淘宝联盟"推广平台，是阿里巴巴旗下依托其庞大的电子商务数据和经验建立的电子商务营销联盟。它帮助商家进行推广，然后进行利益分成。"超级卖霸"也是淘宝网根据不同价值的推广资源，针对不同类型的卖家推广需求，制定不同的主题活动，以促进卖家所参与活动商品的推广销售服务。店铺推广还包括为店铺提供醒目位置，提供店铺装修、美化服务、网店管理服务等。此外，增值服务还包括品牌推广、市场研究、消费者研究、社区活动等。

（5）网上支付服务费。"网上支付本身有两种利润来源：一是 C2C 电子商务网站的用户以及其他用户在使用这一服务时所缴纳的服务费。二是对服务过程中沉积的大量资金进行运作，通过钱本身来赚钱。"所以电子商务网站都希望推出自己的网上支付工具。支付宝和财付通就分别属于阿里巴巴和腾讯集团。

（6）物流服务。一些电商网站将物流作为自身提供的服务之一，比如京东网、当当网，将物流纳入网站的服务之中，为网站节省了一部分费用，用户也得到了免费服务的好处，本质上是赚取了物流服务的部分利润。

（四）手机阅读

手机阅读是指利用手机进行的所有阅读行为，通过浏览网页、书城客户端、新闻资讯客户端、期刊客户端、微博、微信公众账号等阅读途径，浏览小说、报纸、图书、杂志、动漫、文献等内容的阅读行为。特别是微博、微信、QQ 空间等社交圈文化，也带动了手机阅读领域的发展。

早期的手机阅读是中国移动、电信等移动运营商向用户提供的以在线和下载为主要阅读方式的自有增值业务。随着智能手机的不断升级，以及网络带宽的增加，手机阅读的方式也有所增多，主要的阅读方式有下载阅读、彩信阅读、在线阅读和客户端阅读。目前手机客户端阅读成为主要方式，其中包括：由移动运营商中国移动推出的和阅读、中国电信推出的天翼阅读，各类新闻客户端，大众化综合类阅读应用（如网易云阅读、QQ 阅读等），社交阅读应用（如微信公众号、微博），图书阅读类应用（如微信读书），知识分享类应用（如豆瓣阅读、知乎、简书），垂直类阅读应用（如文献云阅读）。

手机阅读最常见的盈利方式有以下几种：

一是订阅。这是手机阅读最早的盈利方式。运营商或者直接出售阅读产品，或者以包月费的方式收取费用。

二是广告。这也是手机阅读主要的盈利方式，广告的形式较多，既有比较隐蔽的植入广告形式，如冠名、点播、优惠券、分类信息，也有目前手机广告比较多见的 Banner 广告、插屏广告、全屏广告和原生广告等。

三是打赏。这是最近几年互联网新兴的非强制性付费模式。用户如果喜欢自己阅读到的内容，特别是原创内容，就会通过奖赏钱的形式，或是花钱购买某一种网币、礼物进行打赏，用户完全自愿，打赏的价值由创作者和平台分成。微信公众号、微博和一些阅读类客户端都已经支持打赏功能。

四是部分免费。这是克里斯·安德森在《免费：商业的未来》中提出的新型"免费"形式之一。它既是一种营销手段，也是一种全新的盈利模式，即 Free＋Premium 模式，用免费服务吸引用户，但是要获得完整服务或更高级的服务，就需要付费。本质上，前期提供的免费服务的价值已经叠加到了收费服务当中。微信读书就是这样一种模式。一本书先开放部分内容供免费阅读，当读者进入到其中，想继续往下看时，便开始收费。

五是付费。这一模式在手机阅读中主要指付费问答和付费阅读。

六是渠道获利。杨陶玉在《手机阅读内容盈利模式的研究》中提出，渠道获利可以分为四种模式：第一种是数据库模式，即建立用户数据库进行精准营销，或者向用户提供更为个性化的推介服务。第二种是整合营销，即整合用户资源，通过读者的线上线下活动，创造线上信息流量收费和线下广告收费的收益。整合阅读产品的发行渠道，形成规模化优势。第三种是增值业务，即将文字产品转化为有声读物或者双语读物。第四种就是版权售卖，包括技术授权和内容授权。

近几年，互联网巨头腾讯、盛大、百度等实力互联网企业重点耕耘数字阅读市场。阿里巴巴移动事业群也增加了"阿里文学"业务，阿里文学隶属以 UC 优视为基础组建的阿里巴巴移动事业群，将获得阿里旗下 UC 书城、书旗小说、淘宝阅读等入口资源支持。这些互联网巨头在移动阅读市场的布局，绝不仅仅是对数字阅读市场的争夺，而是看到了其巨大的衍生资源。以腾讯为例，它借助优质的内容资源，利用微信读书、公众号阅读等阅读渠道，加之腾讯社交平台的联结与扩散，着力开发电影、电视剧、动漫、网游及周边衍生产品，从而打造集阅读、沟通、周边衍生于一体的综合文学平台。

二、手机媒体营销模式

手机媒体营销是一个庞大而复杂的概念，从营销渠道来说，它包括手机短信、微博、微信、各类 App、二维码、手机搜索引擎等。从营销方式来说，又包括病毒营销、事件营销、口碑营销、饥饿营销、知识营销、互动营销、情感营销、会员营销、社群营销等。通常不同的营销产品需要选择不同的营销渠道和营销方式，进而要制定一套系统性的总体营销方案。我们认为，营销模式应该是在手机新媒体中出现的、渗透在每一种媒介渠道和每一种营销方式中的营销趋势和理念。

（一）分众化营销

手机从作为媒体的初期起，还只是大众媒体的延伸。2003 年"新民晚报·手机版"的出现使手机成为报纸等传统媒介的延续。随着网络的普及以及人们触媒习惯日益发生变化，手机媒体已经不再是传统媒介的附庸，开始积极探索适合自身的发展道路。受众已经不再是"千人一面"，越来越多的新媒体逐步分化传统媒体的受众，使得分众的现象日渐清晰。小众传播不是对大众传播的否定，而是媒介发展到一定阶段的产物，是媒介为了寻求自身发展而顺应受众日益增强的个体需要所做出的改进和更新。这些改进决定了手机媒体必须走小众传播的分众化营销之路，具体表现在信息内容更加专门化，信息传播者深入洞察受众的内心和需求，留给受众更为自由、主动、富有选择的余地。同时，相关数据显示，手机媒体使用者的使用频度同其受教育程度和文化知识水平呈正向相关，这就要求信息的传播者和受众需同时具备较高的文化知识水平。此外，小众传播的一个突出特点就是接收对象的相对固定化，用户忠诚度较高，极易形成牢靠的品牌黏性和影响力，树立美誉度和良好的口碑。

（二）大数据营销

如今的互联网营销主要依靠大数据作为支撑来掌握受众和消费者的信息化行为。受众在互联网中的所有行踪，包括浏览网页、参与社区活动、消费等行为都有信息行踪。这些信息足迹由专门的数据统计公司进行搜集和整理，通过完整全面的数据库加以呈现。这样消费者的信息痕迹就变成了庞大的数据，为营销活动提供了基本的数据支持。通过数据挖掘，营销人员可以对此进行分类整理，从中洞察出细分的市场，针对具体的市场进行广告或信息投放，增强信息传播的准确性。

当今的手机媒体也顺应了这一趋势，相继推出了手机出版、手机广播、手机电视、手机游戏等节目内容。基于位置服务的 LBS、二维码、手机支付等移动电子商务形式越来越受到消费者的欢迎，其便利性、及时性、移动性使以前只能在固定地点和时间做的事情变成不受时间和空间制约的行为，而手机媒体在其中充当了重要角色。此外，诸多的手机推送业务也基于大数据进行个性化的人性化服务，手机媒体的营销活动正走向精准营销。

（三）精准营销

可以说，手机媒体在经历了分众和大数据支撑之后，针对个人化的营销计划变成可能。从大众传播开始以来，"一对一"传播就是一种奢望和梦想，互联网技术以及手机的发展让这一切变成了现实。著名的美国营销专家唐·舒尔茨提出的"整合营销传播"对此有一定的借鉴意义，"将所有与产品或服务有关的信息加以管理，使顾客以及潜在消费者接触整合的信息继而产生购买行为"的理念在当下则通过大数据来实现更加整合和精准的信息投放，使受众接收到针对个人的个性化信息服务成为可能。

精准营销实现的一个通常途径就是第三方应用软件的推送服务，如购书网站会根据读者以往的浏览记录或者浏览过此书的其他读者的浏览记录来为人们推荐相关书籍；基于位置服务的 LBS 则可以根据人们当前所处的地理位置为其推荐附近的购物优惠信息和相关咨询服务。可见，手机媒体的移动便携性在精准营销中被发挥到极致，以受众需求为导向的营销活动通过洞察受众为其提供周全、悉心的服务，增加用户黏性，营造极具吸引力的用户体验。

第三节　互动性电视媒体运营模式

一、IPTV 的运营模式

IPTV 即交互式网络电视，是一种利用宽带网，集互联网、多媒体、通信等技术于一体，向家庭用户提供包括数字电视在内的多种交互式服务的崭新技术。IPTV 的承载网络有三种类型：一类是 IP 网，一类是同轴电缆网，一类是移动网。根据 IPTV 的终端不同，可以将其分为三类表现形态，即手机平台、PC 平台和 TV＋机顶盒平台。就我国的 IPTV 业务实际情况来看，IPTV 主要是电信运营商通过 IP 专网和专用的 IPTV 机顶盒开展的一项视频业务，其显示终端通常是电视机。

我国的 IPTV 是从 2004 年开始起步，到 2016 年，IPTV 业务开始突飞猛进。工业和信息化部最新发布的通信业经济运行情况显示，截至 2017 年 2 月，全国 IPTV 用户总数达 9299 万户。流媒体网 CEO 张彦翔预测，经过 2016 年的高速发展，IPTV 会在 2017 年逐渐拉开与广电的差距，用户数还会不断增长，不过增长率应该会高于 2016 年。IPTV 仅仅走过 12 个年头便登上历史舞台，而且实现用户数近亿，相比有线电视用了 45 年时间累积 2.6 亿用户，其发展态势实在不容小觑。

（一）IPTV 的产业链及运营模式

IPTV 的产业链由芯片供应商、基础设备提供商、技术平台提供商、应用软件供应商、内容和应用开发商、频道运营商、电信运营商和用户八个环节组成。简单来说，这八个环节可以概括为硬件提供商、内容和服务提供商、网络运营商和用户四个方面。在运营商领域，中国电信在 IPTV 领域始终保持着领先地位，其次是中国联通。在内容提供商方面，目前已取得 IPTV 的内容提供商牌照的包括上海文广、央视国际、南方传媒、国际广播电台等。

虽然存在牌照限制、行业壁垒等问题，国内 IPTV 运营商还是在尝试着用不同的方法去推广和经营 IPTV。由于各地的实际条件不同，在经营模式方面，我国正在运行的 IPTV 存在三种模式。

一是合作运营模式，即广电企业和电信运营商共同运营 IPTV，利用自身资源为用户提供服务。上海就是这种模式的典型代表，其 IPTV 运营主体由上海电信与上海文广共同组成。在运营过程中，上海文广主要负责内容集成、管理、播控、用户终端等环节；上海电信则主要负责 IPTV 内容的传输、用户的计费与收费等。在业务提供方面，上海的 IPTV 运营商主要为用户提供了直播、点播、信息服务与应用服务四种业务。通过这种合作运营模式，使得上海电信与上海文广成了整条 IPTV 产业链的核心，保证了 IPTV 市场的稳步发展。

二是广电主导模式，即在运营过程中形成了一个由广电企业控股的运营实体，由这个运营实体对 IPTV 的发展全权负责，杭州的 IPTV 运营就是这一模式。广电主导模式并不是说没有电信运营商的参加，它实际上是合作运营模式的一个极端情况，即广电企业在与电信企业合作的过程中占据了运营的主导地位。在杭州的广电主导模式中，IPTV 业务由杭州华数公司独家经营，提供的业务包括数字电视和 IPTV 两类，具体形式可以分为"广播"和"点播"两种。

三是自营模式。这一模式的典型代表是河南模式。由于自身的各方面条件不及上海和杭州，河南的 IPTV 经营者在推广 IPTV 业务时采取了借助行政力量的办法，通过政府的支持实现了由电信运营商而不是广电企业来运营的 IPTV。具体做法是，河南网通通过中组部的党建项目获得政府的支持，使它的 IPTV 经营不需要广电部门颁布经营许可证，从而获得经营 IPTV 的自主权。在某种程度上它是一种电信主导模式，却又与杭州的广电主导模式有着本质的区别。在河南的自营模式中 IPTV 的推广目标是农村的电视用户，这又与上海和杭州定位为城市家庭用户的目标不同。此外，它提供的 IPTV 业务主要以党建内容和农村信息化内容为主，电视内容服务居于次要地位。

（二）IPTV 的盈利模式

IPTV 业务可以分为基本业务和增值业务两类。IPTV 的基本业务主要指电视内容业务，即需要与电视内容运营商合作运营的业务，如电视广播、视频点播等。基本业务直接与广电数字电视同质竞争，而我国广电数字电视资费价格较低廉，IPTV 想要与之竞争并取得良好收益可能性较小，所以靠基本业务很难盈利，必须依靠它的增值业务。IPTV 的增值业务主要有聚集人气类业务，包括网上营业厅、个人 TV 家园业务、卡拉 OK 业务；以及规模效益类业务，包括互动竞猜业务、电视上网业务、电子游戏 IPTV 电子商务业务、通信类业务。运营商针对每一种业务，进行彻底的开发，绕开目前存在的一些政策壁垒和风险，获得较大的主动权，才能通过这些增值业务来获取更大的利润。目前 IPTV 产业的盈利主要依靠与电信的分成、广告收入、增值产品的应用和付费点播。以上所有的模式都必须建立在与电信分成的基础上，所以电信的分成是最大的一部分收入。

二、手机电视

手机电视是指利用具有操作系统和视频功能的智能手机传输电视内容的技术手段和技术应用。手机电视有三种不同的技术方式。第一种是在手机中嵌入一个电视调频器和视频解码器，也就是说在手机中嵌入一个微型电视机，可以接收空中的模拟电视信号。这种手机电视技术已很少使用。第二种是直接通过蜂窝移动通信技术网络的流媒体技术接收电视信号。目前国内两家移动网络运营商中国移动和中国联通，已先后推出了这种基于蜂窝移动通信技术的移动电视业务，向手机点对点提供多媒体服务，将电视信号压缩成视频流之后，再传输到手机上解压缩观看。这种手机电视是"一对一"传播。第三种是数字电视广播网络实现方式，在手机终端上安装数字电视接收模块，利用数字多媒体广播技术，通过数字电视广播网络直接接收数字电视信号，并通过蜂窝移动通信网络实现业务的互动性，其特点是"一对多"传播。

（一）手机电视的产业链及运营模式

手机电视产业链主要包括内容产生、内容整合、网络运营、终端提供、系统支撑五个环节，具体包括内容提供商、服务提供商、移动运营商、系统技术支持商、终端设备制造商和用户。

大多数业界学者和专家把我国的手机电视运营模式分为以下三类：电信移动运营商单独运营、广电运营商单独运营和两者合作运营模式。（1）电信移动运营模式是以电信移动运营商为主，利用其蜂窝网络可以控制的广播电视网络提供内容，以广电企业作为内容提供商参与产业链运作的商业模式。（2）广电运营商单独运营模式是指以广电运营商为主，利用已有的数字广播电视网络或新建网络向移动用户提供手机电视业务的运营模式。广电自建网络自营手机电视业务。广电模式的技术基础是对数字广播电视网络进行改造升级而成的针对手机终端的移动数字广播电视网络。（3）合作运营模式是电信移动运营商与广播电视公司之间通过合作来提供手机电视业务，共同开发手机电视业务市场。它是以蜂窝移动通信技术和数字广播电视技术为共同基础，通过将广播技术与蜂窝移动通信技术相互结合，实现业务的双向互动，即利用数字电视广播网络实现节目的下行传输，利用蜂窝移动通信网络实现点播信息的上行传输。虽然合作运营模式较为理想，但从我国实际情况看，合作运营模式难度较大，由于广电企业和电信移动运营商的共同参与，使得产业链的链条不明确，合作和协商的成本会比较高。同时为了给用户提供手机电视相关服务，需要动用广电网络和蜂窝网络两张大网，管理两网也存在很大的难度，故也导致了收益分配等诸多问题。所以这条合作之路还需要各方的努力和摸索。

（二）手机电视的盈利模式

我国手机电视业务的盈利模式主要包括以下两种：一种是"广播"式手机电视盈利模式。这种模式是通过无线网络免费或者收取用户很少的月租，用户在收看节目时不需要付费，所以还是靠传统的广告获利。在此模式下，用户分别向手机电视运营商和移动运营商提供月租费、流量费，移动运营商就信息费与手机电视运营商进行分成。另一种是"点播"式手机电视盈利模式。这种模式是指将手机视作移动的多媒体终端，运营商通过移动通信网络传输流媒体信号，而用户根据自己的需要点播或下载特定视音频内容的运营模式。这种模式是目前"SP（服务提供商）＋运营商"合作模式的一种延伸。"点播"模式是以电信移动运营商为主导，而作为主导的移动运营商本身具备较为完善的鉴权、用户管理以及计费等机制，因而可以很容易地实现电视节目的定制和互动等操作，可以开拓出更多手机增值业务来制造赢利点。但同时与"广播"模式对比，"点播"模式又具有网络质量差、业务质量难保障、成本高等劣势。

三、互联网电视

（一）互联网电视概述

"互联网电视"这一概念在我国有着特殊的界定，《视听新媒体蓝皮书》中将"互联网电视"译为"Internet TV"，它是互联网技术和电视媒介的融合，但不是简单地把电脑上的内容呈现在电视中，而是指以公共互联网作为传输介质，以绑定了特定编号的电视一体机为输出终端，并经由国家广电行政部门批准的集成播控平台向全国范围内的用户提供视音频等多媒体内容及其他相关增值服务的业务。也就是说，它是以互联网为传输介质，以电视为终端，但传播的内容只是"由国家广电行政部门批准的集成播控平台"上的视音频内容，并非互联网中的所有内容。

互联网电视具有独特的传播特性：首先，它能够实现多屏互动。互联网电视可以通过Wi-Fi网络在不同终端之间进行多媒体内容的传输、展示、控制等操作，实现了内容在手机、平板电脑、个人计算机和电视机之间的跨屏共享。其次，它兼具了传统电视和互联网音视频服务的优点，用户在内容上具有较大程度的可选择性，在收视行为上可以实现非线性观看，与此同时还可以突破个人终端的屏幕尺寸局限，在电视机大屏幕上共同观看，重返家庭式观影模式。最后，互联网电视突破了地域局限，只要在互联网覆盖范围内都可以收看。

电视的网络化探索最初是从终端行业开始的。2006年，国内13家电视机生产企业成立了互联网电视联盟，希望能合作推出网络化电视业务，但是当时的网络环境和网络电视元件技术都不够成熟，网络化电视一直没有实现推广。

（二）互联网电视的产业链及管理

互联网电视的产业链结构是以集成播控平台为中心展开的。其产业链主要可以分为内容服务平台运营商、集成播控平台运营商、网络服务商、终端设备供应商和用户。内容服务平台运营商负责提供互联网电视的全部内容，他们既参与编排、制作内容，也通过与其他内容生产商的合作获取种类更丰富的内容，此外，他们还会与一些增值服务提供商合作，为用户提供尽可能全面的内容服务。内容服务平台向上对接集成播控平台。集成播控平台是互联网电视产业链的核心环节，它的建设和运营都由集成播控平台运营商负责，它们通过集成播控平台将自有内容服务和第三方内容服务平台提供的内容服务直接提供给用户。网络服务商主要负责提供互联网电视的公共互联网和宽带接入网络，公共互联网服务主要由电信运营商提供，宽带接入网络主要由电信运营商、有线电视网络服务商、独立互联网服务提供商提供。网络服务的质量、网络的稳定性、网络的带宽以及网络的安全性都是衡量互联网电视业务的重要指标，所以，网络服务商在产业链中起到重要的支撑作用。互联网电视的终端设备包括互联网电视一体机、内嵌操作系统的互联网电视机以及互联网电视机顶盒。

原国家广电总局在 2009 年相继发布了《互联网电视内容管理规范》和《互联网电视集成业务管理规范》，要求互联网传输视频内容必须持有《信息网络传播视听节目许可证》，形成了对互联网电视的"集成服务＋内容服务"的管理模式，明确将电视机厂商挡在了互联网电视内容服务市场之外。为了便于内容管理，总局给互联网电视播出机构颁发两种牌照：一是内容集成业务牌照，二是内容服务牌照。根据原国家广电总局 2011 年 10 月发布的 181 号文件《持有互联网电视牌照机构运营管理要求》规定，电视机厂商和商业视频网站只能与互联网电视内容集成商即各中央级和省级（含部分副省级城市）电视台合作，嵌入其客户端，不得自建内容发布平台。

（三）互联网电视的运营模式

目前互联网电视运营模式主要有三种，分别是合资模式、联合运营模式和独立运营模式。合资模式是指互联网电视集成播控平台运营商与其他企业合资成立互联网电视运营公司，负责互联网电视的经营性业务。例如，南方传媒集团就和优朋普乐公司合资成立了广东南广影视互动技术有限公司，该公司由南方传媒控股，负责运营南方传媒的互联网电视集成播控平台。在公司的运营方面，南方传媒集团负责提供互联网电视节目集成运营的相关服务，而优朋普乐负责影视点播业务应用的建设。联合运营模式同样是互联网电视集成播控平台运营商与其他企业合作运营集成播控平台，与合资模式的不同之处在于，合作双方并不成立合资公司。例如，浙江华数传媒公司和华数视联公司在互联网电视业务方面展开合作。华数传媒公司负责互联网电视内容服务平台的建设，华数视联公司负责互联网电视数据分界点平台的建设。独立运营模式即由互联网电视集成播控平台单独运营其互联网电视业务，这种运营模式需要企业资金雄厚且拥有足够的资源，并能独立完成平台建设、技术研发、用户拓展等任务。上海文广新闻传媒集团的百视通就是独立运营其互联网电视业务，独立运营模式也让集成播控平台拥有更多的自主权。

互联网电视之所以在网络电视台、视频网站相继发展成熟之后才有所发展，原因在于它的发展受到了多方面条件的制约。首先是政策限制。它被严格控制在广播电视机构之内，处于一种封闭发展的态势，这是制约其发展的最大屏障。其次是网络环境限制。网络环境的不稳定影响了它的用户体验。最后是内容限制。播控平台的内容还是相对有限，且存在较大程度的同质化，另外本地化内容相对缺失。从行业竞争环境来看，互联网电视的终端是智能电视，尽管从 2016 年开始互联网电视销售量火爆，但是各竞争厂家之间在打价格战，终端产品利润很低。从外部媒介来看，互联网电视又受到移动终端的严重冲击。所以目前的互联网电视仍处于赔本赚吆喝阶段，缺少有效的盈利模式。

四、网络视频媒体

2017年4月，国家新闻出版广电总局发布了关于调整《互联网视听节目服务业务分类目录（试行）》的通告。结合这一通告，我们将互联网视听节目服务界定为除交互式网络电视（IPTV）、互联网电视和专网手机电视以外的网络视频内容。而网络视频媒体就是提供这类服务的各种网络媒体，即以计算机为终端，运行在开放性互联网上的视频媒体。我国的网络视频媒体主要有三种：（1）网络视频网站，即以网络视频为主的网站，以及门户网站推出的视频栏目，如腾讯视频、新浪视频、搜狐视频。（2）自主开发的P2P流媒体播放平台，如PPLive、PPStream、UUSEE、QQLive、迅雷看看等。（3）传统媒体或政府部门建设的网络电视台，如中国网络电视台和各省级卫视打造的网络电视台。

流媒体播放平台既不是传播内容的主要生产者，也不是内容本身的消费者，它是以P2P技术为传播载体、以传统视频音频内容为主要传播对象的商业网络平台。它的产业链包括平台服务商、内容提供商、技术服务商和用户。它的基本运营模式为：播放平台向各内容提供商购买内容版权，然后在平台播出，吸引用户点击观看，进而获得点击量，再将这些流量以广告的形式变现。随着PPLive在体育直播方面的优势凸显，它培育了数量庞大的互联网体育"粉丝"，树立了体育直播领域的一大品牌。此外，PPLive搭建了自己的直播网络，建立了PP云，发展成为基于大数据和云服务的直播特色的网络电视台。随着它的逐渐成熟，其盈利模式也由原来的单一广告收入变得多样化。广告收入还是主要的收入来源，包括贴片广告、Banner广告、流媒体广告、节目冠名费、赞助费、特约点播费等。此外版权分销、体育营销、会员收费、游戏联营、技术支持、跨终端整合营销等也都是它的收入来源。

第四节　户外新媒体运营模式

在注意力经济的时代，谁获取了注意力资源，谁就拥有了市场。一批传媒公司发觉了户外场景的市场潜力，围绕生活圈打造了几种电视媒体，即户外电视媒体，其主要形式包括三类：户外LED屏、楼宇电视和车载移动电视。

一、户外LED屏运营模式

（一）概述

LED为Light Emitting Diode的缩写，又称发光二极管，是可以直接把电转化为光的一种固态的半导体器件，而 LED 显示屏是一种通过控制半导体发光二极管的显示方式，来显示文字、影像的显示屏幕。

户外 LED 显示屏的面积一般几十平方米至几百平方米，甚至更大，亮度高、视角大，可在阳光下工作，具有一定的防风、防雨、防水功能。户外 LED 屏是帆布广告、灯箱广告的理想替代产品。LED 电子屏媒体分为图文显示媒体和视频显示媒体，均由 LED 矩阵块组成。图文显示媒体可与计算机同步显示汉字、英文文本和图形；视频显示媒体采用微型计算机进行控制，图文、图像并茂，以实时、同步、清晰的信息传播方式播放各种信息，还可显示二维和三维动画、录像、电视、VCD 节目以及现场实况。LED 电子屏媒体显示画面色彩鲜艳，立体感强，静如油画，动如电影，它广泛应用于金融、税务、工商、邮电、体育、广告、厂矿企业、交通运输、教育系统、车站、码头、机场、商场、医院、宾馆、银行、证券市场、建筑市场、拍卖行、工业企业管理和其他公共场所，拥有媒体展示、信息发布、交通诱导、创意显示等用途。

（二）主流运营商的发展

户外大屏幕产业链包括内容供应商、硬件设备制造商、大屏幕运营商、技术解决方案提供商、广告主。国内大屏幕产业主要有三大运营商，分别是郁金香传媒、香榭丽传媒、凤凰都市传媒。

凤凰都市传媒于 2007 年 5 月 9 日由凤凰卫视发起成立，是三家主流运营商中进入最晚的一家，也是发展最快的一家。这与凤凰集团的背后支持有最直接的关系，除了在广告主资源的引导方面有优势外，在拿屏、建屏的资源抢占上也凭借着与政府的良好关系，给竞争对手以威胁，在上海、北京、广州等城市迅速抢占优质点位，建立起最核心的联播网络。截至 2014 年 5 月 31 日，公司运营屏幕总数达 60 块，总面积超过 15000 平方米，联播网覆盖中国 20 个经济发达城市。其中，自主运营 LED 媒体 55 块，通过承包代理方式经营 5 块户外 LED 媒体。凤凰都市传媒 2011 年至 2013 年营收分别为 3.21 亿元、4.21 亿元、4.82 亿元，其中户外 LED 媒体业务营收为 3.15 亿元、4.11 亿元、4.67 亿元，占比达到 98.15％、97.61％、96.96％。

香榭丽传媒成立于 2003 年，2006 年进军 LED 大屏广告市场。在成立初期凭借资本市场对户外广告市场的投资热度，顺利拿到了首轮融资，随后，秉承"优先占位"战略，迅速在一、二线城市及三线城市抢占点位。金融危机的爆发，资本市场的退潮，一度给在专心于资源抢占的香榭丽以严重阻碍。随后香榭丽传媒迅速进行战略调整，以求平稳过渡，在后期稳定进行资源扩张，并加强在企业形象上的建设，以及与各级政府、相关媒体市场建立良好合作关系，以求打造优质公众传播平台。截至 2011 年年底，香榭丽传媒的可销售终端数量达到 51 块，在一线城市缺乏规模优势的情况下，加强在三、四线城市优质点位的建设。

郁金香传媒 1998 年成立，2005 年建立第一块户外 LED 大屏幕，也从此拉开了中国 LED 户外电子屏广告产业的序幕。郁金香凭借先入优势，成立初期迅速在上海建立起了终端网络，并与上海市政府建立了良好的关系，在当地形成了良好的品牌知名度。虽然郁金香传媒在上海地区拥有诸多优势，但其在后期进入北京、广州、深圳等地时与竞争者产生激烈竞争，最终遭遇阻碍，资源扩展速度低于预期，市场规模增长缓慢，尤其是在 2011 年，遭遇竞争对手的规模逼近，形成了一定的发展压力，扩张及增长速度均明显放缓。

截至 2014 年，郁金香传媒拥有 232 块户外屏幕资源，自有数量为 24 块，剩余均为代理。郁金香传媒的数据显示，2012 年、2013 年实现营业收入 4.47 亿元、4.59 亿元，净利润分别为 5528.21 万元、4355.54 万元，2013 年在营收小幅增加的背景下，净利润年下滑 21.21%。香榭丽传媒方面，2012 年营业收入 2.4 亿元，净利润 3695.35 万元；公司 2013 年上半年营业收入为 1.16 亿元，接近上年的一半，净利润为 1114.51 万元，不足上年的 1/3。

由于户外 LED 大屏的准入门槛较低，越来越多的商家认识到了这一领域的市场价值，纷纷进入其中瓜分市场。所以，目前国内已经出现很多家户外 LED 运营商。与此同时，为了有效整合户外媒体资源，形成覆盖全国或地区的城市大屏联播网络，吸引大广告客户的全国或全地区统一投放，各家运营商纷纷成立 LED 联播网。比如凤凰 LED 联播网、鹰目网络科技有限公司成立的鹰目 LED 联播网、南方新视界传媒组建的南方报业 LED 联播网等。

（三）户外 LED 显示屏的运营模式

在近年的发展中，这些 LED 联播网在运营上主要采用以下四种模式：

一是"联盟"模式。由几家广告公司作为股东发起设立一个联盟公司，制定联盟章程，吸纳其他广告公司直接加入或作为代理公司加入。利润分成模式在联盟章程里约定，联盟公司有一整套比较健全完善的规则。

二是"联建"模式。由一家具有较强实力的广告公司单独发起成立，该广告公司向各大中型城市核心 LED 屏拥有者购买广告发布时段，组成联播网。单独发布某个城市的大屏，则该广告公司推荐给大屏拥有者签约；发布两个以上城市的，由该广告公司签约。

三是"鹰目"模式。由一家广告公司单独发起成立，该广告公司建立户外媒体网站，与各大中型城市其他广告公司合作，把其他广告公司的媒体资源上传至网络，由广告主根据自身需求上网去搜索适合自己的媒体资源，广告主有意向后联系该广告公司，再由该广告公司向其他广告公司下单，商谈价格，发布广告主的广告。这一角色就像牵线搭桥的"红娘"，实现网络平台和现实平台的互动。鹰目公司采用的就是这一模式。

四是"郁金香"模式。由一家广告公司发起成立，与各大中型城市其他广告公司签订代理合同，缴纳一定的保证金，约定每个屏的代理价格，如有客户向该广告公司下单，即由发布屏公司根据约定的代理价格进行发布。这正是郁金香公司使用的模式。

（四）经营困境

户外 LED 大屏市场虽然体量越来越大，但对每一个运营商而言，其发展却不容乐观，这一行业面临诸多困境：一是行业竞争持续加剧。越来越多的商家看好户外 LED 大屏这块市场，都想抢占市场。二是经营成本增加。受点位租金成本、相关费用上升等因素的综合影响，成本不断增加，导致利润下滑。三是国内经济走势增长不快，广告投放量受到影响。四是户外LED大屏以硬广告投放为主，内容缺乏创新。五是受技术局限缺少双向互动。六是点位资源获取能力成为竞争关键。由于LED户外电子屏资源方包括政府、开发商以及物业管理机构等，所以运营商拥有足够的资金还不够，还必须要通过各种方式获取资源，才能获得优势。所以资源获取能力是LED户外电子屏媒体运营商运营的关键。由此，未来这一领域的格局或将存在很大的变数。

二、楼宇电视

楼宇电视是从传统电视媒体分化出来的媒介形式。2003年，分众传媒率先在国内推广楼宇电视，至今仍在这一领域占据垄断地位。截至2016年6月30日，分众传媒拥有自营楼宇视频媒体约19.2万块，覆盖全国约90个城市和地区，另外，公司框架媒体保有量超过121万块板位，覆盖全国约46个城市。分众传媒2016年营业收入合计102.13亿元，其中楼宇媒体营业收入78.47亿元，占营收比重的76.83%。

（一）楼宇电视的盈利模式

分众传媒在楼宇电视领域的业务线包括：商务楼宇业务、卖场终端业务、公寓电梯业务和手机终端（见表5—1）。

表5—1

业务线	业务简介	媒体定位	媒体形式	媒体优势
商务楼宇业务	通过商务楼宇联播网在电梯内或电梯等候厅内进行视屏传播	锁定中高收入商务群体；25—50岁之间核心消费人群的重度覆盖	电梯内或电梯等候厅内	30秒广告CPM成本仅为电视的1/10；在消费的空间和时段能刺激购物行为
卖场终端业务	卖场通过设备广告影响家庭快速消费行为，获得广告收入	锁定FMCG（家庭快速消费品）主要决策者，填补国内终端销售系统有效媒体的空缺	① LCD视屏、扬声器；② 全程覆盖消费者的购物过程；③ 每天跟随卖场营业时间循环播放60次	①锁定家庭消费品的采购决策者，近八成的目标受众是FMCG的有效受众；②比家庭电视更低廉的传播成本，大卖场联播网的CPM成本仅为当地电视台的1/5以下；③对销售促进的功能更为卓越，消费者在卖场中61%的采购是临时决定的
公寓电梯业务	中高档写字楼、商住公寓、社区等楼宇中通过视屏和平面看板所产生的广告收入	锁定中高收入群体，准确传播品牌资讯	覆盖中高档写字楼、商住公寓、社区等楼宇；悬挂于电梯内或电梯等候区墙壁上的电视视屏	①强制性；②针对性：受众年龄主要位于25—45岁之间，月收入多于7000元，中高端家庭消费者；③实效性：广告有效到达率高达84%，有50%的机会促成购买分众传媒业务线

分众传媒主营业务还有手机终端业务、户外LED业务和电影院广告业务，此处不做分析。

分众传媒前首席财务官吴明东认为，人们在中国大城市拥挤的办公大楼内等待电梯的平均时间是两分钟，而在美国只有 25 秒，也就是说在中国人们有更充裕的时间观看电梯外投放的电视广告。分众传媒充分利用人们在生活圈范围内眼球闲置的时间，开发了这一场景空间的商业价值，在这些空间中安装电视终端，搭建播放网络，然后再吸引广告商花钱在这一渠道投放广告。分众传媒是整合型商业模式。从根本上说，它不是向客户卖广告，而是向资本卖网络。

（二）楼宇电视运营模式的困境

1．传播内容是短板

一直以来分众传媒都专注于楼宇媒体网络的搭建和扩张，专注于做渠道，以至于忽略了传播内容。而对受众来说，首先看的是内容，被内容吸引，才会于无形中接受广告。内容是广告主、受众之间的重要桥梁，楼宇电视的传播内容过于单一，缺少吸引力，且循环播放，这很容易带来负面效果。

2．"分众"细分还不够

仅以收入水平和地区发展来划分受众并不是真正意义的细分受众。特别是楼宇媒体的网络布局已经在向普通人群扩展，要想实现精准营销，提升这一渠道的商业价值，必须要按照人口统计学变量、兴趣爱好、活动场景等因素进一步细分受众。

3．技术局限，缺少互动

通过硬盘进行存储和播放，内容不能实时更新。与此同时，用户只能被动、强制接收，缺少互动性。当下，网络媒体等新媒体可以进行实时互动，传统媒体也在通过媒介融合的方式提高自身的互动能力。而楼宇电视媒体的传播却始终是单向的，这成为其致命的不足。

4．监测评估体系和产业标准仍待进一步完善

作为一种新兴的媒体形式，楼宇电视要获得客户的认可，必须建立一个科学的监测评估体系，以此为基础来实现媒体价值的提升和认可。没有科学的监测评估体系，楼宇电视市场难以走向规范。

（三）发展对策与现状

首先，楼宇电视应在内容上下功夫。要吸引受众眼球，提高传播效果，就不能单一地循环播放广告。要在"生活圈"中真正与人们的生活紧密联结起来，可以在不同的时段播放一些人们关注或需要的内容。如上班时间播放当地的天气预报、新闻资讯等，午休时间播放一些轻松幽默的内容等。只有提供更加丰富多元的内容，才会让楼宇媒体真正受到关注。此外，在碎片化的时间里简单粗暴地循环播放硬广告，其传播效果可想而知。应该创新广告形式，将内容与广告巧妙地结合起来，比如将广告信息隐藏在故事之中。目前，在新媒体中出现了越来越多的原生广告，楼宇媒体可以充分借鉴和学习，让广告更有看头，也更有说服力。

其次，努力突破技术局限，增强互动性。这也是分众传媒一直努力在做的事。"在移动互联网大势下，分众已广泛部署 Wi-Fi 热点和近十万个 i Beacon 网络，在倾力打造基于 LBS 的 O2O 互动平台，全国 25 个城市、近 20 万块楼宇广告屏里铺设 LBS 标签网络并与手机淘宝、微信、360 建立了战略合作。"分众屏幕通过移动 Wi-Fi 与 i Beacon 技术随时随地和用户手机连接，通过微信摇一摇、360 摇一摇、手机淘宝摇一摇等，形成 O2O 互动，建立和消费者强大的互动能力和引爆能力。分众已经成为国内线下最大的 O2O 媒体平台，这将为分众未来拓宽盈利渠道带来更多的可能性。

此外，作为生活圈媒体，楼宇电视拥有发掘更为全面的生活圈用户多维数据信息的先天优势，因此分众传媒已经开始建立基于物业（楼龄、楼价、商圈位置，楼宇入住人群分析）的 LBS 大数据，并通过合作方式与互联网线上数据进行匹配和互通，最终形成全面的用户数据库，为实现精准商业模式打下了基础。

三、车载移动电视

2000 年，国家计委宣布在上海、北京、深圳三个城市进行地面数字移动电视试验，上海率先响应。2002 年，上海完成了 4000 台公交车载显示屏的安装工作，成为国内首个采用公交车载电视的城市。次年 1 月，上海东方明珠移动电视正式开播，成为中国第一个移动电视频道。2004 年 5 月，移动电视在北京公交车上亮相。2006 年 3 月，国家广电总局为规范公交移动电视，给开播机构设置了诸多条件。至今，国内主要省会城市和发达城市都相继成立了数字移动公司，并在多种交通工具及户外安装了移动电视。移动电视呈现"遍地开花"的景况。

车载移动电视是对"人们乘坐公共交通工具时的剩余注意力"商业价值的发掘。由于在公交、地铁上播放移动电视需要频道牌照，目前只有广电运营商能够进入该领域，所以车载移动电视基本被广电系统所垄断。在现有政策下，民营移动电视运营商的发展壮大都不可能绕开城市广电系统和公交系统，三者的合作模式通常为：运营商负责视频终端提供、技术维护、部分传播内容的制作，以及广告开拓和管理等。而当地的广电系统仅负责提供传输通路、部分传播内容，并负责节目的最终审查和批准。公交系统则主要提供现有的汽车资源，或向运营商收取运营费，或令运营商提供一定的新系统服务，如安全监测系统或公交智能调动系统。

运营商获得频道牌照后，购置设备，租赁空间，搭建移动电视网络，编辑和制作移动电视节目，通过这一平台的价值来吸引广告商投放广告。但是，公交车载电视需要租赁公共空间，设备投入、维修的成本较大，且主要依靠广告来创收，盈利模式单一，广告费用又相对较低，经营压力较大。

上海是中国第一家开办移动电视频道的城市，也始终走在国内车载电视市场的前列。

以东方明珠车载移动电视为例，它的播放内容包括新闻资讯、生活信息、趣味节目、商品广告四类，节目来源主要包括中央电视台、东方卫视等主流媒体，也有一些自制节目。据统计，上海东方明珠移动电视共开办栏目 40 多个，涉及经济、文化、民生等多个方面，其中自制节目占节目总数的 23％。在定位上，将受众定位为短暂停留的乘客，通过调整播放节目的时长使得受众能够更容易接受；在技术上，采用数字单频网传输技术，保证节目播放的质量；在市场上，不断开拓新的收视终端，扩大传播面。但是，随着智能手机的兴起，东方明珠移动电视的受众严重流失。越来越多的人乘坐交通工具时不再观看电视，而是低头玩手机，这就导致其广告价值的降低。

在运营困境下，车载移动电视运营商积极寻求突破，开始开拓公交 Wi-Fi 业务。围绕"互联网＋"概念，把以往的"公交电视"单向传播于公交乘客，升级为"互联网＋公交电视"的双屏互动传播服务，即乘客除了观看公交电视外，也可以通过手机连接公交电视的 Wi-Fi 热点，点播电视节目、获取商家优惠信息和生活服务信息等多元化服务。

华视传媒是中国最大的户外公共交通系统数字电视广告联播网以及领先的城市公共交通 Wi-Fi 服务提供商。2015 年，华视传媒宣布，旗下子公司深圳前海移动互联有限公司已签署 A 轮融资增资协议，由采百度领投、广东中科招商旗下中科白云及东莞中科跟投。华视传媒主席和首席执行官李利民表示，2016 年继续将重点放在加强公共交通移动电视市场领先地位，致力于构建全国性城市公共交通 Wi-Fi 平台。出售地铁移动电视广告业务，对华视传媒来说是非常重要的战略举措。北京一路热点信息技术有限公司（16Wi-Fi）已与国内 60 余座城市签署了公共交通 Wi-Fi 建设运营协议，市场占有率已达 50％以上。在公交 Wi-Fi 方面，覆盖北京、上海、南京、佛山、绵阳、保定、邯郸等城市，投资建设并开通运营的 Wi-Fi 热点数量超过 3 万个，签约车辆数达到 15 万辆。而华视传媒也已在中国 18 个城市，包括上海、深圳、广州及天津，持有超过 3.5 万辆城市公交车辆 Wi-Fi 专营权。从百度进行公交场景的布局可见，未来"互联网＋公交电视"将可能成为线下场景的又一入口。这意味着公交移动电视的广告价值会增加，更重要的意义在于，未来这一领域会在流量引导、应用分发、游戏联运、电商平台、O2O 及大数据等方面尝试更多变现的可能。

第六章　大数据与新媒体运营

新媒体相较于传统媒体具有强互动、高覆盖、低门槛、多渠道、形式丰富、推广方便等特点，一度成为各个企业宣传推广、盈利变现的重要手段。不过，随着红利的消失，差异化不明显，经验性的运营很难像过去一样获得明显的效果，粉丝量和阅读量等各项指标的表现也越来越差强人意。因此，越来越多的企业把注意力转向了数据化的精细运营。

第一节　新媒体运营的数据处理体系

一、新媒体数据体系构建的基本过程

（一）新媒体数据体系构建的基本要素

在新媒体机构的运营过程中，如果要充分地使用大数据技术，首先就应当具备一套比较完善的数据挖掘体系。一般来说，新媒体机构数据挖掘体系的建设可以从使用者的视角来审视，从四个基本环节来实现。

1. 数据库与数据处理体系构建的三个阶段

从使用者的视角来筹建数据体系，主要是指数据的获取可以划分为使用前、使用中和使用后三个阶段。

第一个阶段是在用户使用媒体产品之前，新媒体机构可以通过对目标用户的充分研究获得一定的用户数据，从而更好地了解用户、服务用户；同时，可以通过对现有的市场发展环境进行调研，获得行业发展数据以及竞争对手数据，从而更好地了解自身所处的行业发展情况以及竞争情况；此外，还可以通过对各类合作机构进行调研，获得相关的数据，了解合作机构对自身的预期与要求，更好地促进自身的运营。

第二个阶段是用户使用媒体产品过程中留下的相关数据，包括用户在使用媒体产品时的各种行为记录，从而熟悉用户的媒体使用习惯及特征；用户针对媒体产品产生的一些反馈信息，这是用户主动留下的数据信息，可以有效地转化为新媒体产品与优化服务的参考依据；用户在使用其他媒体产品时相关的、可获得的数据同样可以作为自身产品与服务设计的重要参考。

第三个阶段是用户使用媒体产品后的数据，包括用户对媒体产品的态度与评价信息，针对用户的营销传播活动有效性判断的数据信息，与竞争对手进行比较的数据信息，来自

合作伙伴的反馈数据信息，等等。

2. 数据库与数据处理体系构建的四个步骤

从数据处理体系的构建环节来看，一般可以分为采集、导入和预处理、统计和分析、挖掘四个基本步骤。

大数据的采集是指利用多个数据库来接收从客户端发送的数据，并且用户可以通过这些数据库来进行简单的查询和处理工作。比如，电商会使用传统的关系型数据库 MySQL 和 Oracle 等来存储每一笔数据，除此之外，Redis 和 Mongo DB 这样的关系型数据库也常用于数据的采集。在大数据的采集过程中，其主要特点和挑战是并发数高（指网站在同一时间访问的人数，人数越多，瞬间带宽要求越高），因为同时可能会有成千上万的用户在访问和操作，比如火车售票网站和淘宝，它们并发的访问量在峰值时可以达到上百万或上千万，所以需要在采集端部署大量数据库才能支撑网站正常运行。

如何在这些数据库之间进行负载均衡（Load Balance，即将操作分摊到多个操作单元上进行）和分片（互联网协议允许 IP 分片，这样的话，当数据包比链路最大传输单元大时，就可以被分解为足够多的小片段，以便能够在其上进行传输），的确是需要深入思考和设计的。虽然采集端本身会有很多数据库，也会有不同的数据类型，但是如果要对这些海量数据进行有效的分析，就应该将这些来自前端的数据导入到一个集中的大型分布式数据库中，或者分布式存储集群中，并且可以在导入基础上做一些简单的清洗和预处理工作。

也有一些用户会在导入时使用推特的 Storm 来对数据进行流失计算，以满足部分业务的实时计算需求。导入与预处理过程的特点和挑战主要是导入的数据量极大，每秒钟的导入量经常会达到百兆级别，甚至是千兆级别。

大数据的统计和分析阶段，主要是利用分布式数据库，或者分布式计算机群来对存储于其内的海量数据进行普通的分析和分类汇总等，以满足大多数常见的分析需求。在这方面，一些实时性需求会用到 EMC 的 GreenPlum，Oracle 的 Exadata，以及基于 MySQL 的列式存储 Infobright 等，而一些批处理（Batch，也称为处理脚本，是对某对象进行的批量处理，批处理是一种简化的脚本语言，它应用于 DOS 和 Windows 系统中），或者基于半结构化数据的需求可以使用 Hadoop 统计与分析，这部分的主要特点和挑战是分析所涉及的数据量是否会极大地占用系统资源，特别是 I/O。

与前面统计和分析过程不同的是，数据挖掘一般没有什么预先设定好的主题，主要是在现有数据上面进行基于各种算法的计算，从而起到预测的效果，并实现一些高级别数据分析的需求。比较典型的算法有用于聚类的 K-means、用户统计学习的 SVM（Support Vector Machine，是一个有监督的学习模型，通常用来进行模式识别分类以及回归分析）和用于分类的 Naive BayesS（朴素贝叶斯法，是基于贝叶斯定理与特征条件独立假设的分类方法），主要使用的工具有 Hadoop 的 Mahout 等。该过程的特点和挑战主要是在于数据挖掘的算法很复杂，并且计算所涉及的数据量和计算量都很大，常用数据挖掘算法都以单线程为主。

（二）新媒体机构大数据获取的基本方法

作为新媒体机构搭建大数据处理体系的第一步，如何获取数据是相当重要的。它决定了新媒体机构是否能够高效、快速地收集到尽可能多的数据，以便于下一步进行相应的数据处理。

1. 三种基本的数据获取方法

一般来说，新媒体机构在获取数据、搭建数据体系的时候，常用的方法包括搜索获取法、Agent 法（在 IT 领域，Agent 可指能够自主活动的软件或者硬件实体，通常被翻译为"代理"）、扫描法和载体监听法。

其中，搜索获取法包括"搜索—下载法"和"搜索—抽取法"。前者主要是指利用搜索引擎等工具进行数据搜索并下载；后者指搜索到所需要的数据之后，链接到相应的数据源，分析并入侵该数据源的数据，建立数据获取程序，定期获取所需数据。

Agent 法是指将一个 Agent 植入数据源服务器，监控数据源服务器的运行，一旦发现有新的数据产生，就将这些数据传送到指定的服务器上，完成一次数据获取。扫描法需要设计一个扫描程序，定期扫描各种数据源服务器，将数据源中需要的数据抽取出来。载体监听法则是通过监听各种数据载体，例如各种网络、无线信号、路由设备，甚至盗窃服务器等，从中截获数据。

2. 具体方法与案例

（1）Cookie

所有互联网机构获取用户数据的最基本的方法就是利用 Cookie 信息。Cookie 由服务器端生成，发送给 User-Agent（一般是浏览器），浏览器会将 Cookie 的 Key/Value 保存到某个目录下的文本文件内，下次请求同一网站数据时就发送该 Cookie 给服务器（前提是浏览器设置为启用 Cookie）。Cookie 的基本组成包括：Cookie 的名字（Name）；Cookie 的值（value）；Cookie 的过期时间（Expires/Max-Age）；Cookie 的作用路径（Path）；Cookie 所在域名（Domain）；使用 Cookie 进行安全连接（Secure）。前两个参数是 Cookie 应用的必要条件。另外，还包括 Cookie 的大小（Size，不同浏览器对 Cookie 个数及大小限制是有差异的）。进行 Session 管理、个性化识别以及跟踪与监测是 Cookie 的基本功能。

Cookie 有什么作用呢？几乎所有网站都有新用户注册这个选项，当用户注册之后，等到下次再访问该站点时，网站会自动识别用户，可以免去登录的操作，并且向用户问好。更重要的是，网站可以利用 Cookie 跟踪统计用户访问该网站的习惯，比如什么时间访问，访问了哪些页面，在每个网页的停留时间等。

利用这些信息，一方面可以为用户提供个性化的服务；另一方面也可以作为了解所有用户行为的工具，这对于网站经营策略的改进有一定的参考价值。通常来说，Cookie 可以分成三种类型：第一种为 Session Cookie，一个用户的 Session Cookie（也称为内存 Cookie 或瞬息 Cookie）是当用户浏览网站的时候，网站暂存的 Cookie。当用户在该 Cookie 的有效日期或者有效间隔内访问网站，Session Cookie 将被创建，当用户关闭浏览器的时候，Session Cookie 将被删除。第二种为第一方 Cookie。第一方 Cookie 是由受访网站以相同域名（或其子域名）创建的。第三种为第三方 Cookie。第三方 Cookie 是由受访网站以不同域名创建的。

（2）网络爬虫

网络爬虫，是一种自动获取网页内容的程序，是搜索引擎的重要组成部分，因此搜索引擎优化很大程度上就是针对爬虫而做的优化。网络爬虫为搜索引擎从万维网下载网页，一般分为传统爬虫和聚焦爬虫。传统爬虫从一个或若干个初始网页的 URL 开始，先是获得初始网页上的 URL，在抓取网页的过程中，又不断从当前页面上抽取新的 URL 放入队列，直到满足系统的一定停止条件。通俗地讲，也就是通过源码解析来获得想要的内容。聚焦爬虫的工作流程较为复杂，需要根据一定的网页分析算法过滤与主题无关的链接，保留有用的链接，并将其放入等待抓取的 URL 队列。然后，它将根据一定的搜索策略从队列中选择下一步要抓取的网页 URL，并重复上述过程，直到达到系统的某条件时停止。

（3）载体监听

近年来，轰动世界的通过载体监听以获取数据的案例正是 2013 年发生的"棱镜门"事件。这一事件也充分证明了媒体监听方法在数据获取方面的极大能量。2013 年 6 月，中情局（CIA）前职员爱德华·斯诺登（Edward Snowden）将两份绝密资料交给英国《卫报》和美国《华盛顿邮报》，并告诉媒体何时发表这两份绝密资料。按照计划，2013 年 6 月 5 日，英国《卫报》先扔出了第一颗舆论炸弹：美国国家安全局有一项代号为"棱镜"的秘密项目，要求电信巨头威瑞森公司必须每天上交数百万用户的通话记录。6 月 6 日，美国《华盛顿邮报》披露称，"棱镜"窃听计划始于 2007 年的小布什时期，美国情报机构一直在 9 家美国互联网公司中进行数据挖掘工作，从音频、视频、图片、邮件、文档等信息中分析个人的联系方式与行为。监控的类型有 10 类：信息电邮即时消息、视频、照片、存储数据、语音聊天、文件传输、视频会议、登录时间、社交网络资料的细节，其中包括两个秘密监视项目，一是监视、监听民众电话的通话记录，二是监视民众的网络活动。

（三）新媒体机构大数据的整理与筛选

对已经搜集到的数据，需要进行进一步的筛选和整理，才能够为数据搜集者所用，进行下一步的数据挖掘与分析。在这个过程中，还有一个重要的步骤就是数据清洁。现在，这个工作必须有软件工具进行支持。

1. 三个重要步骤实现大数据的整理与筛选

一般来说，大数据的整理和筛选需要经过三个非常重要的步骤，包括空缺值的处理、噪声数据处理以及数据一致化。所谓空缺值的处理，是指要给出一个方法来解决属性空缺值的问题，比如忽略含有空缺值的数据记录、人工填写空缺、使用一个常量填充等。噪声数据处理是指对测量过程中出现的随机错误和变差，或者是测量失真较为明显的数据进行处理。数据一致化是指对各个数据源之间的数据进行分析对比，发现各种数据之间的冲突，然后进行转换。

接下来，我们将以中央电视台的媒资系统——央视音像资料馆的建设情况来举例说明新媒体机构大数据处理与筛选的过程。

2. 央视音像资料馆的数据处理过程

目前央视音像资料馆的内容为央视所有公开频道中播出的内容，既包括自主生产的部分，也包括外来购买的部分。

按照内容类别和种类，目前央视音像资料馆中的内容分为 7 类：专题、体育、素材、影视剧、新闻、综艺、纪录片。对这些节目内容和数据进行存储和管理之前，央视音像资料馆的一个重要工作就是进行编目，相当于数据的整理和筛选。央视音像资料馆分为 4 个编目区、10 条编目生产线、200 个编目工位，按照 7 类内容给每个工位进行工作任务划分，每天可以完成 300 小时的节目编目量，全年编目量达 10 万小时。在编目细则方面，央视音像资料馆遵循《广播电视音像资料编目规范》与《中央电视台音像资料编目细则》制定的基本规范，将节目数据分为四层编目：节目层、片段层、场景层、镜头层。场景、镜头主要以其再利用价值和珍贵程度作为选取原则。之后，央视音像资料馆会对这些节目资料进行数字化的处理，并最终形成可用的信息数据。

这个流程可以基本分为 10 个步骤，即资料筛选、磁带清洗、预处理、上载、质量控制、存储管理、编目下发、编目标引、编目审核、应用。其中，央视音像资料馆在上载这个环节中建设了 24 个上载通道，包括 18 个工作站点采集通道和 6 个机械手采集通道。通过视频服务器上载和数字化工作站上载两种方式将原始音像资料数字化，同时生成用于归档保存的高码率视音频数据和用于编目检索、网络发布的低码率视音频数据。

央视音像资料馆在编目标引环节采用多点协同工作的编目生产流水线方式。来自上载数字化环节的待编节目数据进入编目检索系统后，审核人员按照四层编目进行审核。在用户应用环节，通过现有 7 个下载工作站和下载输出软件模块，将资料馆内的节目资料数据进行多种介质的复制或转录。在管理人员对预约下载的数据进行合理性审查和统计分析等工作后，用户可快速获取所需数据。

（四）数据挖掘与数据分析

数据挖掘（Data Mining）是通过分析每个数据，从大量数据中寻找其规律的技术，主要有数据准备、规律寻找、规律表示、结果评价四个步骤。数据准备是从相关的数据源中选取所需的数据并整合成用于数据挖掘的数据集规律。寻找是用某种方法将数据集所含的规律找出来；规律表示是尽可能以用户能够理解的方式将找出的数据表示出来。

一般说来，数据挖掘较为完整的步骤如下：理解数据和数据的来源（Understanding），获取相关知识与技术（Acquisition），整合与检查数据（Integration and Checking），去除错误或不一致的数据（Data Cleaning），建立模型和假设（Model and Hypo thesis Development），实际数据挖掘工作（Data Mining），测试和验证挖掘结果（Testing and Verification），解释和应用（Interpretation and Use）。

1. 数据挖掘的常见任务

数据挖掘的常见任务包括关联分析、聚类分析、分类分析、异常分析、特异群组挖掘和演变分析等。

关联分析是寻找数据项之间感兴趣的关联关系，用关联规则的形式予以描述。比如，我们通过对超市交易的数据分析，得出"在有婴幼儿成员的家庭中，85%购买尿布的男性也会同时购买啤酒，并且购买尿布的总次数占所有购物次数的8%"这样一条关于"啤酒"和"尿布"之间关系的结论。

聚类分析指将物理或抽象对象的集合分组为由类似的对象组成的多个类的分析过程。它的目标就是在相似的基础上收集数据来分类。比如，在电子商务网站中，通过分组找出具有相似浏览行为的客户，并分析客户的共同特征，来更好地帮助电子商务用户了解自己的客户，向客户提供更合适的服务。分类分析是找出描述并区分数据类的模型，以便能够使用模型预测给定数据对象所属的数据类。比如，信用卡公司可以将持卡人的信誉度分类为良好、普通和较差三类。

分类分析可能给出一个信誉等级的显示模型为：信誉良好的持卡人是年收入在10万到50万之间、年龄在30岁到45岁之间、居住面积大于100平方米的人。这样，对于一个新的持卡人，就可以根据他的特征预测其信誉度了。异常分析是发现数据对象集中与大部分数据对象具有明显差异的数据的过程。比如，我们在信用卡使用模式这样的大量数据中，使用可以发现明显不同于其他数据的异常对象的技术，就可以在欺诈甄别、网络入侵检测等方面发挥非常积极的作用。

特异群组是指由给定大数据集里面少数相似的数据对象组成的，表现出有异于大多数数据对象而形成异常的群组，是一种高价值、低密度的数据形态。特异群组的挖掘、聚类和异常检测都是根据数据对象间的相似程度来划分数据对象的数据挖掘任务的，但它们在问题定义、算法设计和应用效果上存在差异。大数据特异群组挖掘具有广泛的应用背景，在证券交易、智能交通、社会保险、生物医疗、银行金融和网络社区等领域都有应用需求。例如，在证券市场中，特异群组挖掘常常表现为分辨合谋操纵（多账户联合操纵）、基金"老鼠仓"等行为。

演变分析是一种用于描述对象行为随时间变化的规律或趋势，并对其建模，以预测其未来形势的技术。例如，通过对股票交易数据的演变分析，可能会得到"有90%的可能，在X股票持续上涨一周左右之后，Y股票也会出现上涨"的判断。

2. 两大数据挖掘对象

根据数据类型和来源，数据挖掘的对象可以分为一般数据源与特殊应用数据源。在一般数据源挖掘中，序列数据挖掘的对象是超市交易记录、证券数据等按照时间、位置顺序排列的数据。文本数据挖掘的对象是电子书、网页、各种文本格式的文档资料。

Day-by-Day数据挖掘的对象是每个人每天的行为数据记录，反映的通常是对象的各种主动的行为方式。流数据挖掘的对象是网络监测、电信数据管理等只要联机环境运行就会持续获得的数据。空间数据挖掘的对象是数字地图、遥感数据、交通控制、环境等领域出现的与空间有关的数据。特殊应用数据源挖掘主要包括交易数据挖掘与Web数据挖掘两种。其中，交易数据挖掘的对象主要包括交易ID、交易时间、交易商品、交易金额等与交易行为直接相关的数据。Web数据挖掘的对象则包括内容数据、日志数据、网站结构数据等。

（五）数据可视化

在这个强调可交互的信息时代，任何数据及信息的表达都应该是有趣的，至少是富有亲和力的。一幅优秀的信息图表不能仅仅罗列数据，而应该是一个系统，包括数据分类、逻辑关系、阅读习惯和视觉体验等因素。设计者依靠这个系统引导观看者进入预先设定的主题情景，启发观看者的兴趣，从而传达信息。作为数据挖掘的重要步骤之一，数据可视化可以迅速拉近用户与数据之间的距离，用最合适的方法来展示数据，并表达数据背后的信息含义，这是数据可视化的重要目标。

1. 数据可视化的含义与目标

（1）数据可视化的内涵

数据可视化（Data Visualization）和信息可视化（Information Visualization）是两个相近的专业领域名词。狭义上的数据可视化是指将数据用统计图表方式来呈现，而信息图形（信息可视化）则是将非数字的信息进行可视化。前者用于传递信息，后者用于表现抽象或复杂的概念、技术和信息。广义上数据可视化是信息可视化中的一类，因为信息是包含了数字和非数字的。

从原词的解释来讲，数据可视化重点突出的是"可视化"，而信息可视化的重点则是"图示化"。整体而言，可视化就是数据、信息以及科学等多个领域图示化技术的统称。其中Visualize是动词，意即"生成符合人类感知"的图像，通过可视化元素传递信息。Visualization是名词，表达"使某物、某事可见的动作或事实"，是将某个原本不可见的事物在人的大脑中形成一幅可感知的心理图片的过程或能力。Visualization 也可用于表达对某一目标进行可视化的结果，即一帧图像或动画。

在计算机学科的分类中，利用人眼的感知能力对数据进行交互的可视表达以增强认知的技术，称为可视化。它将不可见或难以直接显示的数据转化为可感知的图形、符号、颜色和纹理等，增强数据识别效率，传递有效信息。所以，可视化通常被理解为一个生成图形图像的过程。更深刻的认识是，可视化是认知的过程，即形成某个物体的感知图像，强化认知理解。

（2）数据可视化的目的

数据可视化与数据挖掘、商业智能、分析及企业报表共享一个最终目标：实现更多信息化支撑的商业决策。即时数据可视化主要是数据探索及发现有洞见价值的手段。它既不是实时报表，也不仅仅是为了生成美观图表。换言之，最有价值的数据可视化通常是基于工作人员不能确切知道他们真正要寻找什么的假设的，更不用说他们能够发现什么。

内森·邱（NathanYau）在他 2013 年出版的《数据之美：一本书学会可视化设计》一书中强调了要将数据可视化看作一种媒介而不仅仅是一种特定工具。"可视化是展示数据的一种方式，是对现实世界的抽象反映，与书写的文字一样，也是可以用来讲述不同种类的故事的，"他写道，"纪实文章不能以小说的标准进行评价，对数据艺术的评价也应该与业务仪表盘有所不同。"

Smashing 的总编维塔力·弗里德曼（Vitali Friedman）对数据可视化的解释是这样的：数据可视化的主要目标在于，其将数据进行可视化的能力、对信息的传播和交流的作用要清晰且有效，并不是说数据可视化因为功能性要求就显得沉闷，或者要看起来美观就得相当复杂，要有效表达观点，不仅形式上要符合审美，而且功能上要符合需求，两者要齐头并进，对信息稀疏且复杂的数据库提供洞见，并以更直观的方式传达出信息的关键方面。设计师们通常不顾设计和功能之间的平衡，对大量数据生成可视化图表，以至于并不能达到其主要目标——信息的传播和交流。可以说，可视化的终极目的是对事物规律的洞悉，而非所绘制的可视化结果本身。

2. 数据可视化的发展历程

虽然"可视化"是一个伴随着大数据发展起来的概念，但是利用图表等方式来表现数据即信息的行为却由来已久。陈为等在《数据可视化》一书中认为，可视化与山岳一样古老。中世纪时期，人们就开始使用包含等值线的地磁图、表示海上主要风向的箭头图和天象图。史蒂芬·菲尤（Stephen Few）在他的论文《数据可视化的人类感知》中表示，至少在公元 2 世纪人们就已经将数据放进表格。但是，直到 17 世纪才真正出现将定量信息用图形化呈现的思想。1644 年，荷兰的天文学家及制图师米歇尔·弗洛伦特范·朗伦（Michel Florentvan Langren）首次生成统计数据图表，展示了西班牙中部城市托莱多和意大利罗马之间很大范围的经度距离估算。一个半世纪后，苏格兰工程师及政治经济学家威廉·普莱费尔创建了包含线图、条形图、饼图以及曲线图等的分类。

可以说，可视化发展史与测量、会话、人类现代文明的启蒙和科技的发展一脉相承。在地图、科学与工程制图、统计图表中，可视化理念与技术已经应用发展了数百年。

3. 数据可视化的主要类别

在《信息设计：数据与图表的可视化表现》一书中，作者将常见的数据可视化表现方式归为四类，即示意图、统计图表、地图和象形图标。

一般来说，所有的图表、象形图标、地图等都可以被称为示意图（Diagram），但是从表现形式来讲，示意图是一个相对特定的概念，主要指以插图的形式来表现难以用文字描述的概念、事件等内容。除插图以外，示意图还经常结合图表、图标等元素。其中的插图形式也是多种多样的，不仅包括计算机制图，而且还可以使用照片进行合成。

统计图表的最大特点是对量化对比的柱状图、折线图，以及表示各要素所占比例的饼图等视觉元素的运用，但它并不拘泥于这三种形式。从表现手法上看，可以根据实际需要选择绘制平面或立体的统计图表，其中立体的统计图表往往会给读者带来更强烈的视觉冲击。此外，统计图表以往个人化的刻板形象还可以结合生动的插图或其他视觉元素来改变，例如增加透视效果、运用丰富的色彩等。象形图标，即以图像的形式简单明确地传达信息。象形图标在设计上与示意图有明显的区别：首先，设计象形图标通常不使用文字，这主要是因为文字受语言不通、距离较远时难以识别等限制，而示意图通常是图文结合的；其次，示意图更加形象具体，细节较多，而象形图标则更加简洁，是对事物形象的抽象提炼。在实际应用中，象形图标通常也是成套设计的，以统一视觉形象。

地图就是将真实的地理环境平面化，在统一平面上表现出特定区域内的位置关系。在日常生活中，我们常见的地图都是非常精确的，且大多以地形图为基础设计而成。但对于信息图表中的地图而言，其表现的手法与主题是多种多样的，且往往并不精确，是经过抽象提炼的。即便如此，观者同样可以借助此类地图理解基本一致的区域方向与所处位置。因此，设计信息图表中的地图时，最重要的原则就是能够让人直观地判断出方位。换句话说，就是必须具备易用性。

二、新媒体运营中的大数据挖掘及数据体系搭建案例

（一）百度的大数据挖掘与大数据体系

作为全球最大的、致力于让网民更便捷地获取信息的中文搜索引擎，百度拥有超过千亿的中文网页数据库，可以让用户瞬间找到相关的搜索结果。此外，百度还包括了新闻、贴吧、翻译、音乐、地图、统计、百度指数等非常多样的业务类型，几乎每项业务都需要极为大量的数据作为支撑。百度大数据的两个典型应用是面向用户的服务和搜索引擎。百

度大数据的主要特点是：第一，数据处理技术比面向用户服务的技术所占比重更大；第二，数据规模比以前大很多；第三，通过快速迭代进行创新。因此，百度的大数据挖掘与大数据体系是非常值得我们学习与了解的。

1. 百度的数据来源及分类

百度大数据引擎的整体架构，从最底层的开放云，到中间层的数据工厂，再到百度大脑，三部分共同构成了百度大数据引擎。开放云提供信息基础设施服务；数据工厂主要用于大数据的存储管理以及查询分析；百度大脑更确切地说是一个基于大数据的人工智能系统，它会利用语音识别、图像识别、深度学习等技术，分析和挖掘大数据的价值。

（1）百度的数据来源

2012 年百度公布的信息显示，作为全球最大的中文搜索引擎，百度每天响应来自 138 个国家和地区的数十亿次请求，百度每日新增数据 10TB，要处理超过 100PB（1PB＝1024TB）的数据，精确抓取约 10 亿个网页，同时索引库还拥有千亿级在线索引能力，以帮助用户完成搜索过程。过去 10 年中，百度网页搜索库已从 500 万猛增到了 500 亿。

在数据来源方面，百度至少可以从三个方向进行数据获取：

第一类数据是互联网上的开放信息与暗网数据。所谓暗网，是指那些存储在网络数据库里、不能通过超链接访问，而需要通过动态网页技术访问的资源集合，不同于那些可以被标准搜索引擎索引的表面网络。迈克尔·伯格曼将当今互联网上的搜索服务比喻为像在地球的海洋表面拉起一个大网进行搜索，大量的表面信息固然可以通过这种方式被查找到，可是还有很多的信息由于隐藏在深处而被搜索引擎错失掉。绝大部分隐藏的信息是必须通过动态请求产生的网页信息，而标准的搜索引擎却无法对其进行查找。传统的搜索引擎"看"不到，也获取不了这些存在于暗网的内容，除非通过特定的搜查，这些页面才会动态产生。于是相对地，暗网就隐藏了起来。

第二类数据是用户在使用百度相关产品和服务时所产生的数据，包括个人用户和机构用户。这类数据包括用户注册数据、百度网页搜索数据、百度贴吧和百度知道等产生的数据、安装有百度插件的浏览器数据、百度站长平台提交的数据等。这些数据可以有效地帮助百度了解与自身用户切身相关的数据信息。

第三类数据是第三方组织开放的数据。到目前为止，百度已经和国家知识产权局中国专利信息中心、北大图书馆、国家代码中心、中国四维测绘技术有限公司合作并获得其提供的各类数据，极大地提升了百度搜索结果的准确性和权威性。例如，中国四维测绘技术有限公司提供的卫星地图数据可以帮助百度地图获得更加精准的地理数据信息。

（2）百度的数据分类

百度大数据号称建立了中国最大的用户行为数据库，覆盖了 95％以上的中国网民，以及 50％以上的中国网民日均搜索请求；同时，百度的网盟合作伙伴已经超过 60 万个，日均 PV 展示达到 50 亿次，具体到数据类别上可以分为最基本的四类，包括全网用户行为数据、广告类数据、基础统计数据和人口统计学数据。其中，全网用户行为数据包括搜索行为、浏览行为、点击观看行为以及用户之前的讨论、交流互动行为数据等；广告类数据包括百度从旗下各类广告产品中获得的展现量、点击量、点击率、独立访客、独立 IP、每千次展现收入等数据；基础统计数据包括访客数量浏览量、在线人数、访问深度、停留时间、当前访客活跃程度、跳出率和转化率等；人口统计学数据则可以清晰地描绘出百度用户的性别、年龄、收入等基本情况。

2. 百度的大数据处理体系

从硬件以及组织架构上来看，百度获取数据之后会先将数据存储到各类数据中心，包括阳泉云计算中心、百度云数据中心、南京计算数据中心等。之后进入数据处理环节，包括百度的 Hadoop 平台、百度基础架构部以及其他自主开发的数据处理平台。最后，百度数据研究中心会进行有关的数据研究与分析。2015 年 4 月 24 日的百度技术开放日上，百度董事长兼首席执行官李彦宏现身并推出了百度大数据引擎。这反映了百度对该产品的极大重视。简单地讲，大数据引擎将百度的数据、能力和技术向行业开放，行业可以近身接触原本距离甚远的大数据盛宴，百度则寻到了一个新的增长点。这也是百度对大数据处理体系的一次系统性梳理。李彦宏介绍，百度大数据引擎一共分三个部分。

（1）开放云

最基层的架构是开放云：百度的大规模分布式计算和超大规模存储云。过去的百度云主要面向开发者，大数据引擎的开放云则是面向有大数据存储和处理需求的"大开发者"。百度的开放云拥有超过 1.2 万台的单集群，超过阿里飞天计划的 5K 集群。百度开放云还拥有 CPU 利用率高、弹性高、成本低等特点。百度是全球首家大规模商用 ARM 服务器的公司，而 ARM 架构的特征是能耗小和存储密度大，同时百度还是首家将 GPU（图形处理器）应用在机器学习领域的公司，实现了节省能耗的目的。

（2）数据工厂

中间层是数据工厂：开放云是基础设施和硬件能力，我们可以把数据工厂理解为百度将海量数据组织起来的软件能力，就像数据库软件的位置一样，只不过数据工厂是被用来处理 TB 级甚至更大的数据。百度数据工厂支持单次百 TB 异构数据查询，支持 SQL-like 以及更复杂的查询语句，支持各种查询业务场景。同时百度数据工厂还将承载对 TB 级别大表的并发查询和扫描工作，大查询、低并发时每秒可达百 GB，在业界已经很领先了。

（3）百度大脑

顶层架构是百度大脑：有了大数据处理和存储的基础之后，还得有一套能够应用这些数据的算法。图灵奖获得者沃斯（N. Wirth）曾提出过"程序＝数据结构＋算法"的理论。如果说百度大数据引擎是一个程序，那么它的数据结构就是"数据工厂＋开放云"，而算法则对应百度大脑。百度大脑将百度此前在人工智能方面的能力开发出来，主要是大规模机器学习能力和深度学习能力。此前它们被应用在语音、图像、文本识别，以及自然语言和语义理解方面，还被应用在不少 App 上，还通过百度 Inside 等平台开放给了智能硬件。现在这些能力将被用来对大数据进行智能化的分析、学习处理、利用。百度深度神经网络拥有 200 亿个参数，是全球规模最大的，它拥有独立的深度学习研究院（IDL），在人工智能上百度已经快了一步，现在贡献给业界表明了它要开放的决心。

（二）谷歌的大数据挖掘与大数据体系

业界有一种较为普遍的说法，认为谷歌是大数据时代的重要开拓者，至少在新媒体、互联网产业是这样。谷歌的大数据技术架构一直都是全球互联网企业争相学习和研究的重点，也为行业大数据技术的架构树立了标杆。作为全球最大的搜索引擎，谷歌拥有以太级别的数据，依靠的是遍布全球的 36 个数据中心：美国 19 个、欧洲 12 个、俄罗斯 1 个、南美 1 个和亚洲 3 个（中国 2 个、日本 1 个）。

1. 谷歌的数据来源

从大范围来看，谷歌的数据来自三个方面：一是互联网中的开放信息；二是谷歌的用户，包括普通用户和机构用户；三是第三方机构的数据。

（1）互联网中的开放信息

这部分数据量非常庞大，类型广泛，谷歌可以通过对互联网中的开放信息进行检索、抓取、建立索引等处理以获得相应的数据并为己所用，进而开发出相应的数据产品。谷歌翻译就是一个非常典型的案例。这是谷歌公司提供的一项免费的翻译服务，可提供 80 种语言之间的即时翻译。它可以提供所支持的任意两种语言之间的字词、句子和网页的翻译。谷歌翻译生成译文时，会在数百万篇文档中查找各种模式，以便为使用者提供最佳翻译。这种在大量文本中查找各种范例的过程称为"统计机器翻译"。某种语言可分析的人工翻译文档越多，谷歌翻译的译文质量就会越高。

（2）来自用户的数据

谷歌的用户既包括普通的个人用户，也包括各类机构用户，这里主要指使用谷歌广告营销服务的企业、媒体和广告代理机构等。在个人用户方面，谷歌会积极地利用用户的注册信息和登录信息来完成基本信息的搜集。同时也会在用户使用谷歌开发的各类产品、服务或者工具时记录搜集他们的行为数据。例如，用户在谷歌中搜索关键词的行为会被谷歌记录下来形成搜索日志，搜索数据又可以为 Adwords 等广告产品提供支持。在机构用户方面，除了与个人用户一样会留下基本信息数据之外，广告主、媒体代理、机构用户使用谷歌的广告产品生成的使用行为数据也会被记录和搜集，例如 Adwords、Adsense 等。谷歌积累这些数据可为广告主提供分析报告等增值服务，并进一步优化产品功能。

例如，谷歌可以通过观察人们在网上的搜索记录来完成流感预测。谷歌保存了多年来所有的搜索记录，而且每天都会收到来自全球超过 30 亿条的搜索指令，这些数据帮助谷歌实现了更加精准的预测。

（3）来自第三方机构的信息与数据

谷歌为了运行某些产品和服务，会通过第三方机构获得数据，这些数据可能是免费获得的，也可能是谷歌向这些机构购买的，例如谷歌地图。谷歌为了获得更准确的地图数据，会向专业的测绘商进行数据采购。美国的 Digital Globe，Cybercity 等都是谷歌的地图数据供应商，推特和谷歌在 2009 年 10 月达成了一份协议，由推特为谷歌提供实时消息，并显示在谷歌的实时搜索服务中。根据该协议，谷歌有权实时访问所有的推特消息，并将其展示在搜索结果一旁，谷歌甚至在其中展示了部分付费的推特广告。

2. 谷歌的数据处理体系——数据中心

为了满足自己庞大的数据存储、计算、应用等需求，并为自身产品提供技术保障，谷歌在世界各地建设并运营数据中心，来完成对整个公司数据的处理。

（1）软硬件结合

谷歌对数据处理持"群组"的概念，并将计算机能力视为抽象的数据。即一大群机器一起工作，提供一种服务或运行一个应用。也就是说，谷歌将其每一个数据中心视为一台计算机，各类软硬件系统和资源都围绕着这台"计算机"运转，提供大规模的数据处理过程。在硬件方面，谷歌通过设置数量庞大的机器，再通过数以万计的计算集群，实现更快速的数据检索。在软件方面，谷歌强调快速的数据处理能力，需要做好单机运行和数据分析，并将报告汇总到集群数据中心以运行文件系统，并管理数据中心内部的所有文件。如果有些数据中心正在工作，就需要依赖谷歌在全球范围的存储管理能力将数据打包分发至其他数据中心，再进行查询和计算处理。

（2）开发多种辅助系统

为支持软件系统的正常运转，并统一管理自己的服务器，谷歌开发了多种辅助系统。2002 年，谷歌开发了"谷歌文件系统"，拥有了在不同的机器上顺利地传送文件的功能。为开展云端服务，谷歌还开发了"MapReduce 系统"，它的开源版本 Hadoop 更是成为业界标准。此外，谷歌还开发了自动化的决策系统"Borg"用于决定哪台机器最适合某项任务。

（3）不断投入的大数据中心建设

自 2009 年第三季度起，谷歌耗费在基础建设上的经费数量就呈稳步上升态势，到 2013 年时，谷歌在基础建设上的经费已经高达 16 亿美元，其中很大一部分投入到了数据中心的建设与运维方面。受迫于不断扩大的数据规模，谷歌每年都要拿出越来越多的钱投资到服务器、数据中心或其他相关设施上。谷歌亲自打造的数据中心已经拥有超过 12 年的历史，该公司旗下的所有数据中心几乎都有着这样的特点，那就是高效、使用可再生能源以及环保。在这些数据中心里，内置的路由器和交换机负责全球信息的交换.而它们的信息处理速度大约是家用互联网的 20 万倍。

（三）淘宝的大数据挖掘与大数据体系

截至 2014 年年底，淘宝网拥有注册会员近 5 亿，日活跃用户超过 1.2 亿，在线商品数量达到 10 亿；在 C2C 市场，淘宝网占据了 95.1％的市场份额。淘宝网在手机端的发展势头迅猛，据易观 2014 年最新发布的手机购物报告，手机淘宝和天猫的市场份额达到 85.1％。截至目前，淘宝网创造的直接就业机会达 467.7 万个。随着淘宝网规模的扩大和用户数量的增加，淘宝网也从单一的 C2C 网络集市变成了包括 C2C 分销、拍卖、直供、众筹、定制等多种电子商务模式在内的综合性零售商圈。

1. 淘宝的数据来源与分类

事实上，以上这些数据中都隐藏着巨大的价值。从数据源头来讲，淘宝网拥有的海量数据主要来源于三个渠道，即站外数据、站内数据及访问数据。

（1）淘宝站外的引导性数据

主要是淘宝网外部的数据，包括相关的广告点击、搜索引擎上的搜索数据、关联软件的操作与推荐等。这些数据是通过间接的导流与推送链接到淘宝网的相关页面上的。

近年来，随着淘宝网开放化程度的日益加深，站外流量与日俱增，以站外广告及导流网站为主所产生的站外数据日益丰富。这些站外数据对淘宝平台来讲有着至关重要的作用，它们能够比较全面地反映用户的搜索行为、偏好、媒体接触及使用习惯，以及诸多潜在的购物需求。2009 年，淘宝旗下购物分享平台"爱淘宝"全面上线，所有通过站外平台的点击行为都要汇集到"爱淘宝"平台上，这样就使得复杂而庞大的站外流量有了统一的汇总平台，数据的价值得到了极大的提升。

（2）淘宝站内数据

淘宝站内产生的数据是淘宝网最大的数据来源之一，这些数据的产生与买卖双方的交易密不可分，同时也围绕着交易产生了相关的信息与数据，包括内部搜索、页面浏览与点击、会员及用户相关页面、购买与交易数据、后台管理数据以及即时通信数据等信息。这些数据信息更能直观而细致地反映淘宝网站内用户的商品浏览行为及习惯，最直接地捕捉到用户的交易行为、商品偏好及相应的需求、爱好及口碑等信息。这里涵盖了淘宝网的消费者全面而翔实的网购信息，能够比较准确地描绘出用户画像，具有极强的营销价值和沟通价值。

（3）直接访问数据

这部分数据主要来源于浏览器访问、软件访问等。这部分数据能够有效地洞察用户的网购入口偏好及行为。

（4）无线端数据

随着无线互联网的飞速发展，淘宝无线端的成长在近两年迎来了一个高峰。与此同时，随着淘宝在无线领域的布局越来越深入，无线端的产品日益丰富，加之其以"插件植入"等方式在其他客户端软件上的布局，淘宝网无线端的数据构成了海量的数据阵容，能够全面反映出无线用户的特征。

2. 淘宝的大数据处理体系

淘宝的海量数据从源头被收集汇总到数据库中，然后由数据处理部门进行数据的筛选、运算，最终形成不同的应用。淘宝拥有独立的数据运营部门和数据团队，拥有自己的数据存储仓库和计算平台，用大数据技术实现数据价值的最大化发挥。

第二节　大数据与新媒体的内容运营

一、新媒体的内容运营

（一）新媒体的内容、业务和产品

在我们研究新媒体的内容运营时，首先要对几个常见的概念做一个基本的区隔，也就是内容、业务和产品。

1. 新媒体的内容

"内容"是媒介运营的核心要素，是指以媒介为传输载体的各类信息形态的总称。从文化学的角度出发，"内容"这一概念的主要意义在于容纳，内容指的是一种能够把外在包容其内的状态。从传播学的角度出发，传播者、信息媒介、接收者和反馈是传播的五个核心要素。从媒介产业的角度出发，内容是媒介产业链条中重要的环节，和传输环节、经营环节、终端环节等同样重要。内容资源是媒体联系受众、经营广告的基础要素。

从数字新媒体运营的角度出发，内容是能够承载和传播信息的专业技术平台和软硬件上所承载的信息形态的总称。快速发展的数字技术造就了快速、通畅的传输网络，形成了强大的信息处理能力，对信息内容的处理更快、更便捷。具体来看，新媒体的内容包括文字、图片、音频、视频等。

2. 新媒体的业务

"业务"是指媒体基于现实的内容，考虑内容与用户或者广告主需求之间的关系，所规划出来的方便使用的各种外在的信息服务的表现形式。从字面意义来看，业务是指个人的工作职业或者机构的专业服务项目，其解释有两个核心点：第一是专业性，能称为业务的，一般都是某个领域的专业性工作；第二是事务性的具体项目，指这些专业性的工作所包含的有着特殊知识技能和要求的具体项目。

从媒体运营的角度来说，业务是附着在内容和需求之上的，在现实运作中，媒体的运营方往往是以业务形态的规划作为内容和商业模式的设计基础的，而用户也往往是通过媒体提供的业务产品来实际使用和消费媒体的。在传统媒体时代，"业务"的概念还不太强，然而伴随着新媒体技术的发展、用户需求的碎片化、海量内容的出现，媒体的运营需要更多的分类规划和分解传递，媒体内容和用户需求之间的联系需要不同业务形式来构建，业务的重要性才得以凸显。

3. 新媒体的产品

"产品"是指媒介根据市场的需求所生产的，能满足媒介消费者需求的产品和服务。在经济学的解释中，产品是指能够提供给市场，被人们使用和消费，并能满足人们某种需求的任何东西，包括有形的物品，无形的服务、组织、观念或它们的组合形式。媒体产品的释义其实正是在这个基础上的一种延伸和拓展。新媒体的产品是基于内容和业务所提供的，能够让用户直接接触、使用和消费的，具有可交易性质的形态。

媒体产品作为产品，首先是一种商品，具有使用价值，其价值是通过满足受众的需求来实现的，这是媒体产品的自身要素；其次，媒体产品跟其他产品一样，要实现其价值，必须投放到市场，在市场的指挥下进行流通，这是媒体产品的外部要素。在现实生活中，一部电影、一部电视剧、一个 App，都可以称为新媒体的产品，它们的共同点在于可以被用户直接接触并使用，而且可以进行消费。

4. 内容、业务、产品之间的关系

从信息传播的角度来看，内容是信息的首轮加工产品，也是媒体"传播"的对象，是媒体产品、媒体业务的重要基础与核心。产品有更深一层的加工含义，并且通常被赋予"消费""交易"的含义。在针对消费者或者受众、用户时，业务和产品的意义有时可以通用。但是从媒体运营的角度来看，业务的范畴更大，同一业务下可以包含多种产品，而"业务"的承载和表现往往都是产品。例如：XX 媒体机构在进入 XX 业务领域后，推出了 XX 产品。但是，从严格意义上来说，三者的概念是不同的，在研究新媒体时，通常需要对这三个概念进行差别化运用。

(二) 数据在新媒体内容运营中的作用

在传统媒体时代，媒体的内容生产过程相对较为简单，而新媒体给整个信息传播环境带来了极大的改变，也重构了内容运营的流程。在这个过程中，数据扮演着越来越重要的角色。

1. 新旧媒体的内容运营流程有着显著差异

在传统媒体的内容运营流程中，媒体机构负责对信息进行加工整理，形成内容产品之后，通过各自的信息传播渠道将内容产品分发给不同的受众。受众在接收信息之后通过一定的方式向内容产品的提供者进行反馈，媒体再根据受众反馈进行下一次内容生产的调整，这就完成了一次内容生产、分发、消费的过程。事实上，传统媒体中的信息传播流程即可对这种媒体内容生产和运营的过程做出解释。唐·E·舒尔茨（DonE. Schultz）在他的《全球整合营销》中，为依托传统大众媒介建立起来的营销传播做了一个模型图。在图中，舒尔茨清晰地标明了信息流动的方向，即从信源流向信宿，基本保持线性的流动。而

消费者在营销传播中处理信息的方式也是线性的，表现为接触→注意→理解→接受→保留。

经过长期经营和管理实践的探索，目前，新媒体已经形成了较为完善的内容运营流程，以平台化的模式对内容的生产传播进行了流程再造。

首先，新媒体的内容运营需要经过内容获取、集成、分发三个重要环节。新媒体通过各种渠道广泛吸纳海量内容，新媒体机构对各种内容进行集成，使之成为符合市场需求的内容产品，并面向多种终端和用户进行传输分发。在各个环节中，新媒体内容运营均体现了多元化、多样性、开放式的特点，使之有别于传统媒体封闭式、单一化的管理模式。

其次，新媒体的内容运营还有两个重要支撑：一是内容监管，即内容的可管可控，通过遴选和监控保证内容的安全可靠。二是媒体资产管理系统的建设。媒体资产管理系统在新媒体内容管理过程中的作用至关重要，新媒体的内容管理流程千头万绪，需有更科学的管理系统来保证资源的合理配置。同时，原始的内容资源通过媒体资产管理系统的配套之后可以进行多次开发，深度发掘内容资产的价值。

此外，新媒体机构在内容运营的过程中有一个极为重要的特点，就是将内容视为产品。互联网产品其实并未创造出全新的生产机制，只是更加灵活地根据用户反馈进行产品调整。虽然这种不断获取反馈再不断调整的方式并不一定都会采用最新的手段与方法——大数据和小数据、中数据的结合使用是常态。但是在这方面，传统媒体工业化的程度依然有所欠缺，究其原因主要是产品意识不强。

2. 大数据在新媒体内容运营过程中发挥着巨大的作用

新媒体的内容运营流程可以分为基本的内容获取、内容集成、内容分发和交易三个大的环节。无论具体的内容产品是什么，总结来看，媒体进行内容生产的最终目的是搭建起恰当的商业模式，从而实现盈利。

目前，用户付费、商业广告、内容销售是最常见的三种模式。所以，对于内容运营这项工作来说，大数据的作用是要从这三个层面来提升新媒体机构的盈利能力。在传统的媒体内容生产过程中，数据最重要的作用就是从用户与广告主的需求角度出发，为内容生产者提供必要的参考和借鉴。然而在大数据技术的支持下，数据的作用和重要程度都发生了改变，也在颠覆原有的媒体内容生产的模式。在运营过程的各个环节中，大数据都可以参与其中，并且有效地提升新媒体机构内容运营的效率，优化运营效果。

第一，在内容获取方面，不管是自主内容生产还是外部引入，即通过购买、合作的方式获得内容，都需要利用数据对其进行评估，从而生产、获取更加符合市场需求的内容产品，甚至数据本身都可以成为优质的内容。第二，在内容集成环节上，新媒体机构要实现的是内容的业务化和产品化，在这个过程中，需要根据终端、渠道、受众的不同，将原始内容加工整理成更加合适的内容产品。大数据的指导作用同样重要，在这个过程中，可以利用数据的支持对内容产品进行优化，通过编辑整理让内容产生更大的价值。第三，在内容分发环节上，如何让不同的用户在不同的时间，利用不同的终端接收最合适的内容产品，并且让新媒体机构在第一时间获取用户的评价与反馈，这是大数据需要解决的重要问题。实现精准的推荐和个性化的分发模式是现在新媒体机构在内容分发层面上的工作重点。

帮助新媒体预知用户、受众的需求，提前生产出符合他们需求的内容及产品，同时进行内容产品的优化，并且帮助媒体用更加合适的方法去传播和营销，这是大数据在新媒体内容运营中的重要使命。

二、大数据改变新媒体的内容生产——以数据新闻为例

（一）数据新闻的概念和发展

根据业界的认知，数据新闻又叫数据驱动新闻，是指基于数据的抓取、挖掘、统计分析和可视化呈现的新型新闻报道方式。数据新闻是在大数据的技术背景下产生的，数据新闻是随着数据时代的到来出现的一种新型报道形态，是数据技术对新闻业全面渗透的必然结果，它的出现在一定程度上改变了传统新闻的生产流程。

1．数据新闻的起源：精确新闻报道

精确新闻学理论亦被称为精确新闻体、精确新闻报道，是由美国学者、新闻记者菲利普·迈耶（Philip Meyer）在 20 世纪 60 年代提出来的。在《精确新闻报道：记者应掌握的社会科学研究方法》一书中，菲利普·迈耶将精确新闻的含义界定为：记者在采访时，运用调查、实验和内容分析等社会科学研究方法来收集资料、查证事实，从而报道新闻。

在当时的时代背景和环境下，新闻业界希望能够以更加精确的数据、概念来分析新闻事件，尽可能避免主观的、人为的错误，使新闻报道更加客观、公正，所以民意调查研究成为当时精确新闻学的最主要的组成部分。随着民意调查的日益发展与多样化、细化，以及新闻教育变革和新闻传播技术的发展，特别是电话的普及和电子计算机的广泛使用，精确新闻报道日益成熟。

精确新闻报道使记者在采访时能运用科学的方法进行直接或间接的系统观察，这就使这种观察具有代表性，而且在内容上它是以严肃的数据为依据的，可以使新闻报道更加客观公正。传统的新闻报道是记者被动地报道或解释新闻事件，新闻报道被狭隘地限制在"对新闻事件的报道可解释"上。精确新闻报道的出现，使记者能采用系统的科学方法，主动采集、加工资料，挖掘隐藏的真实信息。从这些关于精确新闻报道的阐释中可以看出，人们很早就开始探讨如何使新闻报道更加精确和客观，尤其是如何将数据与新闻报道结合在一起。

在这之后，新闻报道与数据之间的距离不断被拉近。20 世纪 90 年代，随着计算机技术的普及，"计算机辅助新闻（Computer Assisted Journalism）"在新闻调查与新闻报道中的比例日益增加，这进一步提升了新闻报道的精确性。之后，"数据库新闻"等概念出

现，新闻报道从生产方式到报道形态都发生了巨大的变革。21 世纪初，记者们开始尝试从一些数据库中找出有用的数据，以便挖掘新闻专题。这些数据库既包括政府公开的数据库，也包括媒体自己的数据库。不久之后，数据驱动新闻、大数据新闻等概念以及操作方法应运而生。显然，这一过程与人类的数据处理技术的进步是同时发生的。

2. 数据新闻的诞生和概念

关于数据新闻概念的诞生，业界和学界目前并无统一的判断，但是仍有一些标志性的事件可以帮助我们更好地了解数据新闻的发展过程。例如，澳门科技大学章戈浩教授认为，第一个利用数据进行的新闻报道可以追溯到 1821 年 5 月 5 日，那是《卫报》首期报纸的头版新闻：曼彻斯特在校小学生人数及其平均消费。现在还可以从《卫报》的网站上下载到这份原版的 PDF 文件。方洁在《数据新闻概论》一书中则表示，率先提出"数据新闻"概念的是《华盛顿邮报》的软件开发员兼 Every Block 网站的创建人阿德里安·哈罗瓦提（Adrian Holovaty）。他在 2006 年的一个论坛中做了名为《报纸网站变革的一种基本方法》的演讲。在这场演讲中，他虽然没有直接给出"数据新闻"这个概念，但是已经提出了相关理念，因而被业界认为是数据新闻的创立者。我们可以看出，数据新闻的诞生与数据在新闻报道中的应用息息相关，但是数据新闻绝不简单地等于使用了数据的新闻报道。因此，我们有必要对数据新闻的基本概念做一个简要的界定。

目前学界和业界对于"数据新闻"还没有形成统一的认知，所以在对数据新闻的概念进行解释的时候，会出现一定的差异。总结来看，学界与业界对于数据新闻有一个共同的认知，即数据新闻是一种运用了数据理念的、全面变革了的新闻报道方式与制作手段。

例如，美国伯明翰城市大学的教授保罗·布拉德肖认为，数据新闻就是一切用数据处理过了的新闻，数据新闻的制作过程可以用倒金字塔来表示，包括数据汇编（Compile），数据清理（Clean），数据了解（Context）和数据整合（Combine）四个部分；数据新闻的传播过程通过正金字塔来完成，包括可视化处理、叙述新闻故事、通过社交媒体发布、受众根据自身的需要和兴趣有选择地使用。

在整个过程中，数据处理的最终目的是完成数据的可视化并实现有效传播。这个金字塔的解释图在学术界广为流传。我国香港城市大学的祝建华教授认为，数据新闻是用来过滤和分析海量新闻数据的工具，它通过对数据的整合，实现对新闻的挖掘。

在业界，对于数据新闻概念的讨论也有很多。《卫报》《纽约时报》和《华盛顿邮报》等数据新闻的实践者都提出了对于数据新闻的自我认知。例如，《卫报》数据新闻编辑西蒙·罗格斯（Simon Rogers）认为："数据新闻不是图形或可视化效果，而是用最好的方式去讲述故事，只是有时故事是用可视化效果或地图来讲述的。"

数据新闻与精确新闻的差异主要体现在三个方面。第一，分析和处理的数量有着显著差异；第二，数据对于精确新闻来说是一种辅助，但是对于数据新闻而言则是核心驱动力；第三，在承载平台方面，精确新闻基本还是以传统媒体为介质，而数据新闻主要利用的则是数字化媒体平台。如果从数据新闻与传统新闻报道的差异点来看的话，数据新闻被认为是通过数据处理来进行的新闻报道，极为强调新闻报道与数据之间的关系。

从数据新闻对新闻叙事的创新的角度来看，数据新闻是一套囊括了许许多多的用于新闻叙事的工具、技巧与方法，为了提供更加生动、鲜明的阅读体验的新闻报道生产方法。从工作流程与方式的角度来看，数据新闻应当是一种全新的工作流程，包括抓取数据、挖掘数据、数据可视化等基本步骤，在这个过程中实现数据与新闻信息的融合。

在学界与业界共同探讨数据新闻的过程中，《数据新闻手册》一书诞生了。该书的编写始于 2011 年伦敦 Mozilla Festival 的一个 48 小时工作坊。该书由欧洲新闻学中心（European Journalism Centre）和开放知识基金会（Open Knowledge Foundation）共同倡导，来自 BBC、《卫报》《金融时报》和《纽约时报》等多家媒体的专注于数据新闻领域的业界和学界人士通过网络协作方式完成编写。2013 年经欧洲新闻学中心授权，《数据新闻手册》中文版由 30 人的专业团队志愿翻译成稿，并由香港大学 JMSC 进行质量审核。该书对于数据新闻的概念界定为：简单来说就是用数据报道新闻。它为记者将传统新闻敏感、引人入胜的叙事能力与规模庞大的数字信息结合起来提供了可能。

（二）大数据对于新媒体内容生产的改变

我们以数据新闻为例，探讨了大数据给新媒体内容生产带来的影响与改变。当然，除了数据新闻之外，大数据也被广泛地运用在各种类型的内容生产当中，视频、文字、图片、音乐均在其中，我国的媒体机构也在积极地尝试运用大数据的力量来优化自身的内容生产。

1．数据可以直接转变为内容

只要运用得当、表现得当，数据可以直接转化成媒体的内容产品。采集数据成为内容生产中的重要步骤，如何去组织和表现这些数据成为内容生产者的重要使命。例如，2015年 10 月，国内首个大型数据新闻节目《数说命运共同体》在中央电视台《新闻联播》《朝闻天下》《新闻 30 分》《新闻直播间》等多个新闻栏目推出。该节目由央视新闻中心跨行业、跨领域整合多方信息源，依托国家"一带一路"数据中心、国家统计局、海关总署、世界银行、世界贸易组织的权威数据库，动用两台超级计算机，历时 6 个月完成。此外，该栏目还首次使用卫星定位跟踪系统数据，通过大量 GPS 移动轨迹，提升数据新闻的视觉表达效果；首次使用数据库对接可视化工具，使节目通过真实数据轨迹进行全景呈现。据了解，《数说命运共同体》单是挖掘数据就超过 1 亿 GB，仅为计算"全球 30 万艘大型货船轨迹"而分析比对的航运数据 GPS 路径就超过 120 亿行。

2．内容生产者被重新定义

数据赋予新媒体内容生产的另一项变革在于内容生产者的改变。一方面是传统的"生产者"与"使用者"的界限变得模糊；另一方面是人工智能越来越多地参与到内容生产当中。大数据的 4V 特征强调的就是数据量大、来源丰富、种类多样且速度迅疾，那么，利用大数据进行的媒体内容生产也理当符合这样的特征。这就在客观上要求内容提供者能够以"集成者"和"平台"的理念对自身进行重新定位。

网络媒体的内容生产很多时候是各种分散主体的协同式"分布生产"，众包新闻就是这种变化的典型模式。此外，在豆瓣、知乎、微博、脸书和推特等社交媒体上，用户看到的内容本身就来自各种个体、群体、机构的"讨论"与评述，这些信息往往又成为主流媒体进行内容生产的重要源头，专业媒体机构不但利用这些信息进行数据新闻的生产，而且也将它们视为重要的新闻报道的素材。

例如，从2007年7月开始，《赫芬顿邮报》启动了名为"Off The Bus"的公民新闻项目，在普通民众中招募大量志愿者共同参与总统大选的报道。其基本形式是：OTB网站将采访需要提出的问题、需采集的信息等预先设计成表格，分发给参与的志愿者，他们完成采访后将填好的表格信息发回网站，编辑根据其内容编发成新闻消息或存入资料库。这种"分布式"新闻报道方式的优势是由于参与者众多，能以群体力量完成时间、空间跨度较大的事件的跟踪采访和报道，并且能唤起普通民众对公共事务的兴趣，从中发掘出内容鲜活、能产生重大影响的新闻。

众包网站Micro MAppers的创立旨在以众包的形式协助联合国及其他援助机构完成工作，网站的合作伙伴包括联合国人道主义事务协调办公室和Standby Task Force（一个类似依靠数字志愿者协助解决人道主义援助问题的众包网站）。Micro MAppers在受灾当地和联合国救援组织之间扮演着中间人的角色。网站接收来自数字志愿者发来的信息，发送者可以根据网站的"Clickers"点击分类功能选择信息的类型，包括呼吁救援、受伤信息、警告信息、提供援助、基础设施受损或其他。网站通过发送者的选择，迅速对数据进行分类处理，并将这些数据定位到一幅不断更新的地图上，同时将实时更新的数据发送给联合国救援组织。

3. 数据在内容生产中扮演了极为重要的作用

在当前的趋势下，数据对于内容生产的指导作用被极度放大。媒体机构对于用户需求的了解会先于内容生产，以用户为中心的内容生产观念在大数据技术的支持下被全面放大。例如，《赫芬顿邮报》利用自身的核心算法和人工处理方式紧盯谷歌搜索上的热门词汇，根据最热的新闻词汇进行相关内容的编写并发布，从而为用户提供他们最希望看到的新闻内容。《赫芬顿邮报》不是根据自己的生产能力来制作内容，而是根据用户的需要对已有新闻进行整合，从而最大可能地满足读者的需求。我国的"今日头条"通过对人民网、新华网、网易、新浪等各大新闻网站的新闻进行内容聚合，基于"推荐""热门""好友动态"三个维度，向用户推送资讯、评论等内容。

在传统的影视剧创作过程中，决定拍摄题材的是编剧和导演。大数据则提供了用数据选择题材的可能性。Netflix通过对3000万用户的收视选择、400万条评论和300万次主题搜索等数据的深度分析，发现政治剧是当下美国观众迫切需要的，所以投资1亿美元翻拍了《纸牌屋》并且一炮而红。这个案例已经成为大数据指导影视剧生产的经典范本。

三、大数据改变新媒体的内容运营——集成、分发和交易

（一）新媒体的内容价值实现——内容运营

目前主流的新媒体机构在内容价值的实现上主要有三种方式，具体来看的话，第一种是将内容销售给用户，包括个人用户与机构用户，然后获取一定的收入，从而体现出内容的价值。按照通常的理解，视频网站的用户付费形式就是这种内容价值体现方式的代表。第二种是合理设计内容播出过程中的各种品牌曝光机会，即广告产品，并将其销售给广告主从而获取广告收入。无论是硬广告还是软广告，都是这种内容价值的重要实现方式。第三种就是将内容的不同版权产品销售给其他媒体机构或者播出平台，从而获得相应的版权收入。为了获得更高的盈利，最大限度地实现内容的价值，新媒体机构除了需要提升内容本身的质量、提高其吸引力之外，还需要通过各种各样的包装方式、营销手段去进一步提升自身内容产品的价值，从而获取更大的收益，这就是我们所说的内容运营过程。具体来说，"运营"的概念包括内容的编辑、推荐和销售三个方面。

与传统媒体相比，新媒体的内容运营模式是有着鲜明特色的。中国传媒大学周艳教授认为，以互联网为代表的新媒体机构在内容运营方面经历了不同的发展阶段。第一阶段是较为粗放的内容运营模式："广播式媒体通过自制或者采购、合作等方式，获得优质的内容，并且按照用户需求的种类、时间、区域差异等将其编排并分发出去。而互联网媒体的内容运营因为一开始就不是构建在自制内容基础上的，没有独立的采编权，其在内容运作上是对传统媒体数十年内容沉淀的'盘剥'和'压榨'。互联网媒体能够将海量存储内容的多媒体性质呈现给用户，并且主要通过'标题党'的形式不断创新策划和编排手段，使得原来线性内容被加工整理后更符合互联网用户的使用需求。"

第二阶段则开始运用数据的力量："在内容缺口和创新压力、技术支持下，互联网媒体构建了数据库创建内容的运作模式，通过构建强大的数据库并对其进行管理，梳理数据指标之间和不同数据库结构之间的关联。互联网能够把原本零散而没有关联的信息重新组合起来，生产出人们所需要的信息内容，于是其内容运营的能力得以大幅度提升……在内容营销方面，内容本身的数据、用户的基础数据、用户的信息浏览和使用习惯数据、信息传播过程中产生的交易行为数据等，这些通过传统方式很难得到的数据在互联网上变得非常便捷，数据是透明的、可寻址的，这就使得互联网上的数据库营销更为常见而高效，而且屡见创新。"

在这篇文章中，我们可以看到新媒体在内容编辑整理和内容营销方面的尝试。2012年之后，大数据技术席卷了整个传媒产业，给新媒体的内容运营带来了更加深远的影响。

（二）大数据在新媒体内容集成和分发中的运用

在新媒体内容的运营过程中，内容被视为"产品"。而被赋予了产品观的内容运营，

就会在产品本身质量之外追加更多对"包装"的要求，以便更好地吸引消费者并销售出去。对于用户来说，内容的编辑与推荐就相当于内容产品的包装和铺货，如何利用大数据技术来提升编辑的能力、推荐的精准性、分发的针对性，尤其是适应新媒体环境下受众碎片化和个性化的传播特性，就成为新媒体机构内容运营体系中的重要命题。

1. 人工与数据相结合的编辑策划，深度挖掘内容价值

互联网的发展带来了信息的大爆炸，对于个人用户来说，可以浏览的信息量过于巨大，不同网站内容中同质化的程度也较高，难以做出选择。对于新媒体机构来说，帮助用户进行信息筛选，同时让自身的内容产品获得竞争优势以吸引用户的注意，这些工作是通过适当的编辑、包装和精准推送来实现的。换个角度来说，即便是同样的内容素材，也会因为不同的加工方式和编辑推荐而产生不同的效果。

所以，我们认为，编辑与推荐过程其实是对内容价值的再次解读与深度挖掘，是新媒体内容运营的重要组成部分。大数据在这项工作中的重要意义就在于帮助新媒体机构提升效率与效果。在视频网站中，YouTube 可谓鼻祖。该网站首先将所有内容做了一个基本的划分，包括热门、音乐、体育、游戏、电影、电视节目、新闻、直播、焦点和 360 视频，共十个频道组。其中音乐、体育和游戏三类由系统自动归类生成。这十个频道组从内容类型、体验类型、热门度等多个角度对视频进行了归类，方便用户进行查找。

另一个能够体现出人工编辑、策划思路的就是新媒体内容的"排序"，首页推荐、置顶、排行榜等都是典型代表。2012 年 6 月，新浪微博推出智能排序功能，用户访问新浪微博时可选择"智能排序"或"更新时间排序"。有网友访问新浪微博时，界面会显示温馨提示：你正通过智能排序的方式浏览微博，智能排序依据你的喜好帮你梳理微博内容。新浪微博客服表示，智能排序是根据用户的关注、标签和微博内容等相关信息来判断用户的喜好，从而进行微博排序的。

Newsmap（新闻地图）是谷歌新闻聚合器上实时新闻反馈的可视化呈现。数据块的大小对应新闻受欢迎的程度，其反映的是谷歌新闻聚合器实时更新的新闻。这种数据可视图基于树状图的算法，适合表现大量信息的聚合。用颜色、标题字号、区块面积等来展现归并后的信息。这种排列方式打破了空间限制，帮助用户快速识别、分类和认知新闻信息，平面而直观地展现不断变化的信息片段。

2011 年 4 月中旬，AppStore 排行榜上雷打不动的"小鸟家族"突然被脸书等应用挤了下去，由于脸书和"愤怒的小鸟"当时都没有大的程序或营销调整，唯一的解释就是苹果更改了 AppStore 排行榜的算法。脸书从原本的排名第二十位跃升至第一位。据分析，更新算法后，除了应用下载量，用户评价和使用频率也会影响该应用在 AppStore 上的排名。

第三方公司负责 8 万个应用产品统计的市场部副总裁表示，苹果的确更改了排行榜的统计算法，不再只考虑下载次数。可能是加入了更多的统计方法，如使用频率等来考核

App 真正的受欢迎程度。除了以上提到的因素之外，如果一款 App 被下载了 100 万次，而后来有 50 万人很快删掉了这个 App，那么这样的排行也是不准确的，还是按照使用频率来统计比较好。这种排序的另一个发展方向就是搜索引擎优化（Search Engine Optimization，SEO）。搜索引擎优化是一种利用搜索引擎的搜索规则来提高网站目前在有关搜索引擎内自然排名的方式。在此我们不做详细论述。需要注意的是，以目前的技术现实来看，短期内完全用数据和人工智能来进行内容编辑是不现实的，人工编辑的形式仍然是主流，大数据起到的是辅助性的作用。

2. 准确预判用户需求并进行相应的内容推荐

在进行合理的内容编辑之后，第二步是需要用到更多数据的推荐工作。除了用户可自主进行频道订阅以外，新媒体机构还会进行相应的推荐。为了提升这种推荐行为的精准程度，新媒体机构需要搜集大量的用户行为数据，以准确判断用户的偏好和倾向。一个简单的例子是，用户在视频网站观看视频之后，网站通常会有相应的内容推荐，比如同一导演、演员的其他作品，相似主题的作品等，用户点击越多证明推荐越成功，这种推荐就是依靠大数据来实现的。

在视频推荐方面，YouTube 拥有独特的推荐算法，并在 2013 年获得了技术艾美奖。YouTube 从 2008 年起向用户推荐相关视频，用户可以在主页或者视频播放页面的右侧看到推荐视频。2008 年年底，推荐算法为 YouTube 每天增加了数十万小时的观看时长，如今这个数字已经达到了数百万小时。YouTube 发现，基于用户所观看的一个视频来推荐最相关的视频反而会把用户"吓跑"。"如果我们把算法设计成始终推荐最相关的视频的话，用户很快就会感到厌倦。"YouTube 负责算法的软件工程师赫克托·易（Hector Yee）在接受采访时说，"用户喜欢观看不同话题的视频。"有时候，用户愿意点击的"相关视频"实际上是"毫不相关"的。

YouTube 发现，如果要根据个人兴趣来推荐个性化的内容，用户更喜欢连续观看不同题材的视频。换句话说，用户并不需要 YouTube 推荐与当前观看的视频绝对相关的视频，他们更希望看到自己感兴趣的不同题材的内容。

从数据中，YouTube 获得了清晰的推荐依据，包括用户的使用行为、使用时机等，比如什么时候用户会点赞，哪些视频他们会从头到尾地观看。总的来说，YouTube 追踪全网用户的观看行为并进行记录，用数据构建了一幅访问者可能会点击内容的图画，以此为当前观看视频的每个用户推荐其可能感兴趣的视频。

通过数据分析，视频网站的用户大体可以分为两类：一部分有明确收看的目的，对于这部分用户，视频网站要做的是帮助用户减少观看过程中的操作动作，让他们能够快速找到想要收看的内容；另外一部分用户没有明确的收看目的，所以要根据数据为他们进行合理的内容推荐。

另一个案例是我国的今日头条。目前几乎所有主流的新闻资讯 App 都会打出个性化推荐的旗号，然而他们的做法主要是让用户自己勾选，鲜有足够优质的算法来支撑。今日头条则不同，它凭借其核心的算法，可以做到较为准确的自动推荐。其中有两个最重要的机制，一个被称为"冷启动"，一个被称作算法的驯化。

冷启动是指用户在第一次使用所绑定的社交账户登录今日头条客户端时，今日头条通过对用户社交数据的挖掘，包括根据好友关系、兴趣所在、历史数据而形成的多个分析模型等，为使用者建立 DNA 兴趣图谱，这一过程用时只需 5 秒。从用户第二次使用今日头条开始，就进入到算法的驯化阶段。随着用户使用频率的增加，用户的 DNA 兴趣图谱会有所变化。今日头条不断地对用户的浏览、收藏、转发、评论等行为进行学习和分析，再结合其阅读习惯、阅读时间、阅读位置等多个维度，不断增加其属性。除人群属性外，算法还会对文章打标签，包括发布时间、文中出现的名人、发布文章的区域等。而今日头条最终要做的就是"推荐"。

但是，一个人会归属于多个人群，一篇文章也会有多个标签，因此必然会有多篇文章推荐给这个用户，如何确定推荐顺序呢？今日头条的推荐算法的核心原理是让用户对文章进行投票，并把得票率最高的文章推荐给相同的人群。推荐能够满足的是用户的个性化需求，而实际上，并非用户的所有阅读兴趣都能够被算法所洞悉满足。有一些共性的需求，用算法来解决不如用频道运营的方式来实现效率更高。因此，今日头条还会让机器将内容分成各种版块，让用户订阅。

3. 快速、有针对性的分发传播可以有效提升新媒体内容价值

新媒体传播的一个特性就是速度迅捷。在内容生产方面，大数据等技术的出现使得抓取、编辑、整理的速度不断提升，新媒体机构在生产和集成内容的同时，也作为其他媒体机构的内容源而存在。所以，在内容集成的同时，内容分发也在发生。因此，利用数据技术优化分发与传播路径，同样是新媒体机构内容运营的一个要点。

通常来看，如果想要优化分发与传播的效果，要注意以下几点：

第一，必须对不同媒体、不同终端的用户的行为偏好有充分的了解。以视频产品为例，电视端更适合播放长视频以及画面精良的视频内容，手机等移动终端多半用来满足用户碎片化时间的信息获取需求，所以视频内容宜简短；在一天的不同时间段里，用户对于视频内容的类型的需求也会存在差异，新闻类、娱乐类、科技类、生活类不一而足；不同的用户群体对于视频内容的类型和特征也会存在需求的差异点。针对这些特点，内容生产者在将内容分发至不同的媒体类型以及终端类型时，应对用户行为、需求数据有充分的了解。

第二，对于下游的传播路径也应当有一定的了解，以便掌控整个内容传播的过程，从而提出相应的优化方案与问题解决方案。BuzzFeed 是美国的一个新闻聚合网站，2006 年由乔纳·佩雷蒂（Jonah Peretti）创建于美国纽约。BuzzFeed 致力于从数百个新闻博客那里获取订阅源，通过搜索、发送信息链接，为用户浏览当天网上的热门事件提供方便，被

称为媒体行业的"颠覆者"。基于对内容热度的了解，BuzzFeed 的一项分析工具 POUND（Process for Optimizing and Understanding Network Diffusion）能够展示在线内容是怎样从下游的网站访问开始一步步传播的，一段 BuzzFeed 的内容是如何从一个通道被分享到下一个的，无论是点对点的邮件还是社交媒体，都能够被这些技术所捕捉。

一般我们只能看到一段内容引发了推特、脸书的若干条分享转发，但是无法看到其传播的路径。而 BuzzFeed 的 POUND 工具则可以清晰表明，其真实的分享路径是一条推特引发了大概 20 次脸书的分享和 7 次 Linkedln 的转发。这代表着对于了解网络扩散的算法的优化，从最初的分享者开始，复杂的网状模式传递给其他渠道的环节和其中的关联都可以被掌握。该工具能够通过跟踪包含在文章 URL 中的匿名代码来跟踪这个跨平台共享。在了解了这些信息数据之后，BuzzFeed 就可以更好地帮助自身内容进行二次传播，从而优化自身内容的传播价值。

（三）大数据在新媒体内容交易中的运用

新媒体的内容运营流程中的另一个重要环节是内容的交易，包括内容的购买与销售、内容的置换等。在全球媒体产业中，内容交易市场已经非常规模化和成熟化，国内的内容交易也由来已久，在大数据的作用下，新媒体的内容交易出现了更多的变化。

1. 数据与内容交易密不可分

新媒体内容运营的另一个重要环节是通过内容销售实现版权收入。这就涉及了内容交易这个话题。交易双方在交易过程中必须对所交易产品进行充分的评估。然而，媒体内容产品不同于普通的标准化产品，它同时兼具物质产品与精神产品的属性，因而对媒体内容的评估是一个专业化程度很高的课题，在国内外已经有了上百年的学术探索和机构实践历史。不同种类的内容产品、不同阶段的内容产品，在评估方法、交易估值方面都会存在显著的差异。一直以来，媒体内容的交易评估都在追求尽可能地准确与精细，为了不断优化交易决策，交易双方需要了解待交易的内容产品方方面面的数据与信息，并将这些数据信息进行有效的整合，从而为决策判断提供重要参考。总体来说，用以进行内容交易的内容评估是一套完整的数据体系，包括评估指标、评估方法和评估流程。这三个变量的不同会直接影响最终的评估结果，从而改变交易行为。因此，一直以来，媒体的内容产品交易都与数据密不可分，只是在不同的发展阶段，由于人们能够掌握的数据量的大小、数据类型的多少、数据分析和处理能力的强弱不同，因而体现出了不同的特点。

2. 大数据优化了内容产品的交易流程

内容交易的第一个环节是交易之前。

此时，卖方需要考虑三个核心问题，即销售怎样的产品、何时销售、以怎样的价格销售。销售怎样的产品，需要卖方充分结合市场需求，对内容素材进行适当的编辑和包装，比如此前提到的拆条、重组等，因为不同的买方需要的内容产品是不同的。何时销售即思考在怎样的时机将产品销售出去，从而获得最高的利润。以怎样的价格销售考虑的是定价问题。而买方考虑的问题与此相对应，也是用怎样的价格，在怎样的时间，购买怎样的产品，此后的环节就是交易中的交易管理和交易后的交易维系等。

在新媒体机构的内容产品交易中，大数据的作用体现在两个基础层面。第一，帮助交易双方获取更加大量的数据作为决策支撑。第二，帮助交易双方以大数据的理念和技术手段来处理相关数据，无论是历史积累数据还是实时抓取数据，对这些数据的正确处理都可以提升数据的使用价值，更好地促进销售。在这个过程中，利用大数据对交易产品进行充分的评估是一个非常必要的步骤。

3. 大数据改变了内容产品的交易方式与手段

大数据给新媒体机构内容产品交易带来的另一项改变体现在交易的方式与手段上。在媒体内容交易中，视频内容是非常典型的一个分支，其主要的交易方式是通过交易展会（如电视节和电影节等）、版权交易中心（各地政府均建有版权交易中心，并允许社会机构参与），以及线上交易平台来实现的。传统的交易模式已经无法适应新媒体时代的市场需求，所以开放化、精细化和在线化是今后的必然发展方向，大数据将在其中发挥极为重要的作用。

（1）业界的相关探索

2013年SMG旗下的上海五岸传播有限公司与成都索贝数码科技股份有限公司成立了合资子公司——上海五翼文化传播有限公司，负责SMG内容交易平台的开发和运营。2014年1月该平台正式上线，命名为秒鸽传媒交易网。秒鸽借鉴了"淘宝"的平台模式，客户（内容成品或素材版权的所有方）可以进入平台的"商场"中开设店铺，而商场则从交易订单中抽取佣金。同时，依托海量内容，平台也可为客户提供各类增值服务，包括信息订阅、版权管理等。

（2）学术界的相关研究

在这个方面，中国传媒大学广告学院所探索的"内容银行"模式是一个非常典型的案例。所谓内容银行是指"在网络融合背景下，一个基于海量内容建立起来的开放式的内容交易和管理的系统平台，通过建立统一的交易标准，搭建内容存储、支取、增值的机制与平台，以云存储为基础，为每日内容提供存储、展示、搜索、分析、评估、衍生、竞价、交易、管理、投融资等全功能服务，加速内容交易、流通、增值，实现内容安全与高效的管理"。从这个定义来看，大数据不但将被充分运用于新媒体内容产品销售的各个环节当中，并且还会为新媒体机构提供全新的销售方式与销售手段。

在具体的功能设置上，内容银行将在提供海量数据的基础上，实现量化与质化交叉融合的内容评估功能，让交易双方都获得更好的决策参考；同时提供线上与线下相结合的展示交易平台，为交易双方实现智能化在线交易管理与操作；借鉴互联网实践构建RTB技术平台，实现内容交易的实时竞价，促使交易行为公开、透明、即时地开展，并最大限度地保障交易双方的利益。虽然内容银行只是新媒体机构内容交易发展方向的一个典型代表与探索，但是大数据将深刻地改变新媒体机构的内容交易方式与手段是毋庸置疑的。

第三节　大数据促进新媒体营销体系的变革

一、新媒体环境下大数据加速了营销体系的变革

（一）正确理解新媒体的营销传播

从概念上来看，所谓的新媒体营销可以分解为两个层面。第一是基于新媒体进行的营销活动，在这个层面上，新媒体是营销活动的传播载体与平台；第二是新媒体作为广告主进行的营销活动，此时新媒体是广告营销活动的发起方。在此，我们将新媒体营销理解为第一个层面的意义。那么，在新媒体运营过程中就要考虑如何为广告主提供更好的营销传播平台与营销传播服务，包括广告运营理念的构建、广告产品的设计、广告服务的提供等。对于新媒体机构来说，广告是非常重要的商业模式，所以广告营销资源的挖掘、服务传播平台的运营、产品体系的搭建都是非常重要的媒体运营内容。

（二）新媒体营销传播的"变"与"不变"

我们都知道，在一般的市场营销与广告传播的概念中，广告营销活动的参与者包括广告主、广告公司、媒体和消费者；广告营销活动则可以划分为市场机会分析、市场细分、目标市场选择、市场定位、营销活动管理等环节。但是，在新媒体环境下形成了新的营销传播平台，构建了新的传播规则，推动了新的营销效果测量体系的形成，也催生了新的营销产业链。我们将"新媒体的发展如何改变营销传播"这一问题归纳为四个方面。

第一，新媒体的发展改变了原本大众传播时代的单向营销传播方式，并催生了双向互动的营销传播方式，各类强交互性和即时性的新媒体相当于打造了一个又一个全新的营销传播平台。第二，新媒体彻底改变了原本由传播者主导的营销传播流程，受众不再是被动接收信息，而是掌握了更多的主动权，以新媒体为载体，参与到营销传播活动当中，发挥了更强的主观能动性。新的传播规则形成，一个营销传播价值"共创"的时代到来。第三，新媒体与传统媒体巨大的差异，使得原本针对传统媒体的测量标准评估方法无法完全适用于新媒体，因而推动了全新的营销传播效果测量体系的形成。第四，针对新媒体的营销传播特点，新的营销传播产业链条逐渐形成，带来了新的业务、新的分工以及新的角色和机构。

虽然在新媒体参与之后，传统的广告营销体系已经发生了巨大的变革，在这个过程中，大数据作为极为重要的变革因素之一，推动了全新的广告营销体系的建立。但是营销的本质与核心目标并没有改变，营销与数据之间的联结也没有改变。营销的实现过程其实就是不断地接近真实需求的过程，可以说需求正是营销的核心，无论是哪种营销模型，其根本的目标都是把握需求，实现营销者与消费者之间的价值交换，满足消费者的需求。而

在追逐需求的过程当中，营销其实走上了一条数据化的道路，用营销调研、消费者洞察来探知需求、验证需求，用数据作为制定营销决策的参考，用数据来评判营销的有效性。这是新媒体营销传播活动的"不变"，也是接下来我们将要学习的重点。

二、数据对于营销的意义：探知需求的工具

（一）营销学中需求的概念与特征

1. 需求的概念

作为一门交叉学科，营销学与经济学、心理学、管理学以及社会学等学科都有着密切的关系。因此，营销学中的部分概念在其他学科范畴中也能够找到一定的借鉴与参考。作为营销学中的核心概念，需求在经济学中所指的含义是，在一定的时期，在既定的价格水平下，消费者愿意并且能够购买的商品数量。在心理学中，需求是指人体内部一种不平衡的状态，是对维持、发展生命所必需的客观条件的反映。从营销学的角度来看，需求是"有支付能力购买具体的商品来得到满足的欲望"。

营销是一个发现需求并且满足需求的过程，供需双方通过交换创造价值，而营销就是对这个过程的管理，通过管理让这个过程变得更有效，通过管理实现价值最大化，因此营销的目标就是发现需求、满足需求。从这个解释中可以看出，"购买能力"和"购买欲望"是需求的两个核心要素，如果用公式来表示的话，"需求＝购买欲望＋购买力"。但是，由于购买欲望与购买力这两个要素会受到各种各样因素的影响，因此需求也会变得难以捉摸和预测，体现出其独特性。这样的独特性也使得"把握需求"成为一直以来营销最为基础和重要的任务。

2. 需求的特征与分类

关于需求的特征，学术界有人将其归纳为多样性、发展性、伸缩性、周期性和可诱导性。其中，多样性是指不同的消费者有不同的需求，同一消费者的需求也多种多样；发展性是指在总体水平上，人们的消费需求会随着社会经济的发展以及人们生活水平的提高而不断地发展变化，当其某种需求被满足以后，新的需求或者更高级的需求就会被激活；伸缩性是指由于内因或者外因的影响，消费者的需求可以扩大、增加和延伸，也会减少、抑制和压缩；周期性则是指消费者对消费对象的需求会因为某些因素的影响而呈现出周期性的变化，具体表现在当某种消费需求被满足以后，经过一定时间这种需求又重新出现；可诱导性是指消费者的需求是可以被诱导、引导和调节的，企业可以通过适当的广告、店面刺激以及促销手段等，使消费者的需求意识由弱变强，由潜在需求转变为现实需求，从而成功地售出产品，这也是营销得以有效进行的重要基础。

根据需求的这些基础性特征，营销学的研究者也做出了不同的解释与划分。例如，菲利普·科特勒在第 13 版《营销管理》中将需求分为五种基础类型：第一种为明确表述的需要，第二种为真正的需要，第三种为未明确的需要，第四种为令人愉悦的需要，第五种

为秘密需要。同时，他认为营销其实就是对需求的管理，因此他的营销需求理论包括人们对产品的八种需求状态，分别为负需求、无需求、潜在需求、下降需求、不规则需求、充分需求、超饱和需求以及不健康需求等。

（二）需求是营销理论中的核心概念

1. 营销是为了满足需求

在一些概念中，营销的存在就是为了满足需求。例如，1960 年麦卡锡提出，市场营销是企业经营活动的职责，它将产品及劳务从生产者直接引向消费者或使用者，以便满足顾客需求及实现公司利润，同时也是一种社会经济活动过程，其目的在于满足社会或人类的需要，实现社会目标。菲利普·科特勒在 1984 年提出，市场营销指的是企业的这种职能：认识目前未被满足的需要和欲望，估量和确定需求量的大小，选择和决定企业能最好地为其服务的目标市场，并决定适当的产品、劳务和计划（或方案），以便为目标市场服务。他在 2009 年的第 13 版《营销管理》中提出，营销是"辨别并满足人类和社会的需要，通过满足他人从而获得利润。因此我们可以将营销管理看成艺术和科学的结合——选择目标市场，并通过创造、交付和传播优质的顾客价值来获得顾客、挽留顾客和提升顾客的科学与艺术"。

2. 营销是一种交换关系，是一个复杂的过程

"服务营销理论之父"格隆罗斯所给的定义强调了营销的目的："营销是在一种利益驱使下，通过相互交换和承诺，建立、维持、巩固与消费者及其他参与者的关系，达到各方的目的。所谓市场营销，就是在变化的市场环境中，旨在满足消费需要、实现企业目标的商务活动过程，包括市场调研、选择目标市场、产品开发、产品促销等一系列与市场有关的企业业务经营活动。"美国学者基恩·凯洛斯将各种市场营销的定义分为三类：一是将市场营销看作为消费者提供的一种服务的理论，二是强调市场营销是对社会现象的一种认识，三是认为市场营销是通过销售渠道把生产企业同市场联系起来的过程。这从一个侧面反映了市场营销的复杂性。而钱旭潮等在所编著的《市场营销管理：需求的创造和传递》一书中将市场营销界定为"由需求的把握和创新来构思有效的产品，通过市场交换送达消费者，以满足消费者的需求，始于需求，终于需求"。这一类的概念更多地强调了营销者与消费者之间的互动关系、交互关系，以及营销所具备的过程性和动态性。

3. 需求的产生者在营销概念中日益重要

目前，业界较多引用的是美国市场营销协会的定义委员会给市场营销所下的定义。这一定义由委员会做过多次调整，这些调整体现出在讨论营销的定义时，对于需求的产生者——即消费者的重视程度在逐渐提升。

1935 年，该委员会给市场营销下的定义为："市场营销是使商品和服务从生产地流向消费地时所从事的各种经营活动。"1960 年，协会对该定义进行了修正，更改为："市场营销是生产者为引导产品和服务流向消费者或使用者所从事的各种经营活动。"这两个定

义的共同点是强调产品和服务最终流向消费者，但是这两个定义也因为没有从消费者的视角出发，没有充分考虑产品生产之前的调查、设计等内容，没有考虑社会和伦理方面所应当承担的责任等而遭到一些批评。

因此，1985年美国市场营销协会公布了新的定义，即市场营销是通过创造和实现交换，对创意、产品和服务的观念、价格、促销和分销制订计划并实施的过程，从而满足个人和组织目标的交换。此次定义提出了"交换"的概念，将实体产品扩充到了服务和理念等虚拟产品的层面，将营销活动扩充到了前、中、后各个阶段，强调了生产组织与个人、组织与组织等双向的关系。

在2004年8月举行的AMA夏季营销教学研讨会上，AMA再次更新了营销的定义，将其修订为：市场营销既是一种组织职能，是为组织自身及利益相关者利益而创造、传播、传递客户价值，管理客户关系的一系列过程。新定义中最显著的变化就是把定义的立足点和表述的侧重点都放在了顾客身上，明确了顾客的地位，承认了顾客的价值，并强调了与顾客的互动，强调了以顾客为中心的核心理念。2007年这一定义再次做了微调，变为：营销是创造、传播、传递和交换对顾客、客户、合作伙伴乃至整个社会有价值的产品和服务的一系列活动、机制和过程。

（三）营销理论级模型的流变与需求息息相关

1. 对需求探知研究的演进推动了营销理论的成长

基于上文所描述的对营销管理本质的理解，菲利普·科特勒的营销管理范式可大体概括为：需求分析—营销战略—营销组合—组织实施—营销控制五个过程。因而，科特勒的营销管理理论框架中最重要的假设就是：需求是外显的并且可以预测，这在其整个营销管理架构中表现得尤其明显。企业根据对顾客需求的分析和衡量，来决定企业的营销战略以及策略，进而实施有关战略与策略。

然而对于这种假设也有不少批评的声音，总结来看即认为需求应该分为两类：一类是显在需求，是容易被测量、探知并满足的；另一类是隐性需求，需要使用更加精细化的方法来捕捉这样的需求。例如，凯斯·戈芬·弗莱德·莱姆基（Keith Goffin Fred Lemke，2005）认为，客户有时候并不明确他们的需求是什么，一些公司正在使用一些新的方法力求抓住它。这些方法被称为隐性需求分析（Hidden Needs Analysis，HNA）。

因此，不同的营销范式也针对不同的消费者隐性需求提出了一系列解决方案，从产品需求、服务需求到关系需求，体现了对消费者隐性需求的不断提升的挖掘过程，是需求基因不断演化的体现。针对每一种需求基因所构建的营销体系也都形成了特殊的学术研究团体，并吸引了众多的追随者。

基于此，很多学者都回归了营销学的原点——即消费者需求，开始关注营销理论演化的逻辑脉络，如英国克兰菲尔德管理学院（Cranfield）新营销研究中心（New Marketing Group）的苏珊·贝克尔（Susan Baker）、德国学者凯斯·戈芬·弗莱德·莱姆基以及国内学者范晓屏、包政、张学军等，分别研究了消费者隐性需求的重要性及其对营销理论的影响。因此，可以说需求探知研究的演进在一定程度上推动了营销理论的诞生和发展。

2. 建构营销模型是为了更好地把握需求

如果讨论营销理论的流变，那么从 4P 到 4C、4S、4R、4V 的转变是一个极为典型的过程。1953 年，尼尔·鲍登（Neil Borden）在美国营销协会的就职演说中创造了"营销组合"这一术语；1960 年，美国密歇根大学教授杰罗姆·麦卡锡（McCarthy）提出了 4P 分类，即产品（Product），价格（Price），渠道（Place）、促销（Promotion）四要素；20 世纪 80 年代中期，菲利普·科特勒在 4P 理论的基础上，创立了"大市场营销"理论，即 6P 营销策略，加入了公共关系（Public Relationship）和政府权力（Political Power）两项；1986 年 6 月，菲利普·科特勒教授再次提出了 11P 营销理念，即在 6P 之外加上调研（Pobe）、区隔（Partition）、优先（Proration），定位（Position）和人员（People）。

4C 理论是由美国营销专家劳特朋教授在 1990 年提出的，它以消费者需求为导向，重新设定了市场营销组合的四个基本要素，即消费者（Consumer）、成本（Cost）、便利（Convenience）和沟通（Communication）。它强调企业应该把满足顾客需求放在第一位，其次是努力降低顾客的购买成本，然后要注意到顾客购买过程中的便利性，而不是从企业的角度来决定销售渠道和策略，最后还应以消费者为中心实施有效的营销沟通。

4R 是指市场反应（Reaction）、顾客关联（Relativity）、关系营销（Relationship）、利益回报（Retribution），该理论由美国学者舒尔兹（Don. E. Schultz）提出。

进入 20 世纪 80 年代之后，随着高科技产业的迅速崛起，高科技企业、新技术产品与服务不断涌现，营销观念、方式也不断丰富与发展，并形成独具风格的新型理念。在此基础上，吴金明等综合性地提出了 4V 的营销观，即差异化（Variation）、功能化（Versatility）、附加价值（value）、共鸣（Vibration）的营销组合理论。

从 4P 到 4C、4R 再到 4V，这些理论流变代表了营销理论的发展和演变过程。4P 理论将消费群体需求等同或相近看待，着重于对消费量的满足，它采用的营销方式是规模营销。为了提高生产效率，企业广泛采用大规模的流水线生产方式，生产往往是封闭或半封闭的，对外合作少。由于顾客需求发生了明显变化，4C 理论指导下的营销策略开始走细分化的道路，通信工具和互联网也为这种个性化需求提供了技术支持。

企业根据消费者的不同需求进行产品的设计和开发，实行差异化营销。为了满足顾客的不同需求，企业采用多品种、小批量的柔性生产或适应性定制生产，增强对外合作，营销活动与企业各部门、全员、全过程密切相关。4R 理论与前两者存在很大区别，它认为，顾客需求已从对核心产品、延伸产品等物质的需求转变为对购买和使用过程中综合服务的需求；从需求个性特征化向需求个性瞬间化、感觉化的方向转变；从强调规模经济转变为强调经济范围。

为了适应消费需求的转变，4V 营销采用了整合营销方式。4V 营销理论首先强调企业要实施差异化营销，一方面使自己与竞争对手区别开来，树立自己独特的形象；另一方面也要将消费者区别开来，满足消费者个性化的需求。其次，4V 理论要求产品或服务有更大的柔性，能够针对消费者的具体需求进行组合。最后，4V 理论更加重视产品或服务中无形的要素，通过品牌、文化等满足消费者的情感需求。在这个演变和发展的过程当中，可以看到的趋势是营销越来越注重对消费者需求的满足，越来越强调将消费者放在营销的中心位置，强调与消费者之间的互动，长期稳定关系的建立等。

第七章　新媒体传播概述

作为传统媒体的突破与延续，新媒体更加适用于当前日新月异的时代发展，新媒体以各种形式融入了人们的工作与生活。本章从新媒体传播推广的理论基础、新媒体传播内容的特点、新媒体传播渠道的特点和新媒体传播推广的效果等方面来加以介绍。

第一节　新媒体传播的理论基础

一、新媒体传播特征

1. 数字化

数字化成为新媒体最显著的特征。媒体从来都是随着科学技术的发展而发展的，产生于 20 世纪 40 年代的数字技术的快速发展给媒体带来了自诞生以来最大的一次技术变革，数字化成为新媒体的最显著的特征。新媒体的一个重要标志就是数字化，就是传输手段和接收终端的多样化。不仅如此，数字技术使新媒体在表达形式上突破了媒体特性的限制，打破了传统媒体的固定表达模式，可以多种方式呈现新闻。

如传统平面媒体以文字图像表达，广播传播使用声音，电视运用影像、声音，而新媒体则是运用文字、声音、图像、动画，甚至虚拟环境俱全。尼葛洛庞帝（Nicholas Negroponte）说，这个世界不再是原子式的了，而是字节式的。字节化生存使得媒体内容在各种平台上得以打通。无论是文字、声音，还是视频、图片，统统被转化为"字节"。如果说报纸哪一天在头条上来段视频，这也不是不可能的。

2. 交互性

新媒体的传播方式可简单描述为，个人对个人、多人对个人和个人对多人的异步传播。异步传播是指信息受众通过使用网络资源寻找所需的信息的活动，例如查看网页、远程通信等；多人对多人的异步传播，如新闻讨论、贴吧和论坛等；个人对个人的异步传播，如留言、电子邮件；个人对少数人、个人对个人、个人对多人的同步传播，例如微信等聊天软件、在线游戏等。

在第一类中，用户只是作为信息的受众，而在后三类里，用户很有可能是信息的发布者或交流者。由此可见，新媒体的传播方式最突出的变化即为传播者与接收者不仅仅是指个人，也可能是大众；不仅是信息的接收者，也可能是信息的发布者。

受众不再只是接收信息的人，或者说已经没有单一的受众的概念，这给在传统媒介中无发言权的"沉默的大多数"提供了说话的机会。在新媒体中，大众可以决定接收媒介的时间、内容、主题，而且可以随时反馈其态度或决定，可以随时把自己的所见所闻、所思所想作为信息输入网络中，并通过"信息高速公路"传送给其他信息接收者。任何人只要"有话要说"，均可将自己的思想、观点传播出去。任何"志趣相投"的人也可以在网络上交换意见，丝毫不受距离的影响。

这种逐渐形成的新媒体对社会、对既存媒体将带来巨大影响。正如英国社会学家吉登斯所说："在互联网上，没有人可以知道其他人的真正面貌——他们是男性还是女性，或者生活在哪里。"法国后现代主义思想家鲍德里亚也说过："在网络空间里，我们不再是'人'，而是出现在另一个人的电脑屏幕上的信息。"

3．技术性

在新媒体时代，先进的数字技术、无线通信技术、计算机网络技术无疑是推动传媒业发展的重要因素，也是催生新媒体迭代的不可或缺的条件。新的媒介技术引起了传播特征的变革，拓展了新媒体传播的渠道，促成了新媒体传播框架与体系的建构，在提升传播效率的同时，大大拉近了人与人之间的距离，推动着社会传媒的信息化、现代化。

4．个性化

借助新媒体，用户对信息不仅有选择权，还有控制权，可以改变信息的内容和形式。比如借助搜索引擎，信息的接收者可以选择自己感兴趣的信息；通过网络，人们可以选择自己喜欢的文章、音乐、图片或视频；通过 E-mail 或者微信订阅，可以定制新闻……"个性化""分众化"显现在新媒体的细节设计当中。新媒体就是能对大众同时提供个性化的内容的媒体，使传播者和接收者融会成对等的交流者，而无数的交流者相互间可以同时进行个性化交流的媒体。

5．非线性传播

传统的播出系统中，电台、电视台采用的都是"线性播出"：受众只能按照预先设置的播出单，在预定的时间里分秒不差地依次收看节目。而新媒体的传播是非线性的，强调受众自主选择和反馈。互联网的搜索功能，网络社区、手机媒体的交互功能、IPTV 的点播功能等等都代表着新媒体突破了线性传播的模式，使得受众成为可以利用媒介进行主动信息搜索和传播的主体。

6．风险性

受到网络开放性的影响，当前新媒体新闻在传播过程中，无论身处何种文化背景、地域以及族群的人，均能够自由接收与交流各种新闻信息，在此过程中，每一个人都有利用网络进行文字谈话、新闻交流、群体讨论以及聊天通话等活动的权利。但是从我们了解到的情况来看，网络开放在带来益处的同时，还存在着很多风险，诸如增大了虚假信息以及网络诈骗等网络风险。

7. 政治特征

在现代社会，媒介已经渗透到我们社会体制的各个方面，并且成为影响其他社会系统变化、发展的不可忽视的力量。媒介与政治系统的关系也非常密切。政治系统的有序运行有赖于大众媒介系统的参与，政治人物或政党、团体只有通过大众媒介才能将自己的主张和声明列入公众议程。因此媒介系统功能的发挥直接影响到政治系统的运行，如媒介的监督有助于建立廉洁高效的政府，大众媒介在政府、政党方针政策的贯彻落实方面扮演的角色也日益重要。

大众媒介系统也在越来越大的程度上受到政治系统的制约，在某种意义上，大众媒介系统从属于政治系统。大众媒介为人们提供政治信息，向人们表达政治意见和宣传政党、政府的政策，设置社会舆论引导国民等。新媒体的传播优势使其在与大众媒介的竞争中显示出旺盛的活力，而且在社会政治的运行过程中表现出不能忽视的渗透力和影响力。

二、新媒体传播创新

新媒体是相对于报刊、广播、电视等传统媒体而言的媒体传播创新过程。首先，新媒体传播创新可以是基于传统媒体介质的传播要素的创新。楼宇电视、移动电视、数字电视，从媒介形式上依然以电视作为信息传播的媒介。其次，新媒体传播创新还可以是传播过程和模式的创新。在这种过程和模式的创新中，新媒体传播体现出一些传统媒体传播，或者说大众传播过程中所没有的特性，包括人际传播的特性。从这个意义上来说，新媒体传播并不一定是媒体介质形式的创新，媒体传播过程和传播要素的创新一样也归属于新媒体传播范畴，它们都是新媒体传播创新过程的一种形式。

三、移动网络社会崛起

一个全面互联、充满创造力的"网络社会"正在触及、改造着社会生活的方方面面，蔚然兴起的数据洪流将迎来更大的浪潮，产业版图的重组、产业的加速融合，冲击、重塑着多个相关产业作为"网络社会"重要基石的移动宽带，其强劲发展的势头在未来几年仍将继续。

曼纽尔·卡斯特（Manuell Castells）在他的《信息时代三部曲经济、社会与文化》中提出了"网络社会理论"。曼纽尔·卡斯特在第一卷《网络社会的崛起》中对于网络社会结构体系做了如下结论："作为一种历史趋势，信息时代支配性功能与过程日益以网络组织起来。网络建构了我们社会的新社会形态，而网络化逻辑的扩散实质上改变了生产、经验、权力与文化过程中的操作和结果。虽然社会组织的网络形式已经存在于其他时空中，新信息技术范式却为其渗透扩张遍及整个社会结构提供了物质基础。"

因此很容易可以看出，卡斯特所说的"网络社会"是一种社会结构形态，这种社会结构形态是以一种网络化的逻辑被塑造的。曼纽尔·卡斯特理论体系中的"网络社会"实质上是指以新的信息技术作为物质基础的信息化社会中的一种共有的社会结构形态。这样一种结构形态是与工业社会、农业社会等社会结构形态相对应的，而"网络社会"所蕴含的"网络化逻辑"正是信息化社会的关键特色和基本结构。

新出现的传播技术具有能传播全球的广泛性，整合所有媒介的包容性以及潜在的互动性的多种特点，互联网以其不同的体现与展现方式，已经是信息时代最普遍的互动式沟通媒介，也因此它正在潜移默化中改变我们的文化。

曼纽尔·卡斯特致力于分析新电子传播系统影响下的文化转变，他通过回顾大众媒体与文化及大众行为的交互作用，评估伴随着互联网出现的虚拟社群，得出结论认为，一种新的文化——"真实虚拟文化"正在成型。曼纽尔·卡斯特在《网络星河》中如是分析："网络社会"有"真实虚拟"文化的特征，称它"虚拟"是因为它是在电子的基础上建立起来的，这是一种通信的虚拟过程。说它真实而不是想象的，是因为我们基础的真实，在这个物质基础之上，我们生活，创建我们的表示系统，进行我们的工作，与其他人连接起来，检索信息，形成我们的观点，采取整治行动以及培养我们的梦想。这个虚拟就是我们的真实。这就是信息时代文化的特征。

2014 年 8 月，曼纽尔·卡斯特等著、傅玉辉等译的《移动通信与社会变迁：全球视角下的传播变革》（Mobile Communication and Society：A Global Perspective）著作中，曼纽尔·卡斯特提出，移动网络社会不仅提升了人们的信息沟通能力，扩展了民众的社会交往范围，而且引起人们信息交往方式、经验基础、社会时空及权力结构等诸多方面的深刻变革，新的信息沟通系统正在形成一种新的文化，即虚拟真实的文化，这种文化正在成为移动网络文化的核心。

第二节　新媒体传播内容的特点

一、传播内容的广泛性、多元化

C. 香农和 W. 韦弗在 1949 年《传播的数学理论》中揭示道："传播的基本模式是由发送者经由一个特定的管道发出，当然一个信息的发出会伴随产生'噪声'的冗余信息，而后信息被转换成符号存储，接收者通过下行管道接收信息，并再次转换完成整个的传播过程。"在过去长达百年的时间中，大众媒体通过特定的手段或技术，有选择性地把现实世界"再塑造"之后，通过特定渠道传播给普通受众。这是一种典型的单向传播模式。这种单向信息传播所带来的传收双方沟通不对等，使得普通大众在接受信息过程中无法公开表达自身意见，只能被动承受接收大众媒体所带来的影响力。

而在新媒体时代，大众媒体中信息的发送者、传播者和接收者的定义不再清晰。在新媒体时代，人人都是"内容生产商"。理论上而言，每个人、每个机构，只要打开自己的PC或手机，在信号能够覆盖的地方就可随时随地创造内容，然后通过网络传播到全世界。在新媒体的视野下，大众既是信息的接收者，也是传播者和发布者。在新媒体时代，越来越多的普通大众积极参与到社会新闻事件的讨论与发布中，甚至不少网民通过网络搜索行为发表意见，集结成群，组合成个新的社群，从而引起更多的关注。与以往的大众媒体相比，新媒体传播在内容形式上更加多元化，将文字、图像、视频、音频、动画等多种传播方式融合在一起，通过PC终端或者是移动终端传播出去。

二、传播内容的"长尾效应"更加明显

长尾效应（The Long Tail）这一概念是由《连线》杂志主编 Chris Anderson 在 2004年 10 月的"长尾"一文中最早提出。长尾效应基本原理是指，只要渠道足够大，非主流的、需求量小的商品销量也能够与主流的、需求量大的商品销售相匹敌。

在新媒体时代，尤其是"超文本技术"的使用，使得网络信息的传播跳出了单一的线性传播模式。由于信息在网络空间的相互链接通过简单的点击，用户就可以方便地从一条信息跳到另一条信息，从而使得网络传播更加符合"人脑的思维特点"。新媒体借助全新的非线性传播方式、点对节的传播方式为大众的参与感提供了工具保障。

所谓的网络热门事件，不少是由普通网友在微博、微信等新媒体平台发布信息，在新媒体裂变式传播的基础之上，传统媒体随后介入，形成二次传播，最终影响更多的人参与其中。普通大众通过访问门户网站、搜索引擎、论坛、博客、微博、微信，关注自己所需要的内容或者信息，在互联网海量的信息世界中，对信息进行各种分类，只要点击相关标签，就能轻而易举地寻找到一大批与他一样对该信息感兴趣的人群，然后基于兴趣组织在一起，从而发出统一或者是相似的意见。当这种"意见"足够多、足够好的时候，通过长尾效应，形成二次传播、三次传播的可能性，从而影响更多的人群加入进来。

三、传播内容的互动性更加频繁

"互联网最核心的特性是传收一体化互动，不是特定的内容；互联网业务关键成功要素包括但不限于自我性上传、个性化选择、主体性互动、大众化集群、病毒性传播、爆炸性流行等。"互动性是新媒体的显著特征。所谓互动性是指传播者与受众之间的双向互动传播。在新媒体时代，自说自话的单向传播不再是常态。越来越多的信息传播者，对于信息内容的选取，更加倾向互动性。互动性传播成为新媒体传播的常态，成为新媒体传播的核心关键词。

新时期的年轻一代网民在行为上正在发生转变，即非单纯地对媒介进行消费，例如在观看在线视频时，年轻一代的网民可以对所观看的视频资料素材发表自己的评论，分享给好友观看，或者对视频资料进行排名和评分，同时也可以和世界上的其他观众进行在线讨论，分享自己的看法。观众不仅仅是观众，而是通过互动共同重新汇编了电视剧的内容。

基于相同兴趣、标签的网民更容易汇集结成互联网的某种社群，对内容传播保持着更多互动。也可以这样说，他们即内容的传播者，优势内容的接收者，并且不断将接收到的内容继续传播到下一个节点。更有品牌将用户视为同样能创造价值的生产者，促使他们去参与设计、创意及分销流程，例如用户生成广告 UGA（Users Generated Ad）等。用户有掌握和控制信息的需求和能力，表达和传播的自由，在企业的传播活动中能表现出无限的创造力。因此，传播的内容也将更加广泛和多元。

四、媒介内容更加趋向整合

在数字融合（Digital Convergence）时代，媒介传播的内容经由数字技术的融合纷纷变身"比特流"，各种媒介形态的内容有了统一的数字编码基础。这促使科技因素越来越成为内容生产所依赖的手段，内容生产开始大量融入科技基因。强大信息解码与编码媒介技术投入到媒介内容生产中，技术已经改变了内容生产的流程和创意的模式，成为内容聚合生产工具。比如某电视台通过 Storify 软件自动地拉取、筛选消息，并梳理出适当的故事线，通过它做出精彩的电视新闻节目。科技因素加速了信息的流通以及媒介组织内容共享和提供能力，为信息内容和知识共享提供了环境，当人与知识的关系愈加交织与渗透时，新知识的涌现则逐渐成为常态，从而催化内容爆发式增长，呈现内容生产上的规模经济。同时，数字化技术推动了媒介内容生产和服务的标准化，突破了传统媒体因物理分割而导致的内容差异的鸿沟，促使媒介间内容的融合，甚至形成统一标准的内容产品。

五、非线性内容优势明显

相较于传统媒体，新媒体不仅集良好的多媒体性、互动性于一体，其传播内容本身的非线性也体现出了明显的传播优势。不像广播、电视等节目的实时线性传播，音频、视频等内容一次性播放，受众在接收信息的过程中无法更改，一旦错过便不可返回，即使有重播节目作为弥补，受众在接收过程中同样受到线性内容的限制而不可随意返回听、反复听。新媒体中的非线性内容为受众的自主选择提供了便利的条件，信息接收的时间、空间方便随意，相对而言无版面、时长限制，受众可以在不同平台和页面之间进行跳转，根据其所需控制播放进度条，对信息进行回放、暂停、跳转，并可方便地登录新媒体平台获取资料，用以复习、保存、编辑等，各新媒体平台也设置了对信息进行个性化编辑、收藏、共享等功能，体现了非线性内容宝贵的优势。

第三节　新媒体传播渠道的特点

一、跨媒介融合，传播复合多元性

新媒体时代，多种新媒体工具蓬勃发展，各自发挥媒介的特性，从不同角度、以不同形式全面而各具特色地传播信息。不同媒介不再像从前那样分工明显，跨媒介融合的传播趋势越来越显著，新媒体传播渠道与接收终端向多元化、复合化延伸发展。新媒体传输设备同样体现出复合多元的特征。手机、平板电脑等移动设备推进新媒体传播时空无限性的同时，与传统的电视、广播等媒介上的影音内容，报纸、杂志上的文字内容相融合，形成信息的汇通；电脑等新媒体设备与传统媒体特色相结合，催生了网络电台、网络电视台等多类传播渠道，实现互惠发展、信息联动、优势互补、资源共享，革新了内容的生产和消费方式，推动着新媒体时代信息的海量化、多样化，大众生活的便捷化。

二、智能化、数字化趋势明显

新媒体信息依靠多种智能化软件、应用元素的组合作为渠道进行传播。在新媒体平台中，受众可以主动发出指令让新媒体信息做出智能化的调整。随着计算机与编程技术的发展，新媒体传播渠道的智能化程度会越来越高。此外，新媒体的特性决定了新媒体的信息通过简洁的数字化渠道进行传播，信息脱离了传统媒介的平台，以数据为主要形式，依靠新技术催生的网络设备进行传播。这为信息的存在、编辑、复制和传播提供了便利：信息含量增大，信息的保存更加简单、精确，能够有效地拓展新媒体信息传播的范围，突破时空局限，受众可以方便地筛选和重组信息。

三、过程的去中心化

P2P技术追求的是网络中各节点的平等地位，因此，在P2P技术结构中，其中的意义被大大弱化，甚至完全消解，去中心化的特点得到更为充分的体现，网络传播结构的扁平化特点也会进一步凸显。因此，"去中心化"在网络传播中心已经成为现实。新媒体形成了具有自由开放性与往来互动性的、巨大的公共舆论空间。

广大受众通过网络、手机等新媒体表达形成一致性、多人共同意见的时空环境，受众通过即时沟通与交互传播形成强大的舆论，并产生强烈的社会影响，形成公共舆论空间，推动社会公共议程的发展。在报纸与受众的互动中，报纸的反映往往具有滞后性和筛选性，电视、广播与受众的互动虽然滞后性不是主要问题，但依然具有一定的筛选性。

因此，与传统媒体相比，网络互动中无费用、及时、无筛选的优点非常明显。开放的网络媒体可以将不同地区、不同行业、不同年龄的网民整合到一起，并且能够实现网民之间、网络媒体和传统媒体间的信息交互。这种开放型的信息互动使得网络舆论能够以多层次、多角度的面貌快速而深入地呈现相关议题。而网络舆论一旦发动，就会在网上以超乎想象的高速度传播。

四、"葡萄藤"现象的蔓延

在非正规的组织传播中有一种"葡萄藤（Grape vine）"现象，即小道消息传播。"葡萄藤"传播具有速度快、精度高、信息量大、反馈广等特点，这种传播常采用小群体交叉传播的形式，由于多向性和交叉性，它的传播速度和覆盖面以几何级数增长，消息很容易"不胫而走"。小道消息的负熵值较高，人们出于多种心态，留心于保存原样，使得它准确度和信息量都很高。戈德哈伯（Goldhaber Maurice）曾指出，"葡萄藤"传播的信息，准确度高达百分之八十以上。新媒体传播中，各种意见小团体的出现，从一定程度上符合这种"葡萄藤"传播现象，比如即时聊天工具中的 QQ 群、微信，各网络社区的好友圈点评性质的网站、微信朋友圈等。

五、传播方式立体化、个性化

传统媒体往往利用文字和图片等平面媒介传递内容信息，在传播方式上形成了"中心—边缘"二元对立的格局。而新媒体的数字化、多媒体化、宽带化改变了这种传统模式，在传播方式上沿着立体化、个性化的方向迈进。

第一，传播方式渐趋立体化。新媒体集文字、图表、数据、声音、影像等多种通信媒介为一体，是具有集成性、兼容性、立体性的通信方式。这种超文本的传播手段改变了人们的阅读方式，使大众阅读呈现出快餐式、跳跃式的浅阅读特质。新媒体在进行内容传播的时候，往往将社会中的热点焦点问题及难点疑点问题分解成若干个经典片段，并配上戏谑诙谐的图片或短小精悍的视频，进行声情并茂的感性表述。这种立体式的传播手段，既抚平了各个年龄代际间的知识语境鸿沟，又对精英化、规范化的传播方式进行了抗争，实现了抢占注意力的目的。

第二，传播方式彰显个性化。新媒体时代，传播者往往利用新媒体进行分众传播、小众传播，通过"点餐式"个性服务来吸引更多的受众，不断扩大自身的社会影响力。比如，传播者利用信息技术设立门户网站、微博账户、微信账号和 App 客户端。在这些新媒体中，传播者提供各种检索工具，使受众在海量信息中各取所需。同时，"受众还可以自主选择信息接收的时间、地点及媒介的表现形式"。传播者能够根据用户的需求，通过订单生产、定制推送等形式为受众提供相关信息的专门化服务。

六、传播路径的网状化、裂变化

传统的社会思潮传播路径是自上而下的倒金字塔式单向传播，即社会思潮的核心层（主要包括理论专家、高级官员、社会活动家等精英群体）在考察社会心理变化的基础上，通过讨论、验证，提炼出解决社会问题、引领社会走向的思想理论。然后，这些精英群体将他们制造的思想理论进行加工、改造，通过发表文章专著、举办论坛讲座等形式，向广大知识分子尤其是大学生群体进行定向传播，由此形成社会思潮。

在这种"传播者本位"的传播路径中，多数在场受众是被屏蔽的，受众仅仅是作为社会思潮传播的消费者而存在，缺失传播主体的地位和价值，被视为没有发言权的"草根"。与上层大、下层小的线性传播路径相比，新媒体环境下的社会思潮传播路径是中间大、两边小的橄榄式网状、裂变传播。

一方面，社会思潮的传播路径具有网状化特征。新媒体环境下，巨大的民间传播力量在网络上消解了传统的"议题设置"。当社会热点事件出现时各种意见的交流、对话和冲突在网上形成强烈的"舆论场"。精英群体根据点击率、回帖率、转发率把社会舆论的中心和心理共鸣的焦点整合出来，并把问题放大，"造成舆论力量的互动和共振，形成强大的聚焦功能"。这种强大的聚焦功能又会形成巨大的舆论冲击波，形成"民意朝向"的社会思潮传播网。

另一方面，社会思潮的传播路径呈现裂变化的特点。麦特卡夫定律强调，网络的有用性（价值）随着网络用户数量的增多而呈指数增长的趋势。由此得知，分享某个话题的受众越多，这个整体的效能就越大。

在新媒体时代，社会思潮的传播线路主要有两种：一种是"粉丝"线路，即传导者在网络上发布思潮信息后，传导者的"粉丝"们都可以迅速获知信息；另一种是转发线路，即某一受众转发了传导者的思潮信息，该信息立即同步到该受众的好友圈里，然后依次类推，实现勾连与嵌套的裂变式传播。

新媒体还有"易检索性"的特点：可以随时存储内容，查找以前内容和相关内容非常方便。新媒体用强大的软件和网页呈现内容，可以轻松地实现 24 小时在线。独特的网络介质使得信息传播者与接受者的关系走向平等，数字技术促使媒体壁垒被打破，信息共享的概率增多，信息的获取、制作成本降低。

第四节　新媒体传播的效果

一、传播时效性、广泛性增强，信息到达率高

新媒体技术的运用极大地加快了信息的传播速度，数字化、智能化的传播渠道对信息

的解读与编码在短短数秒之内即能完成。简单化、生活化的内容大多不再需要复杂的剪辑和烦琐的后期制作与排版，有效地降低了成本。信息的快速传播增强了信息的时效性，极大地提升了现代社会信息的传播效率，时空的距离被缩短到最小。由于庞大的、积极主动的受众群体的存在，快速的信息传播也极大地提升了传播内容的到达率，受众通过各种新媒体设备随时随地地接收信息，并通过受众的人际传播或网络共享等，扩大信息的传播范围，在高速的信息网络中实现信息传播速度、范围、到达率的最大化，具有传统媒体不可比拟的强有力的传播效果。

二、媒介环境的改变与传播秩序的重建

新媒体传播"去中心化"的特点极大地改变了传统媒介环境，导致了传播过程中媒介话语权的重新分布。传统媒体中强势的权力因素，如意识形态、利益集团、强势主体等的主导权被日益削弱，平民化、草根化、个性化主体的作用越来越明显。传播过程中传统的等级区分在平等的新媒体平台上不复存在，新媒体传播营造了更加民主平等的传播氛围，个体也拥有了更加自主的传播权力。以新媒体为中心的新传播秩序正逐渐被构建并完善起来，复杂、多层次、自由的特点比较明显。同时，在新媒体传播的秩序框架下，媒介之间的竞争也愈加激烈。

在当下这个视频直播时代，粉丝经济的主体多元化、情感货币化导向愈来愈明显，"粉与被粉"的不同关系对直播带货有着完全不同的影响和作用机制。粉丝经济（Economy of Fandom）一词始于 1992 年约翰·费斯克《粉丝的文化经济》一书，费斯克发现对于文化产业来说，粉丝是一个额外市场，他们不仅经常大量购买"衍生"产品，而且提供了许多宝贵且免费的有关市场趋势和偏好的反馈，并与文化工业争夺话语权。近十年来，视频直播的兴起使粉丝经济的模式日趋成熟和多元化。从 PC 端到移动端、从秀场直播（秀场直播是最早的网络直播模式，模仿传统的选秀节目搭建的直播平台，主要是唱歌、跳舞的直播，主播发挥特长博取观众的喜欢）、游戏直播到电商直播，"直播＋虚拟礼物""直播＋电商""直播＋服务""直播＋广告"等商业模式正逐步完善。该语境下的粉丝经济的情感导向、关系连接和用户参与的特质被进一步增强，与此同时也出现了一些变化。直播带货作为视频直播技术的一个应用场景，既具有其他类别直播的共性，也拥有电商内涵的独特一面。从电商的角度来看，直播带货本质是内容营销，在传统电商中，消费者面对的是货品，而在直播的场景中，"人对货"转变为"人对人"。这意味着原本隐藏在品牌和企业背后的人格特质越来越成为影响消费决策的显性因素，人际关系理论在直播带货中发挥着越来越重要的作用。建立起主播的个人魅力和独立 IP 显得尤为重要。

三、"蝴蝶效应"——信息井喷，干扰强烈

1963 年，美国气象学家罗伦兹在实验过程中发现，由于误差会以指数级增长，所以

一个微小的误差随着不断推移将会造成截然不同的后果,他称其为"蝴蝶效应"。通俗的解释是,南美洲蝴蝶拍拍翅膀,将使北美洲几个月后出现比狂风还厉害的龙卷风。今天,"蝴蝶效应"一词的内涵扩展为,对于一切复杂系统,在一定的"阈值"条件下,初值稍有变动或偏差,将导致未来前景的巨大差异,这往往是难以预测的,或者说带有一定的随机性。新媒体传播就呈现出明显的"蝴蝶效应"。

新媒体传播具有互动性、开放性、主动性、跨地域性、草根性等传播特点,好的、正面的东西固然能积极传播,但新媒体更是危机的放大器,任何人都可通过新媒体随便地发表评论,使得危机传播的风险性成倍地放大。突发事件具有瞬间性、非预期性、破坏性等特征,处理得好可能转危为安,处理不当则会演变成一场严重危机。

网络舆论的原因很多极为偶然,有时甚至是主观臆想的推测,由于网络舆论易于出现群体极化特征,从而很可能向不合理的极端方向发展,对社会造成不利影响。海量的信息同时也带来诸多问题,如信息泄露、信息污染、信息犯罪等。网络上也充斥着不健康的、暴力的信息。此外,由于多样化的网络信息,人们在搜索引擎中常常会检索到重复的信息或者被迫在社交网站上阅读各种重复的信息。

在宽广的新媒体世界里,信息纷繁复杂且相互之间的干扰较大,传播过程中的谣言、偏颇性影响了信息的传播效果,信息在传播过程中也容易受到多种渠道的信息的扭曲。信息间的不一致与信息的重复拖延了信息有效传递的时间,一定程度上削弱了信息传播的效果。新媒体具有传统媒体无法比拟的优势,包括海量信息、时效优势、打破地域、互动性强、多媒体化等。同时,新媒体舆论传播也存在一些与生俱来的劣势,如缺乏权威性、缺乏公信力、易走向极端、不易控制等。

在泛娱乐直播获得了极速发展和经济利益的同时,其所带来的视频直播趋势和巨大的收益使得视频直播行业向着更广、更深的领域发展。现今的直播行业已经渐渐从娱乐化向专业化进阶,这代表着直播行业发展的成熟,也预示着同质化的主播势必会被淘汰。从用户需求来说,直播用户群体不断壮大,也带动了用户对直播内容需求的提升,越来越多的用户希望精准服务,细分领域不断突出,基于垂直领域内容较强的专业性,也是高纯度用户的需要。在这种情况下,模仿和抄袭显然不是这个阶段直播用户所能满足的。在激烈的市场竞争中,获得竞争优势的捷径不应是哗众取宠或挑战底线,而应该是内容差异和精准定位。

四、传播高效化、国际化

在新媒体时代,人类"地球村"的梦想已成为现实。人们可以通过网络等新媒体,零时差、全天候地接收世界各地的信息。因此,新媒体突破了传统媒体传播时效的壁垒,实现了高效化、国际化的通信狂欢。

一方面，新媒体的传播时效呈现高效化的特点。众所周知，传统媒体在社会思潮的传播上存在"成本大""周期长"的问题，其传播、发行等均受到时效的限制。但在新媒体时代，数字化的传播手段和智能化的发布模式省去了传统媒体庞杂的内容制作过程，使社会思潮的内容信息可以做到即时传送、随时刷新。而且，新媒体传播不再强迫受众在传播者指定的任何时间接收信息，受众可以在任何合适的时候上网调阅查询相关报道。这和传统媒介顺序播出、过时不候的传送方式相比，显然，传播权力再次从传播者手中转移到了受众手中，实现了传播效果的最大化。

另一方面，新媒体传播时效体现国际化的特征。新媒体逾越了空间的阻隔，使内容信息实现了真正意义上的全球共享和国际交融。因此，新媒体空间上的开放性极大地推动了新媒体在地域上的全球覆盖，拓展了信息传播的广度和深度。新媒体信息发布趋于零时间障碍，真正实现无时间限制、随时加工发布信息。以移动互联网为依托的传播载体，以各类信息微型化、即时性扩散、国际化为主要特性的传播方式，构成了最主要的传播特点。

第八章　新媒体传播内容的生产与编辑

新媒体与传统媒体相比，最大的不同便是信息的无限丰富性。但是，新媒体所拥有的这些无限丰富的信息，在绝大多数情况下都处于一种失衡状态，从而导致人们在选择信息时很容易出现混乱。为了尽可能减少这一现象的发生，很有必要对纷繁芜杂的新媒体传播内容进行生产与编辑。

第一节　网络新闻稿件的判断与选择

客观世界每时每刻都在发生大量事实，但这些事实并未都通过新闻媒体传递给观众，绝大多数事实在传递给受众之前已被过滤掉了。这一过滤的过程，就是新闻判断与选择的过程。由于网络新闻稿件的判断与选择是网络新闻编辑的重要内容，在很大程度上决定着网络新闻的质量，因为对于网站来说必须做好网络新闻稿件的判断与选择工作。

一、网络新闻稿件的判断

在一般情况下，网络媒体每天面对的稿件量是十分巨大的，而且这些稿件的来源是极为多样化的。网络新闻编辑要将这些稿件中有重点、有价值的挑选出来，必须提前制定对网络新闻稿件进行判断的准则。具体而言，对网络新闻稿件进行判断的准则有以下几个：

（一）国家的法律、法规

在对网络新闻稿件的内容与价值进行判断时，国家的法律、法规是最根本的一个判断准则。也就是说，任何一篇网络新闻稿件中都不能出现危害党、国家和人民的安全与利益，破坏国家统一、民族团结和社会稳定的内容。一旦网络新闻稿件中出现这样的内容，网络新闻编辑必须毫不犹豫地将其剔除，以免导致无法挽回的后果。

网络新闻稿件的来源是极为多样化的，网络新闻编辑在对其进行判断时，必须把握好国家的法律、法规这一重要准则，慎重进行筛选。特别是在审查网民创造的内容时，更要高度重视，因为网民没有经过专业的写作训练，没有条条框框约束，再加上对于国家法律、法规、政策等的了解不够深入，因而很容易出现一些不该出现的问题。

（二）新闻价值规律

网络新闻稿件首先是新闻稿件，因此网络新闻编辑在对网络新闻稿件进行判断时，必须遵循新闻价值规律，即根据新闻价值要素对网络新闻稿件进行判断，通常来说要素越丰富价值就越大。具体而言，新闻价值要素主要由以下几方面构成：

1. 重要性

新闻价值的重要性主要是通过两个方面表现出来的：一方面是新闻事实在客观上对受众的影响程度以及受影响受众的数量；另一方面是新闻事实对社会生活的影响程度、影响范围、影响时间等。网络新闻编辑在进行选稿特别是二次选稿时，必须要切实重视新闻事实的重要性。

2. 时新性

时新性指的是新闻事件是新近发生的，内容是人们并不了解的，发生后以最快的速度被新闻报道出去。通常来说，新闻事实的发生与公开报道之间存在一定的时间差，这些时间差越短，就能保证新闻事实有越高的价值；新闻内容在公开报道之前被越少的人知道，报道后就越能引起人们的注意，其所具有的新闻价值也就越高。

3. 趣味性

随着生活节奏的加快、生活压力的增大，人们在浏览信息时也越来越注重寻求娱乐、放松思想。在网络新闻排行榜中，趣味性新闻一般都是网民浏览量较高的新闻。可见，新闻的趣味性越来越受到人们的重视。因此，网络新闻编辑在刊登趣味性新闻时，一定要把握好尺度。

4. 显著性

这一新闻价值要素主要是针对新闻报道客体来说的，即新闻客体在社会生活中的地位与知名度越高，在社会上产生的影响力越大，新闻价值就越大。过去，传统媒体将显著性主要定位为领袖人物、社会精英和重大、突发社会事件，但在网络新闻的报道中，显著性的范围得到了进一步扩展，不仅涵盖前者，还包括民生新闻和对社会产生很大反响的社会新闻。

5. 接近性

这一新闻价值要素主要表现为新闻事实与新闻受众的内在关联性。通常来说，新闻事实与受众的距离（既包括地理上的距离，也包括心理、职业等方面的距离）成反比，即新闻事实与受众的距离越近，新闻价值越大，反之则越小。

（三）网络传播规律

网络新闻编辑在判断网络新闻稿件时，网络传播规律也是必须要遵守的一项重要准则。具体而言，网络传播规律主要有以下几个：

1. 真实性

新闻的生命从根本上来说就是真实，非真实的新闻传播可能会造成严重的后果，因此不论是传统媒体还是网络媒体，真实性都是其必须要遵循的一个基本新闻传播规律。这里所说的事实，包括信息中涉及的事物是客观存在的，信息的各个要素都是真实的。

网络使得新闻发生与传播所间隔的时间越来越短，在这一情况之下，网络新闻编辑几乎没有时间对新闻的真实性进行核对。因此，网络新闻编辑在采用稿件时一定要高度重视新闻的真实性，对新闻进行严格把关。

2．权威性

在面对重大事件发生时，网络新闻信息几乎会呈现井喷式爆发的现象。面对来自方方面面的信息，网络编辑在选稿时会无所适从，选择权威媒体、权威来源、权威人士的文章、稿件、言论可以帮助编辑提高选稿效率，减少对新闻价值的误判。

3．时效性

时新性是传统媒体在判断新闻稿件时特别强调的一个方面，而网络媒体在判断新闻稿件时更为注重的是时效性。为此，网络新闻编辑首先要建立抢发新闻的意识，尽量做到即时监控通讯社发稿、外电外报稿件，实时关注论坛、博客和微博的新闻稿件。在选稿上，既要选择最新发布的、新闻事实发生时间距离公开传播时间差最小的稿件，也要关注到第一时间已发布过但又有了实时更新的新闻，同时从保证新闻准确性角度考虑，要及时修正和删除一些已选择并发布的新闻稿件。此外，在考虑新闻选稿时效性的同时，也要注意对及时与准确的关系进行有效处理。

4．实用性

在当前，信息的实用性越来越受到网民的重视。比如，网络上的股市行情信息可以帮助人们投资，计算机动态可以帮助人们了解最新的计算机硬件和软件知识等。因此，网络新闻编辑在对网络新闻稿件进行判断时，应有意识地向实用性资讯倾斜。

（四）网站自身要求

网站对新闻进行登载、转载都必须具有一定的资质，就当前来说具有资质的网站主要有两类：一类是官方新闻网站；另一类是商业网络媒体。这两类网站在背景、身份、使命、所承担的责任等方面存在一定的差异，这就决定了它们在对网络新闻稿件进行判断时所依据的标准也会有所不同。比如，中央级的重点新闻网站和省市级的地方新闻网站，在对时政类新闻进行判断时前者侧重于宏观的、全局的、战略的新闻报道，后者侧重于地方的、区域的、中微观的新闻报道。

二、网络新闻稿件的选择

网络新闻稿件的选择是网络新闻的一项重要的工作内容，不仅影响着网络新闻的质量，而且影响着网站的信誉。

（一）网络新闻稿件选择的流程

网络新闻编辑在对稿件进行选择时，通常要经过以下几道程序：

1．粗选

在当前，网络新闻编辑在对稿件进行粗选时，常用的是"机器自动抓取＋人工手动选择"的方式。所谓"机器自动抓取",就是借助抓取软件自动从各供稿源抓取新闻到稿库。抓取前设置抓取时间、关键词,标识被抓取的网站等,综合性门户网站基本每5~10分钟就抓取一次,只要被选对象有新闻更新,抓取软件都能即时发现并抓取到本网站,然后自动配置到各相关频道。网站还可以设置专门的初稿编辑部,由初级编辑或助理编辑负责本网站所有稿件的初选,并将初选的稿件归类到不同的频道。不过,自动抓取新闻稿件虽然有较高的效率,但其准确度还不够,很容易出现重大新闻被遗漏的现象。因此,网站在采取新闻稿件自动抓取方式的同时,还运用了人工选取方式,这对于保证所抓取新闻的质量有着重要的作用。

2. 精选

这是对网络新闻稿件进行高级选择的过程,也是网络新闻编辑选择稿件最为关键的一步。互联网能存储海量信息,但不是每一条新闻都能被网民浏览到,因为承载重要新闻的空间是有限的,网民的视线也是相对集中的,要想让一些重要的、有价值的、涉及相关话题的新闻被网民第一时间看到,就需要对上一阶段选择的新闻稿件进行有选择的编排和发布。

在这一选择过程中,网络新闻编辑要根据稿件的新闻标准、社会标准、网站自身的标准及法律、道德标准、新闻自身等对稿件进行选择,同时要注意对稿件的新闻价值进行判断、对稿件的表达方式进行选择、决定稿件所放置的位置等。通常来说,一般的新闻稿件经过精选就可以直接上网了。

3. 更新

通常来说,网站在一段时间内需要对新闻进行更新,否则会被受众厌烦。再加上网站的信息量是不断增加的,如不能及时地对过时的、无用的信息进行删减和重组,则很容易造成网站信息的庞杂和失控。编辑要在尽量短的时间内对新闻信息进行更新,尤其是首页新闻。网络新闻即时性的特点使得一些虚假或者错误的新闻出现在网上,及时地更新新闻信息就可以避免让更多网民看到,实现对新闻的再一次筛选。

(二) 网络新闻稿件选择的要求

网络新闻编辑在对稿件进行选择时,需要遵循以下要求:

1. 要从多个来源选择网络新闻稿件

就当前而言,网络新闻稿件的来源主要有四种。一是网站的"粘贴"稿件,即网络新闻编辑通过搜索引擎,在其他网站搜索到适合自己传播的稿件,通过"粘贴"等方式,在自己的网站上进行传播。二是网络媒体原创的稿件,即网站编辑自己采写的稿件和网站自己的固定自由撰稿人所撰写的稿件,其中自由撰稿人的稿件对事件的分析一般比较透彻,因而能帮助网站赢得比较高的点击率。在当前,这类稿件越来越受到网络媒体的重视。三是职业新闻工作者的稿件,即中青在线、CCTV网站、人民网传统媒体的稿件和通讯社的稿件，具有形式专业、来源可靠、真实性高、内容针对性强等优点。由于这类稿件是为传统媒体采写的，因而网络媒体在转载时需要对稿件进行一定的选择与修改，并注明报道来源。四是网民的稿件，其包括两种情况：一种是团体或者个人采写的稿件及其他形式的来稿，具有针对性强、时效性较强、语言比较通俗易懂等特点，但真实性需要核实；另一种是网民在论坛、新闻组等地方发表的稿件。

网络新闻稿件来源的多样化，要求网络新闻编辑要尽可能从多个来源选择网络新闻稿件，以便增强网络新闻的丰富性和多样性。

2．要选择具有真实性的网络新闻稿件

网络新闻编辑在选择稿件时，真实性是其必须要予以高度重视的一个方面。通常而言，在判断网络新闻稿件的真实性时，可具体从以下几方面着手：

（1）通过稿件的来源来判断真实性。通常来说，本网站原创稿件质量容易得到保障，可以直接采用；转载国内传统媒体稿件，质量也比较高，但应注意选择与本网站有签约协议的媒体的稿件，在选择社会新闻时一般的地方小报、都市类报纸的稿件要谨慎选用；看稿件是媒体首发还是转发，若为转发还需要找到源头以保证稿件的质量，不能轻易使用来历不明的信息。

（2）通过稿件的内容来判断真实性。查看稿件的信息要素是否齐全，如事件发生的时间、地点、人物、原因、过程等；查看稿件中的引语、背景资料等，最好能交代清楚可靠的来源；查看与分析信息的细节，保证信息准确。

（3）通过审查网站来判断真实性。如果要转载网络媒体的稿件，就要注意查看该网站是否具备新闻网站的资质，同时要注意对这类网站的原创稿件、论坛、博客、网友留言稿件等慎重选择。

（4）通过同一新闻的多个报道源头来判断真实性。通常来说，重大突发事件如地震、矿难、医疗卫生、食品安全等公共新闻，要寻找更多的新闻源，查看是否来自权威的消息，然后再判断稿件的真实性。

3．要选择具有权威性的网络新闻稿件

网络新闻编辑在选择稿件时，要尽可能选择具有权威性的网络新闻稿件。通常来说，网络新闻编辑可以从新闻刊载媒体、新闻内容的提供者、新闻稿件中的人物，或者是信源即出处权威（如新华网、中央人民广播电台等），或者是新闻信息的发布者权威（如公安局、药监局、国家质检总局等），或者是新闻稿件中的人物权威等方面来判断稿件的权威性。

4．要从社会效果角度考虑选择网络新闻稿件

网络媒体借助于互联网的超时空、强互动的特性，成为网络信息的集散地和社会舆论的放大器。这就决定了网络新闻编辑在选择稿件时，必须站在社会效果的角度，慎重选择

热点新闻，慎重地推荐新闻。

网络新闻编辑要切实站在社会效果的角度来选择稿件，应特别注意从社会效果角度判断稿件价值及选择稿件，慎重考察稿件的社会效益，辩证地看待访问量、点击率与社会效果之间的关系，提倡"绿色"点击、"绿色"访问量，树立以"高质量的流量"吸引"高端广告、高效广告"的理念。

5. 要从网民心理和行为习惯出发来选择网络新闻稿件

网民在面对网络新闻时，是否会点击、浏览，除了取决于网络新闻的价值和品质，还取决于网络新闻是否与网民的心理和行为习惯相符合。深入了解网民的网络行为特征，掌握网民的想法和心理，创造出健康、有序的网络环境，进行针对性的网络选稿，还是非常有必要的。而且，从网民心理和行为习惯出发来选择网络新闻稿件，往往能够产生更好的传播效果。

（三）网络新闻稿件选择的注意事项

网络新闻编辑在选择稿件时，除了要遵循上面所说的选择要求，还要特别注意以下几个方面：

（1）网络新闻编辑在选择稿件时，应拓展稿源渠道，多考虑视频类新闻，并将视频新闻与文本新闻融合，达到真正的多媒体报道。

（2）网络新闻编辑在选择稿件时，要尽量考虑稿件的多元性，即将不同观点、不同角度、不同来源的新闻都应纳入选稿范畴，特别是一些社会争议性强的热点、焦点新闻和问题，更要通过多元化的选稿来帮助网民获得一个相对完整的认知。

（3）网络新闻编辑在选择稿件时，当真实性与时效性、趣味性等发生冲突时，要始终将真实性放在第一位。

第二节 手机媒体的新闻编辑

在当前，手机已经成为集通信、音乐、视频、数据、游戏、支付、阅读、摄像（影）等功能于一体的智能终端。与此同时，随着无线通信技术与计算机技术、信息网络技术的紧密结合，手机媒介得到了迅速发展。手机媒体能够给受众提供新闻信息，而且手机媒体因其具有高度的便携性和互动性等特征，成为人们浏览新闻的重要媒介。因此，手机媒体的新闻编辑在当前受到了越来越多的关注。

一、手机媒体新闻的内涵

（一）手机媒体新闻的含义

所谓手机媒体新闻，就是"以手机为发布终端和传输渠道，以手机报、手机网、手机电视和手机新闻客户端为表现形态，运用文字、图片、视频等手段对新近发生和正在发生的事实进行的报道和评论"。

（二）手机媒体新闻的特点

手机媒体新闻的特点，具体来说有以下几个：

（1）时效性强。手机媒体新闻不受编辑周期限制，新闻形式多为滚动式新闻，即跟踪新闻事件的发生、发展，实时滚动播出。

（2）阅读方便。手机与电脑、电视相比，小巧且携带方便，便于人们随时阅读新闻。此外，用户借助于手机媒介阅读新闻时，能够以个人的具体情况为依据，或是阅读新闻标题、阅读新闻导语，或是阅读详细新闻及深度报道，或是超链接阅读相关新闻背景等。在遇到突发事件时，手机能实现新闻的动态传播。

（3）文体丰富。手机媒体新闻有着十分丰富的文体结构，既包括传统报纸的文字、图片，还包含声音、动画、视频等。此外，手机媒体新闻的文体结构具有多层次性，涉及标题新闻、导语新闻、详细新闻、相关新闻等。

（4）互动及时。手机媒体新闻的用户可以借助于短信等多种方式与手机新闻编辑进行有效互动，以更快地获得自己想要的新闻。此外，手机新闻编辑通过与用户的及时互动，能够对用户起到一定的舆论引导作用。

二、手机媒体新闻编辑的原理

手机媒体新闻有一套不同于网络新闻的编辑原理，具体内容如下：

（一）小屏幕与精约式编辑

现在的手机屏幕相比以前来说要大了很多，但终究大不过电视、电脑屏幕。手机屏幕的局限性，使得手机媒体新闻的编辑受到了直接影响。为了在有限的屏幕空间展现尽可能多的新闻信息，简明、精练、扼要的精约式编辑就成为手机媒体新闻编辑的重要原理。

手机媒体新闻的精约式编辑，具体来说是通过以下几个方面表现出来的：

（1）手机媒体新闻通常会制作"标题新闻""导语新闻""一句话新闻"，用简短的几十个字甚至十几个字写出新闻事件的五要素，文字精练，一目了然，很少有水分，在同样的时间里能够让用户获取尽可能多的信息，并基本掌握新闻的要义。

（2）手机媒体新闻的文字较长时，通常要进行分页，保证单屏显示的内容适度、适宜。

（3）手机媒体新闻为视频新闻时，通常视频的时间被控制在3～5分钟之内。若是视频的时间过长，则需要通过剪辑的方式进行缩短，或是将其分拆为几个短视频。

（4）手机媒体新闻在某些时候，可以采用对热词、关键词进行超链接的编辑方式来简约呈现。

（5）手机媒体新闻多采用标题列表式或标题＋摘要式排列，采用的图片也多为像素低的小图，以保证页面的简约，方便用户快速浏览内容。

（6）手机媒体新闻由于受到手机存储空间的限制，往往需要控制每天、每次新闻的更新量，只能是挑选出最精练、最重要的新闻推送给用户，其他的新闻则尽量不做成手机媒体新闻专题。

（二）移动便携与实时式编辑

移动性和便携性可以说是手机最鲜明的两个特点，而且手机的这两个特点决定了手机媒体新闻可以实时进行更新和发布，用户也可以随时对新闻进行接收与浏览，甚至是随时随地观看图文和视频的现场直播。因此，实时式编辑也是手机媒体新闻编辑的一个重要原理。

手机媒体新闻的实时式编辑，要求手机媒体能够在第一时间对重要、重大、热点、突发等新闻进行发布与更新；也要求手机媒体新闻的编辑能够在第一时间关注用户在手机新闻后的跟帖和留言，并实时编辑处理这些内容。

（三）多形态与分类式编辑

手机媒体的形态有很多，有手机报、手机视频、手机网、手机新闻客户端等，而且每种形态的手机媒体新闻都有其独特的特点和局限性，手机视频受制于当前的移动互联网速率有播出时间的限制，手机新闻客户端有不同操作系统配置的限制等。因此，在将同一条手机新闻发送到不同手机媒体上时，需要做到有针对性的分类式编辑。

手机媒体新闻的实时式编辑，要求手机媒体新闻编辑必须了解、掌握不同手机媒体形态的特点、传播规律和编辑要求，有必要在编辑手机媒体新闻时切实考虑到不同手机媒体的用户群特点，以确保手机媒体新闻获得最佳的传播效果。

（四）高度依赖与推送式编辑

在当前，绝大多数手机用户都患有"无手机恐慌症"，即当手机断电或没有信号时，用户会因与外界失去联系而产生焦虑情绪。这表明，用户对手机有着高度依赖的心理。虽然这是一种用户心理现象，但从新闻传播角度看，这就是一种定向关注，适宜于手机媒体新闻做推送式编辑。

所谓推送式编辑，就是基于信息推动技术，以数据挖掘、自然语言处理以及互联网等多门技术为支持，将合适的信息推送给合适的人。当推送的新闻能够对用户的需求予以满足，或是与用户自身需要有较高相关性时，用户便会有意识地对这些新闻进行关注。如此一来，手机媒体新闻传播便收到良好的效果。

（五）个性化与定制式编辑

手机媒体是一个极具个性色彩的媒体，用户通过对手机机型、手机桌面、手机铃声等的选择与设置展现着自己的个性。因此，在进行手机媒体新闻编辑时，必须要与用户的个性化需求相符合，为此必须尽可能为用户提供多种定制服务，做到分众传播。这里还需要指出的一点是，手机媒体新闻为用户提供的定制服务要允许用户进行修改和退订。

三、不同形态手机媒体的新闻编辑

手机媒体的形态有很多，这里着重阐述一下手机报新闻、手机视频新闻和手机新闻客户端的编辑。

（一）手机报新闻的编辑

手机报就是对若干条新闻进行选择、整合与编辑，然后制作成彩信的格式发送给用户。

1. 手机报新闻的编辑流程

在对手机报新闻进行编辑时，通常要经过以下几个环节：

（1）栏目设置。对当前手机报新闻的栏目设置进行分析可以发现，其基本上对传统报纸的内容分类和版面设置进行了沿袭，即采用了"一般栏目＋特色栏目"的模式。其中，一般栏目多为"导读""国内、国际新闻""社会新闻""文娱新闻""体育新闻"等；特色栏目则各有特色，如中国移动早晚报的特色栏目是"天气""副刊"等服务性、文艺性栏目，央视手机报的特色栏目是"CCTV节目""CCTV幕后""CCTV俱乐部"等。

（2）选取新闻。手机报对新闻进行选取时，多用类似报纸的编辑方式，即在发送时间之前的规定时间完成选稿工作。在这一过程中，以下几个方面要特别予以注意：第一，要提前明确选稿范围，或是从合作媒体的稿库中选择，或是以本媒体的内容为唯一稿源。第二，要根据新闻价值要素来判断、选择新闻，并要注意新闻的及时性、重要性、接近性和趣味性等。第三，要尽可能使选取的新闻在类别、数量等方面都达到均衡。第四，在选择新闻图片时，要尽可能挑选中景、近景等带有细节的图片，不宜选用大场面的全景图片，以免影响辨认。

（3）编辑新闻。在对手机报的新闻进行编辑时，需要包括导读标题、正文标题和正文三个部分。一般来说，这三个部分都有字数限制，导读标题和正文标题字数一般要求控制在12个字以内，正文字数在500字以内。导读标题有的会加上特殊符号或标明类别的文字，正文标题与正文之间有特殊的分隔符号。

在编辑手机报的新闻时，最主要的工作便是对标题和新闻进行改写，即将报纸的双行题、多行题、虚题改成单行实题，将网络的长标题改成符合手机报字数的短标题。导读标题尽量做到新闻要素齐全，要考虑吸引力和引导性。正文标题因为是和正文同时出现的，内容不需要面面俱到，只要体现新闻中最有价值的一点即可。此外，手机报新闻由于受制于字数的限制，不宜采用导语＋正文的模式，而是将导语与正文合二为一，融为一体，也可以写出超长导语；手机报新闻为了方便用户在手机屏幕上的阅读，编写中应尽量多用短句，少用长句，多用陈述基本事实的实词，少用主观评价的形容词、副词、虚词等。

（4）策划专题。这里所说的策划专题，包括两种情况：一种是针对可预知的新闻事件提前策划各类专项手机报；另一种是日常手机报制作中特别设计的一个重点报道。

在对手机报的专题进行策划时，最为重要的一点是以手机用户的特点和阅读习惯为依据，对新闻资源进行调配，设置特色栏目，将原创采集与编辑整合，新闻报道与信息服务、短讯快讯与深度报道、媒体与手机用户互动等紧密结合，通过内容设置和形式创新，开展好双向互动交流传播，以便用户能够更为容易地接受新闻内容。

（5）组织互动。对当前的手机报进行分析可以发现，其很少会有互动性的栏目和策划，这在一定程度上影响了与用户进行密切的交流。因此，在编辑手机报新闻时，最好增加互动环节，设置互动类栏目或调查，如发起新闻议题、手机调查、手机竞猜、留言评论等。

2. 手机报新闻的编辑规范

在对手机报新闻进行编辑时，必须遵循一定的规范，具体如下：

（1）手机报新闻的制作技术规范。手机自身的特点，决定了在编辑手机报新闻时必须遵循一些制作技术规范：第一，手机报的标题字数通常要控制在9个字，正文单行字数控制在12个字，一屏显示6～8行，照片长宽按照4∶3的比例进行缩放。第二，手机报要有统一的名称，并要在固定的位置显示。此外，手机报的名称可以制成模板，以方便多次运用。第三，手机报的栏目设置要清晰，同时栏目名称要简明扼要，并用"【　】""〔　〕"等特殊符号加以标注，以更好地引起用户的注意。第四，手机报的导读要精心设计，必须融合当期手机报内容的精华。从某种角度来说，手机报的导读在根本上影响着用户的阅读兴趣。第五，手机报正文标题独立占一行，尽量确保用户浏览时没有拆行。正文与标题之间用分隔符来隔开，正文字数每帧控制在800字以内，以3～4篇新闻为宜，每篇字数控制在200字以内。第六，手机报要有"封面"和"封底"，其中"封面"中应涉及一条热点新闻、一张全幅图片、封面新闻的标题、日期、天气等；"封底"中主要涉及服务性的手机报订阅方法介绍、超链接和手机报品牌形象标识等内容。

（2）手机报新闻内容的规范。第一，手机报新闻内容要严格遵守党和国家对当前宣传工作的指示要求，对不能报道的新闻坚决不报，对适度报道的新闻要掌握尺度分寸，对敏感问题的报道要符合统一口径。第二，手机报新闻内容要从政治、思想角度把好新闻的选择关，留意新闻中的观点、议论、提法，确保符合国家法律法规，符合党的方针政策，不犯政治性错误。第三，手机报新闻内容要考虑手机报的覆盖面和影响力，从社会效果角度把好新闻的选择关，保证信息来源的权威性。突发性的重大题材事件采用权威稿源，慎用外媒、地方媒体和非官方媒体的消息。

（3）手机报新闻图片的规范。第一，手机报每期搭配的图片以3～4张为宜（包括封底和正文图片），图片的格式应为 jpg 格式，且要具有较高的像素。第二，手机报新闻图片必须与新闻正文有密切关系，以便和正文形成互补性。第三，手机报新闻图片要尽量选取中景、近景、特写等表现细节的。

（二）手机视频新闻的编辑

在当代手机媒体新闻的传播中，提供直播、点播、下载等方式的视频新闻成为一个新的形态，手机视频新闻以电视媒体或视频网站各频道、各栏目的新闻和资讯为基础，既有网络视频新闻的延伸，也有基于手机终端的特色，并且能满足用户随时随地订阅收看个性化视听节目的需求。因此，手机视频新闻在当前日益受到重视。通常而言，在对手机视频新闻进行编辑时，需要经过以下几个环节：

1. 明确业务

不同类别的视频业务对编辑的要求不同，因而确定业务类别是手机视频编辑基础而重要的工作。通常来说，这项工作需要从网站拥有的资源、具备的资质和投入的力量来确定。与手机视频新闻相关的业务包括电视节目直播、电视视频点播和下载、视频节目搜索、视频新闻上传和分享、电视节目预订和收藏、自制视频节目、电视台和视频节目集成等。在具体编辑手机视频新闻时，既可以选择大而全的手机视频新闻业务模式，也可以偏重单一的手机视频服务，这需要依据手机视频新闻的编辑者自身所具有的实力来决定。

2. 设置栏目

在设置手机视频新闻栏目时，应遵循少而精的原则，并要以大众化、普遍性的一般栏目为基础，以体现亮点和风格的栏目为特色，总体数量以 6～8 个为宜。如若想多设置几个栏目，需采取伸缩式的两行编排，可以用触屏滑动，可以用下拉菜单，也可以用新窗口弹出。

3. 编辑新闻

在编辑点播类视频新闻时，重点而基础的工作是剪辑、编辑和编档。此外，在编辑点播类视频新闻时，要充分考虑到手机屏幕小、资费成本高以及收视环境复杂等因素，尽可能选择、编辑与制作具有较强针对性的点播类视频新闻，并且在内容上应偏重于新闻性（注重时效性）、娱乐性（注重可视性）等，在时间上以 3～5 分钟为宜。对于没有字幕的视频新闻，还应该考虑加上字幕，以方便用户在嘈杂的移动环境中收看。

在编辑直播类手机视频新闻时，需要完成解码、编码、转码和必要的审核等工作。具体来说，首先要将直播的电视信号或者现场直播的音视频信号进行数字化处理，以达到手机电视直播对节目源数字化的要求，然后按照手机能够播放的格式以及无线网络条件进行再编码。在播出之前，还可根据需要对节目进行审核和播控处理，随时接通和阻断节目信号进入流媒体平台。一切转码和审核工作结束后，直播节目就可以进入流媒体服务器完成节目流媒体化，这样用户就能以流的方式收看。整个过程基本是自动完成的，编辑在其中所发挥的作用就是对内容进行必要的审核和把关。

4. 策划专题

在面对重大新闻、突发新闻和重要新闻时，可以根据新闻价值和用户关注度编辑、制作出可点播的视频新闻专题。手机视频新闻的专题制作是比较容易的，主要是将多来源、多片段的同类视频集中到一起，形成一个图片＋文字的新闻列表，方便用户集中浏览某一类新闻的视频。同时还需要为专题制作一个手机版的题图，形成一种强势效应。

(三) 手机新闻客户端的编辑

手机新闻客户端是随着手机 App 应用的发展而出现的一类手机新闻传播新形态，重在满足手机用户在移动状态下实时浏览新闻和资讯的需求。在当前，手机新闻客户端因新闻内容全面综合、简约精练，新闻更新快速，能够即时推送，新闻互动多样化，方便用户实时分享，更容易满足用户本地化、个性化的需求，易于用户简单、便利地操作等特点，受到越来越多手机用户的欢迎。在此影响下，手机新闻客户端的编辑也越来越受到重视。此外，手机新闻客户端有一套适宜移动互联网传播规律的、自有流程的编辑方式和方法，编辑对象包括客户端整体框架的设计和日常新闻资讯。

1. 手机新闻客户端整体框架的设计与编辑

在对手机新闻客户端整体框架进行设计与编辑时，可具体从以下几方面着手：

(1) 明确客户端的类型与定位。明确客户端的类型与定位，是设计与编辑手机新闻客户端整体框架时首先要明确的一个方面。

就当前而言，手机新闻客户端的类型主要有平台类新闻客户端、媒体类新闻客户端、实时新闻类客户端和综合类新闻客户端。其中，平台类新闻客户端需要考虑新闻源的开发、整合和版权问题；媒体类新闻客户端需要考虑利用原创资源、与媒体其他数字平台打通的问题；实时新闻类客户端需要考虑如何在第一时间推送最重要、最新鲜的资讯问题；综合类新闻客户端需要考虑内容定制与实时新闻的平衡，建设服务于两种模式的综合性技术后台。

在明确了手机新闻客户端的类型后，就需要对客户端的定位予以确定。比如，同为媒体类客户端，有的定位为忠实于原媒体，从内容到分类几无二致；有的定位为从原媒体内容中挑选特色和精华，显现出一定程度上的区别；有的则重新打造栏目，定位为对原媒体内容的重新整合和编排；还有的定位为细分类新闻客户端，即只是原媒体的某一个栏目或节目，内容简单而专一。此外，客户端的经营模式（即收费或免费）也是在对客户端进行定位时必须要考虑的一个因素。

(2) 设置栏目和互动。平台类新闻客户端不需要对栏目设置问题进行考虑，但要考虑订阅的分类和互动的设计。在订阅分类上，除了一般性的"新闻""财经""科技""体育"等大众类别外，还要考虑用户的个性需求，提供细分化的类别和内容，如"星座""本地新闻""假日出行"等。在互动设计上，需要接入多类社会化媒体，提供充分、便利的互动和分享应用。

媒体类新闻客户端来对栏目进行设置时，必须充分考虑到自身的定位，可以把原媒体的栏目和版面直接搬移到客户端上，可以突出特色和重点，也可以根据需要重新组织内容、重新设计栏目。

实时新闻类客户端在进行栏目设置时，必须将出发点定位在全面上，即需要设置较为全面的栏目。这有助于手机用户根据自身需要定制栏目。

综合类新闻客户端既要考虑订阅内容的主题分类，也要考虑实时新闻的栏目设置。

（3）编排版式优化用户体验。手机新闻客户端的版式设计应以简洁明了、操作简易为原则，以充分利用好手机触屏和滑屏技术为前提，以用户直观和方便浏览为目标。

2. 手机新闻客户端日常新闻资讯的编辑

在编辑新闻客户端的日常新闻资讯时，可具体从以下几方面着手：

（1）选取新闻。手机新闻客户端在选取日常新闻时，以下几方面要特别予以注意：第一，时效性。手机端新闻应充分发挥即时发布、即时获知的优势，对于重大突发新闻更应在第一时间选择、录入到手机端的内容管理系统，在新闻客户端平台率先发布并推送。第二，重要性。手机新闻客户端必须在有限的空间内，尽可能让手机用户获得最有价值的新闻。第三，均衡性。手机新闻客户端所提供的新闻，必须能满足不同手机用户的多样化需求。

（2）编辑新闻。手机新闻客户端在对新闻进行编辑时，往往会借助于自身设计的独立内容管理系统。但在这一过程中，以下两方面应特别予以注意：第一，在编辑新闻栏目时，要控制好标题字数（15个字以内）、摘要字数（两行30个字左右）、图片格式和尺寸、单页新闻数等。第二，在编辑新闻正文时，要修改删添，对图片进行裁切及撰写说明，对长文章尽量写出阅读提示，对评论较多的文章在标题下或栏目页的摘要中标注评论数，技术条件完备的手机客户端还可在文章正文中插入图片和视频。

（3）策划制作专题。手机新闻客户端的专题策划与制作都是比较简单的，通常而言，整个专题页面呈现为题图加新闻列表的版式，在新闻列表中一般分设新闻、图片、视频、评论、背景资料等基础性栏目，有的专题也会开设与主题相关的栏目。但是，新闻列表的版式很难让用户注意到专题里的小栏目，因此设置专题栏目要用技术手段尽量使栏目凸显出来，或者不用传统的新闻列表而采用滑屏的方式把栏目呈现在专题默认页中。

第三节　新媒体内容的获取、集成、分发与管理

内容是新媒体运营的基础，因此在新媒体的运营过程中，必须十分注重内容的运营。

其中，内容的获取、集成与分发是新媒体内容运营需要经过的三个重要环节，而内容的管理则是新媒体内容运营的重要支撑。

一、新媒体内容的获取

新媒体内容运营机构在获取内容时，既可以使用媒体自己生产积累的内容，也可以从外部引进内容。具体来说，新媒体内容获取的途径主要有以下几个：

（一）媒体自制内容

由媒体安排专门的采编队伍，按照媒体自身的风格和需要去获取信息、制作内容，便是媒体自制内容。在当前内容同质化竞争严重、内容版权费用持续上升的背景下，自制内容在新媒体内容管理中的地位不断提升。通常而言，媒体自制内容的产生需要经过以下几个阶段：

（1）策划阶段，主要是对制作内容予以确定。在这一阶段，媒体需要通过开展市场与用户分析、创意筛选等工作来确定制作内容。

（2）准备阶段，需要做好两方面的工作：一方面是为内容采集和制作做好人力、物力、财力等的准备；另一方面是做好内容采集和制作的计划，包括时间计划、资金计划等。

（3）制作阶段，主要是媒体对上一阶段制订的制作计划予以执行，即运用各种数字技术和工具，进行内容的制作和编辑。

（4）后期阶段，在制作阶段媒体完成的只是最终内容产品的一个雏形。而这一阶段媒体会通过进一步的调整和测试，将内容变成可直接发布的最终成品。

（二）内容交易

随着新媒体时代的到来，渠道的无限扩大需要海量的内容来填补，两者的供需平衡被打破，在这样的情况下，仅依靠媒体自给自足来维持内容供给，满足用户的内容需求已不可能。此外，对于许多新媒体来说，并非所有的内容都可以自制（如《互联网新闻信息服务管理规定》要求，针对时政类信息，包括有关政治、经济、军事、外交等社会公共事务的报道、评论以及有关社会突发事件的报道、评论，我国商业网站不具备新闻信息采编权，不得登载自行采编的新闻信息，应当转载、发送中央新闻单位或省、自治区、直辖市直属新闻单位发布的新闻信息），而且即使在可自行进行采编制作的领域，如娱乐、商业新闻或视频等，出于专业性、投入产出、自身条件等方面的考虑，自制内容总是不划算。此时，新媒体就需要从其他内容提供商处通过购买、合作等方式来获得优质内容，即通过内容交易来获得内容。具体而言，新媒体与其他内容提供商进行内容交易的方式主要有以下几种：

1. 从内容提供商处直接购买内容

新媒体在获取内容时，这一方式的运用也是比较广泛的。比如，新浪、网易、搜狐、腾讯等大型的门户网站，经常会从传统媒体（如报纸、杂志、电视等）和通讯社等内容提供商处采集新闻，而费用的支付形式主要有三种：一是以广告（通常是刊登内容页的广告收入）分成进行支付；二是以订阅费分成进行支付；三是一次性协议支付。

在当前，由于计算机爬虫程序等搜索引擎技术的出现以及我国版权保护措施的缺乏，新媒体可以自动从其他媒体页面抓取并整理信息。在此影响下，新媒体在使用传统媒体的内容时，很多情况下都是免费的。面对这一现象，传统媒体呈现出两种截然不同的态度：一种是对新媒体的此种行为予以默许，认为这种行为对于提升自身的用户流量、拓展自身的传播渠道、提高自身的影响力有一定的作用；另一种是强烈反对新媒体的此种行为，认为这种行为侵犯了其合法权益，影响了其订阅、广告等商业运营及其所带来的利益。

2. 从内容集成商处购买内容

当前的新媒体在很多情况下，并不会费力地、低效地逐一向每个内容供应商购买内容，而是会通过内容集成商这一中介，对内容予以大规模的购买。

内容集成商通过版权合作、购买等方式，能够将离散的内容聚合在一起，并对这些内容进行数字化转换、编目、存储、加工等一系列内容管理操作，以有效的计费系统与各新媒体平台达成合作。与此同时，内容集成商也会将内容分发的结果、用户的需求反馈至内容提供商，以为其生产后续的内容提供一定的参考。不过，内容集成商在当前的发展还不够成熟，且未制定统一的交易标准，因此还需要进一步完善内容集成商的发展，并对其进行有效的管理。

3. 与内容提供商合作成立子公司

新媒体内容的这一获取途径，不论是对新媒体来说，还是对传统媒体来说，都是一种共赢的方式。它能够使新媒体和传统媒体实现优势统合、资源共享。比如，腾讯网与地方报业集团合作成立了一系列以"大"命名的地方站点（腾讯—大渝网、腾讯—大秦网等）。

（三）用户原创内容

在新媒体内容的获取上，用户原创内容也是不容忽视的一个方面。新媒体开创了"所有人对所有人传播"的新型传播格局，在此影响下，普通用户不仅能被动地接收信息，还能主动地制作、发布和分享信息。如此一来，用户也成为新媒体内容的一个重要生产者。

用户在生产内容时，主要有两种方式：一是对已有内容以评论、转发等方式补充信息或线索；二是自行创建内容并主动传播。在当前，用户生产的内容越来越多，其在新媒体内容中所占的比重也不断提高。不过，用户由于所受的限制较少，因而其所生产的内容良莠不齐。对此，新媒体的运营者需要做好对用户生产内容的引导与整理。

二、新媒体内容的集成

新媒体内容集成就是新媒体"对多渠道获取的内容，通过产品化和业务化两个重要环节，使得原来零散的内容素材通过策划、编排和设计生成可以供用户使用的内容产品，同时这些内容产品还可以根据终端的类别、渠道的特性和用户的需求形成方便使用的业务类别"。

（一）新媒体内容集成的重要环节

新媒体内容集成的重要环节，主要有以下两个：

1. 内容素材的产品化

新媒体时代的媒体运营者在生产内容时，不再像以前一样只依据固定的、模式化的内容产品类型，而是注重对来源众多的各种内容素材重新进行组合集成，使其成为更能与用户的需求相符合、更能实现内容资源最大价值的内容产品。也就是说，新媒体时代的媒体运营者越来越注重内容素材的产品化。通常而言，内容素材的产品化可通过以下几个途径来实现：

（1）以内容的类型为依据，将其细分为不同的板块，如新闻板块、娱乐板块、少儿板块等，然后对各板块现有的相关内容资源进行聚合与重整，使其形成一个专题。

（2）以主题为依据对内容进行产品化。比如，围绕"丝绸之路"这个专题，不仅可以在网上设置纪实节目，还可以加入与其相关的电影、电视作品及相关内容。这些内容原来是分散的，但通过相同专题的策划，它们能够有机融合在一起。

（3）以不同内容之间的关系为依据进行产品化。具体来说，就是通过综合运用点播、关联、推荐、评论等多种方式建立起内容与内容之间的联系，从而盘活内容资源。

2. 内容产品的业务化

所谓内容产品的业务化，就是改变以往内容产品线性播出模式，强调内容产品要与用户互动，要能够通过推送和关联等手段，增强用户体验，形成全新的业务模式，吸引用户来消费内容产品。

（二）新媒体内容集成的实现

对于新媒体来说，要想实现内容集成，必须借助于以下几个有效的手段：

1. 进行合理的内容策划

新媒体要对丰富而庞杂的内容进行重新聚合，此时需要充分发挥内容策划的作用。新媒体在进行内容策划时，不仅要把不同的内容资源聚合为专题，而且要通过综合运用点播、关联、推荐、评论等方式建立起内容与内容之间、内容与业务之间的联系，从而盘活内容资源。此外，新媒体在进行内容策划时，要注意引入产业链的思路，实现线上线下的联动，充分调动并有效整合产业链各环节的资源。

2. 进行科学的内容编排

新媒体在对内容进行编排时，应特别注意以下几个方面：

（1）要尽可能对内容进行非线性编排，即为用户提供一个容易使用的、界面友好的、可以快速访问内容的非线性呈现方式，对于用户快速、方便地浏览、搜索和选择所需内容具有重要作用。

（2）在对内容进行编排时，要切实考虑到不同内容之间的关联性。这不仅能使内容具有更强的整体感，而且能将存在关联的内容以组合的方式一起推荐给用户。

（3）要注意主动呈现或推送热点内容，这对于提升内容的关注度和收视率是十分有帮助的。

3. 进行易操作、人性化的内容设计

新媒体的内容界面从整体风格来说应是简单大方的，不要太复杂花哨。另外，内容界面的设计要尽可能简单化处理，确保界面操作能够在用户的控制能力之内，并能够减少用户的记忆负担。此外，新媒体的内容界面要注重美观。只有这样，新媒体的内容界面才能获得更多的忠诚用户。

三、新媒体内容的分发

在新媒体时代，内容平台中的内容产品将不再是供单一媒体"消化"，而是分发到广播电视媒体、网络媒体、移动媒体、户外媒体等网络和渠道。这不仅能解决渠道、媒体上内容的短缺问题，还能让单一的内容通过重复利用获得价值增值。就当前而言，新媒体内容的分发呈现出以下两个鲜明的特点：

（一）全渠道化

在传统媒体时代，由于受到媒体自身渠道的影响，内容的分发受到了极大限制，通常是各渠道只顾着自己的内容，而且不同渠道之间的内容无法实现共享。如此一来，内容分发的意义也就不存在。直到新媒体时代，内容分发才真正得以实现。这不仅使得内容资源以更快的速度、更大的规模在多种发布渠道中得以共享，而且促使内容的重复利用率得到了大大提高，继而产生了更多的收益。

由于不同渠道对内容的要求是不尽相同的，因而在进行内容分发时要注意根据渠道的实际特点进行一定的调整。

（二）跨终端化

在新媒体时代，内容的分发不再局限于某一类型的终端，而是同一内容能够在不同的终端进行传播。在未来，各种固定的、移动的终端会不断增多，新媒体的内容分发也将最终实现跨终端化，即内容在各个终端实现共享。

四、新媒体内容的管理

在新媒体内容的获取、集成和分发过程中，贯穿新媒体内容平台的还有一个重要的方面就是内容管理。新媒体的内容管理不仅能确保新媒体内容的安全，而且能促使新媒体内容的运营水平不断得到有效提升。在具体开展新媒体的内容管理时，以下几个方面要切实予以注意：

（1）新媒体在内容管理中要强调"媒介思维"，即要严格筛选内容，保障所传播内容的安全和健康，抵制恶俗内容，并要注意保护版权，以推动原创内容的不断发展。

（2）新媒体在内容管理中要引入媒体资产管理系统。媒体资产管理系统是对各种类型的媒体资料数据，如音视频资料、文本、图表等进行全面管理的综合解决方案，为的是实现内容的长期保持和重复利用。

（3）新媒体在内容管理中要做好内容监管工作。在新媒体时代，更多个人、机构和组织的内容被允许进入传播领域，为此，需要运用更多手段对内容进行严格的监管和把控，包括内容的安全性以及版权保护等，防止有害信息的非法侵入和传播。

第四节　新媒体广告的策划与运作

新媒体广告指的是"以数字传输为基础、可实现信息即时互动、终端显示为网络链接的多媒体视频上，有利于广告主与目标受众进行信息沟通的品牌传播行为与形态"。新媒体广告要想获得成功，离不开周密的广告策划与运作。

一、新媒体广告的策划

新媒体广告的策划，对于新媒体广告活动能否顺利进行以及能否达到预期的广告效果有着重要的影响。因此，必须做好新媒体广告的策划工作。

（一）新媒体广告策划的含义

新媒体广告策划指的是以广告主的营销目标和广告目标为依据，充分利用新媒体及其广告受众的特征，对整个新媒体广告活动进行战略和策略上的规划。新媒体广告策划是一项复杂的系统工程，而且对整个新媒体广告活动起着引领方向的作用。

（二）新媒体广告策划的原则

新媒体广告策划要想达到预期的广告效果，在策划过程中必须遵循以下几个原则：

1. 整体性原则

新媒体广告策划并不是孤立进行的一项工作，它是企业营销策划系统中的一个分支和重要组成部分，因而必须与企业的营销战略相符合、相配合，形成一个协调统一的大系统。此外，新媒体广告策划需要对广告调查、广告创意与表现、广告制作与发布、广告效果测定等各个环节进行有机融合，以推动这个新媒体广告系统发挥最大的作用。由此可知，整体性原则是新媒体广告策划过程中必须要遵循的一个原则。

2. 灵活性原则

这一原则指的是在进行新媒体广告策划时，必须要适应未来变化多端的环境与条件，策划中一定要增加动态、弹性的成分，考虑到诸多风险和可能，以便在后期能够根据实际情况及时做出有效的调整。

3．目的性原则

在进行新媒体广告策划时，必须围绕着一个目的展开。也就是说，在进行新媒体广告策划之前，必须明确此次广告策划的目的，然后以此目的为依据，将广告活动的不同环节连接起来，以实现有条不紊的活动安排，有针对性地提出战略和策略，做到有的放矢。

4．互动性原则

互动性强是新媒体最为鲜明的一个特点，这就决定了新媒体在进行广告策划时必须充分发挥新媒体互动性的特点，实现新媒体广告与受众的互动与沟通。如此一来，新媒体广告的受众能够进一步加深对广告的理解。

5．创新性原则

这一原则指的是在进行新媒体广告策划时，必须充分调动起创意思维，大胆创新，以便能够在市场竞争中最大限度地吸引受众的注意，最终打动受众购买广告产品。需要特别指出的一点是，这里的创新不是天马行空、脱离实际的创新，而是建立在对品牌、产品、消费者深入洞察的基础上的创新。

6．可操作性原则

新媒体广告策划的最终目的是要在新媒体广告活动的运作过程中进行操作，因此，新媒体广告策划的每一个具体的步骤和方法都必须是可以实际操作的。为此，在策划新媒体广告的过程中，要注意与企业实际相结合，并要选择实用性和操作性都比较强的广告创意方案、广告预算方案等。

（三）新媒体广告策划的内容

新媒体广告策划的内容，具体来说包括以下几个方面：

1．新媒体广告目标策划

新媒体广告的策划需要以一定的广告目标来统领，因此在进行新媒体广告策划时，一项重要的内容便是确定广告目标。在确定新媒体广告策划的目标时，必须从实际的营销目的出发，既可能是为了配合新产品的上市，扩大产品的知名度，也可能是为了扩大市场份额，提高产品销量。此外，新媒体广告策划的目标往往并不是单一的，而是在不同的阶段会有不同的目标或不同的目标侧重。对此，进行新媒体广告目标确定时也要特别予以注意。

2．新媒体广告目标受众策划

新媒体广告目标受众策划，事实上是明确新媒体广告要曝光给哪些人。新媒体广告目标受众策划要根据受众的生活习惯、消费行为、消费心理以及媒介接触行为及其特点等，做出具体的战略考虑和战术选择。而且，新媒体广告目标受众的精准度越高，越容易使新媒体广告实现预期的目的。

3. 新媒体广告主题策划

新媒体广告的主题是广告所要表现的中心思想，也是广告主通过广告试图向目标受众说明的基本问题。因此，新媒体广告的主题要从所宣传的商品、服务、企业和观念中找出能够调动目标消费者的兴趣、激发目标消费者欲望、说服目标消费者购买，并与其他的商品、服务、企业和观念相区别的理由。

在进行新媒体广告主题策划时，必须通盘考虑广告目的、受众的心理和行为等相关因素，并要根据受众的物质需求和精神需要制定对应的广告诉求重点，以便用户更好地接受广告所要表达的主题思想。

4. 新媒体广告媒介策略策划

新媒体广告媒介策略策划，就是明确与媒介计划相关的一系列具体问题，如选择哪个或哪几个新媒介进行广告投放，以及投放时间、投放区域、投放预算等。

5. 新媒体广告反馈系统策划

完整的新媒体广告活动势必包括广告效果的评估，所以在新媒体广告策划中，就要为效果评估的实现做好准备，预先策划好相关的反馈系统，方便新媒体广告主和新媒体广告代理商及时、准确地进行效果评估，以修正新媒体广告活动中的各种问题，指导下一阶段或下一次的新媒体广告活动。

二、新媒体广告的运作

新媒体广告的运作，对于新媒体广告的最终效果有着重要的影响。因此，必须重视新媒体广告的运作。此外，在新媒体广告的运作中，要特别注意以下几个方面：

（一）设计好的新媒体广告创意

创意是广告的灵魂，因而设计好的新媒体广告创意是十分重要的。所谓新媒体广告创意，就是在新媒体广告活动过程中，为达成特定的广告目标所开展的创造性思维活动，既具有艺术的特质，又具有营销活动的基因。

1. 新媒体广告创意的特点

新媒体环境下广告创意具体来说有以下特点：

（1）创意内容的丰富性。在新媒体中，由于新媒体的超链接的特点，一则广告可以承载的信息容量更为丰富，可以从不同层面不同深度建立与用户的关联。相应地，新媒体广告创意的内容也需要进行延展，不仅要考虑对第一级展示页面的创意形式，还应对用户点击进入后的下一级页面进行创意设计，比如如何采用更为新颖的方式链接相关信息、如何加强用户的参与度、如何与用户互动、如何与其他线下活动建立关联等，这都属于广告创意的新范畴。

（2）创意维度的多样化。新媒体广告在表现维度上，既可以涉及广告的展示方式，也可以考虑弹出方式、互动方式、响应方式等，而且每个维度上都有发挥创意的空间。

（3）创意手段的技术依赖性。附着于新媒体之上的广告创意与技术的运用是密不可分的，如二维码技术催生了以二维码为桥梁的互动广告等。

（4）创意平台的融合性。新媒体广告创意的这一特点主要表现在三个方面：一是新媒体广告可以利用各种技术手段，将不同媒体形式通过新媒体广告创意进行关联，并借助多种媒体的共同作用达成广告创意的价值提升；二是新媒体广告创意的隐蔽性越来越强，往往将广告信息融入内容和其他信息之中，使用户在浏览内容时潜移默化地受到影响；三是新媒体环境下的广告创意常常不是独立的广告作品的创意，而是一个整体营销事件兼广告活动创意。

2. 新媒体广告创意的原则

新媒体广告创意的原则为新媒体广告创意活动提供了兼具科学性与艺术性的行动准则，具体有以下几个：

（1）创新性原则，即在新媒体广告创意中，要注意呈现出新鲜独特的特点，拒绝平庸，拒绝因循守旧，给人以标新立异、出人意料的感觉。

（2）故事性原则，即在新媒体广告创意中，为了更持久地维持受众的注意力，激发受众的兴趣，以故事化的角度切入，或者在故事中植入广告的方式，以有效地减少受众对广告的回避行为。

（3）及时性原则，即在新媒体广告创意中，要注意与最新的信息、动态结合起来。

（4）互动性原则，即在新媒体广告创意中，要注意选择准确的渠道，提供及时的、富有乐趣的双向交流机会，并给予反馈的可能。

（二）做好新媒体广告预算

新媒体广告预算是指广告主对于某一计划期内，在新媒体领域开展广告活动的整体费用规划，包括广告费用额度、使用范围、使用方法等项目，是企业总体营销战略的重要组成部分。对于企业来说，做好新媒体广告预算，最根本的目的是以最少的花费取得最大的广告效果。通常而言，企业在进行新媒体广告预算时，可以借助于以下几个有效的方法：

（1）经验法，即企业经营者凭自己的市场经验，在综合考虑市场竞争状况、企业财务能力、上一年度的广告预算及广告效果等方面因素后，从而确定新媒体广告的预算方案。

（2）目标/任务法，即企业以自身的营销目标或销售任务为依据对广告目标和广告策略进行确定，并在此基础上计算出要达到这些目标所需要的总费用及具体分配方案。

（3）利润百分比法，即企业在实际获得利润的基础上，抽取一定比例来作为新媒体广告总费用。

（4）销售百分比法，即企业以前一年的销售额及当年的预计销售额为依据，抽取一定的比例来作为新媒体广告总费用。

（5）量入为出法，即企业以自身的实际财务状况为依据，在扣除了其他营销费用后，将多余的费用按一定的比例投入到新媒体广告宣传上来。

（6）竞争对手参照法，即企业参考竞争对手的广告情况对本企业的新媒体广告费用进行预算，并随着竞争对手广告费用的变化而有所调整。

（三）做好新媒体广告效果评估

新媒体广告效果评估指的是利用一定的方法、指标和技术，对新媒体广告效果进行综合评价的活动。对新媒体广告效果进行有效的评估，可以帮助广告主检验广告策划是否合理、广告创意是否有效、是否实现了预期的广告目标，并为下一阶段的广告活动积累经验。

1. 新媒体广告效果评估的内容

在进行新媒体广告效果评估时，应具体包括以下几项内容：

（1）新媒体广告在受众认知和受众心理上产生的影响，包括对广告信息、广告媒体、广告活动效果等多方面的考量。

（2）新媒体广告开展对广告主的销售业绩方面带来的影响。

（3）新媒体广告表现与新媒体广告目标之间的吻合度，以及广告媒体与目标受众的吻合度。

（4）新媒体广告的传播方式是否合理。

2. 新媒体广告效果评估的指标

新媒体广告效果评估的指标，具体来说有以下两个：

（1）展示类指标。展示类指标用以衡量新媒体广告传播范围的广度，主要包括页面访问量、独立访客数量、广告曝光数/可见曝光数（即广告投放页面的浏览量）等具体指标。

（2）效果类指标。效果类指标用以衡量新媒体广告发布后所产生的实际效果，主要包括广告点击数、广告点击率、广告到达率（即用户通过点击广告实际进入广告主推广页面的比例）、广告跳出率（即当用户点击广告进入广告主推广页面后，没有产生继续点击行为，而选择直接离开的比率）、广告二跳率（即用户通过第一次点击广告进入推广页面后，继续进行第二次点击行为的比率）、广告转化率（即用户在广告信息的影响下，通过点击广告进入推广页面，并产生了注册或购买行为，从普通的广告浏览者转化为注册用户或购买用户的比率）等具体指标。

第九章　新媒体传播的舆论引导

长期以来，报纸、电视、广播等传统主流媒体一直担任我国政府新闻与宣传工作中的主角，尤其是在舆论引导方面更是占据非常重要的地位。但随着以互联网和手机为代表的新媒体的快速发展，新媒体传播以其开放性、交互性和自传播等特征，已经成为公众参政议政的新平台和舆论传播的新领域。对此，政府也应该要密切关注新媒体环境中的舆情动态，积极有效地实施舆论引导。

第一节　新媒体舆论成为社会舆论的主流

新媒体舆论，是指在互联网、手机媒体等新媒体上传播的公众对焦点问题所发表的有影响力的意见或言论，亦是现实民意借助于新媒体的表达。近年来，我国相继发生的几件大事被新媒体聚焦并在"虚拟社会"上掀起了巨大波澜，引起现实社会的广泛关注，使人们开始关注新媒体舆论的影响力。新媒体已成为我国公众表达民意、讨论公共事务、参与经济社会及政治生活以及进行舆论监督的重要公共平台，新媒体舆论已经成为我国社会舆论的重要组成部分。新媒体舆论已从影响甚微的边缘走到了主流的位置，成为各类社会事件发展进程的重要影响因素和主流舆论的组成部分。

新媒体舆论是时代发展和社会进步的产物，这就注定了我们必须积极应对它。对待新媒体舆论，既要发挥新媒体舆论的积极作用，又要把它的影响降到最低，需要做到以下几点：

（1）管理舆论。言论自由是有界限的，这个界限就是不能超越法律的限度。规范新媒体舆论，需要进一步完善、清理立法，形成系统、有序地调整网络关系的法律体系。要加强新媒体管理中网络犯罪、个人隐私保护等相关方面的立法，为虚拟的社会管理提供明确的法律约束机制。

（2）掌握舆论。在网络时代，要形成健康向上、法治文明的新媒体舆论，就必须让网民喜闻乐见、弘扬正气的舆论占据主导地位，及时清除有害信息与消极舆论。同时要积极引导舆论，政府网站与门户网站应当在这方面发挥重要的作用。

（3）自律舆论。作为网站，应当文明办网；作为网民，应当文明上网、理性上网，倡导网络文明道德，使网络成为先进文化传播的阵地。

（4）充分发挥意见领袖功能，提高新媒体舆论的引导能力。要培养"专业型"意见领袖，改变"大而全"的策略，走精准化路线，集中力量打造特定领域的民意主导者，在保证其拥有基本社会道德的基础之上，更加重视他们在专业的、特定的领域内的权威。关于意见领袖的内容，后文将进行更为详细的阐述，这里不再展开。

（5）积极推动政务信息公开，确保公民的知情权和监督权。新媒体推动了政务信息公开的进程，也对政务信息公开提出了快速、及时、准确、权威的新要求。要搭建政府与网民迅速、高效沟通的有效平台。

（6）建设网络事件监测体系，健全网络舆情预测与预警常态工作机制。自 2003 年起，舆情监测成为各级党政部门的一项重要工作，开始进入制度化、规范化发展阶段。此后，我国陆续建立了从中央到地方的舆情监测体系。

第二节　新媒体环境下网络舆情的发生机制与传播渠道

网络舆情是指在互联网上流行的对社会问题不同看法的网络舆论，是社会舆论的一和表现形式，是通过互联网传播的公众对现实生活中某些热点、焦点问题所持的有较强影响力、倾向性的言论和观点。当前，网络舆情已成为政府和企业了解社情民意的重要窗口网络舆情管理也成为政府对公共事件、危机事件进行应急管理最重要的一环。对此，我们有必要探讨网络舆情的基本理论及其运动规律，必须研究网络舆情的产生机制和传播渠道。

一、网络舆情的发生机制

网络舆情的产生与社情民意有着密切的关系，网络舆情与社情民意分别作为网络空间与现实社会民众态度的风向标，可以相互转化和影响。网络舆情中蕴涵着网民的社会心理，社会管理者要重视并正确对待网民意见，运用议程设置引导网络舆论、培养意见领袖、倡导网民自律，同时强化媒体"把关人"作用。

（一）社情民意

社情民意是指能够反映国家大政方针的社会生活基本情况以及人民群众对关注的热点问题所表达的真实意见和愿望。

1. 社情民意的表现形式

在我国，社情民意的表现形式主要分为以下几种：

（1）人大代表以及政协委员在全国会议上提出的议案。

（2）政协全体委员会议、常务委员会议和其他各种会议提出的意见、建议。

（3）各政府机构的视察报告和专题调研报告。

（4）全国政协内部发行的各种报纸杂志以及简报等。

（5）人民群众和各界人士来信来访。

（6）媒体所反映的关于社情民意的各类报告。

2．社情民意的现实价值

（1）了解社情民意可以很好地掌握网络舆情事件的发生、发展过程。社情民意往往是网络舆情事件发生、发展以及消退的风向标，网络舆情事件的发生、发展以及消退过程就是广大网民通过网络表达自己意愿并付诸行动的过程。现代网络的发展改变了传统媒体一对多的传播模式，网络是一种双向的交互式的传播通道，广大网民通过互联网都拥有了自己的话语权，他们可以通过网络跟帖、新闻评论等方式表达自己的观点和对相应事件的态度。政府部门通过了解社情民意，满足广大群众利益诉求，事件就会慢慢消退。

（2）畅通社情民意反映渠道有利于提升舆情事件的预防和引导能力。社情民意反映了民众的心声，政府有关部门通过及时有效地搜集和分析社情民意，可以了解人民群众的思想动态、心理情绪、愿望心声以及对一些重大事件的态度、观点等，立足长远分析存在的问题，采取有效措施预防重大舆情事件的发生。而对于已经发生的重大舆情事件，可以通过搜集反映该事件的社情民意，把舆情事件向好的方向引导。

（3）了解社情民意可以为政府决策提供参考信息，有利于政府制定决策。经济社会的发展以及价值观念的多元化使得不同利益群体的利益诉求不断增加。政府在协调社会利益的过程中要尽可能地引入社情民意，在做出决策前与各利益群体协商、沟通以及交流，通过多方面、多渠道、全方位交流了解社情民意，从而获得尽可能多的民意信息以供决策参考，进而辅助决策的制定。

（4）在决策制定过程中引入社情民意，有利于政府决策的执行。政府通过引入社情民意，搜集各方民意，可以提高公民参与度，取得相应利益群体的支持和维护，这就会大大降低政府决策执行的难度。

3．网络舆情与社情民意的相互影响

（1）网络舆情对社情民意的反映。网络舆情在反映社情民意方面更具优势，网络舆情内容及其传播导向的特殊性反映了当前社会极其复杂的特点，网络问题归根结底是现实矛盾的产物，因此网络舆情是较全面、较快速反映社情民意的有效窗口和平台。信息化时代，网络为社会公众提供了一个可以相互交流的平台，让民众表达得到了最大限度的呈现，改变了诉求表达机制不畅通的局面，使得社情民意表达更接近真实。

（2）社情民意对网络舆情的影响。从预防和消解网络舆情的角度看，加强现实社会中社情民意反映渠道建设、重视现实社会中社情民意的表达具有重要的价值与意义。在应对网络舆情事件的过程中引入社情民意，充分发挥社情民意的积极作用，畅通社情民意反映渠道，充分吸收和反映社情民意，把重大网络舆情事件往理性的方向引导。在政府决策的过程中引入社情民意还可以最大限度地预防重大舆情事件的发生。

总之，社情民意已成为网络舆情产生、形成和发展的最重要的策源地，充分采集民意、汇集民意，充分发挥民意在网络舆情中的积极作用，是网络舆情研究中不可缺少的一环。

4. 网络舆情与社情民意的转化

网络舆情和社情民意之间的互动应当是一种常态，两者是统一的，并存在一定的对应关系。具体来看，网络舆情和社情民意都包括了公开与不公开的部分，只要是网民所想的通过网络表达出来，都是舆情或民意。网络舆情和社情民意都侧重于网民对社会各种具体事务的情绪、意见和愿望等的表达，是直接来自网民的心声。

网络舆情的基础就是社情民意，有什么样的社情民意就会显现什么样的网络舆情，社情民意中的意见和建议未经公开表达，而是以情绪的方式变现出来，这部分社情民意就转化为实实在在的舆情，当这部分舆情通过互联网传播时，就演变为网络舆情。从网络舆情研究对象主体、客体、本体来说，网络舆情的形成是多种合力的结果，是多种意见的总合向有影响力的意见转化的过程。这一转化过程非常复杂，而传统媒体的介入和网络媒体的报道起着放大的作用。

网络舆情对应的是客观存在的民意，是社会集体意识的一种反映。社情民意转化为网络舆情后，网民的动态和价值取向还影响着网络舆情的发展和走向，如果政府决策的制定能合乎广大民众的利益诉求，理性引导网民的行为，网络舆情事件就会朝着有利于社会稳定的方向发展，直至消退。

（二）社会心理

社会心理是指在一段特定的时期内存在于社会及其群体中的整个社会心理状态，表现在人们普遍的生活情绪、态度、言论和习惯中。人们的社会心理状况最终取决于社会生活实际，直接形成于种种现实生活迹象中。构建和谐社会需要重视网络舆情中的社会心理，注重发挥社会心理机制的作用。

1. 网络舆情中社会心理的主要内容

网络舆情事件的发生与一定时期的群体社会心理有着密切关系，需要引起政府管理者的高度重视。从内容上看，网络舆论所折射出的社会心理主要有以下两大方面：

（1）社会公平正义。司法、行政中的公平、公开、公正问题也是网民关注的热点。

（2）民生。食品安全、住房、医疗、教育等也是网络舆情所折射出的社会心理热点。网民对食品安全问题频发、生态环境恶化、房价高、就医难、医疗费用高、入学难等问题多有不满。

2. 在网络舆情中对社会心理的引导

网络舆论社会心理不能控制，只能引导。网络信息管理不能只靠简单的行政手段干预，而应尊重法律、尊重舆情规律，科学、有效地进行监测和引导。

（1）社会管理者要重视并正确对待网民意见。网络舆论热点很多与政府有关。从近年来的一系列舆情事件看，如果政府方面对媒体上的舆论无动于衷，就可能使舆论不断走向对政府不利的一面。如果政府有关部门能积极妥善处理网络事件，政府和公众之间通过互联网进行议题互动，就会有力地化解矛盾、缓和社会情绪。因此，社会管理者应该保持清醒的头脑、理性的态度，合理对待网民的意见。

（2）运用议程设置引导网络舆论。目前网上各类民意的表达实际上是公众期待与政府形成互动，盼望得到政府的反映，是公众为政府设置的"议程"。政府应充分利用公众议程引导舆论，而互联网也为政府设置议程提供了多种灵活的渠道。有效引导网上舆论是个系统工程，应通过立体的议程设置建立引导网上舆论的体系。在此过程中，政府不应局限于舆论引导的微观层面，更要进行宏观的议程设置，为营造良好的网上舆论环境创造有利的外部条件和舆论形成的基础。

（3）培养意见领袖。在互联网上发挥意见领袖的作用，这对舆论的引导既具有针对性又具有必要性。如果意见领袖能及时地察出网民的关注点和困惑点，引导网民共建和谐社会，就会起到官方媒体无法替代的作用。

（4）倡导网民自律。网络行为与现实行为一样，都具有公共性和社会性，也要受到现实秩序的约束。网民在公共平台发表意见，应该自觉自律，遵守法律和道德，明辨是非，谨言慎行，不信谣，不传谣，使"谣言止于智者"。

（5）强化媒体"把关人"作用。网络媒体"把关人"包括网站的编辑、网络社区管理员等。在自媒体时代，官方媒体和主流媒体仍然承担着最重要的信息传播功能。在网络公众事件的发生、发展过程中，网络媒体"把关人"通过对信息的取舍、筛选，对有益的信息进行大力推介，对危害社会和谐稳定、违反法律的有害信息进行及时剔除，可以有效地引导舆论走向。

（三）意见领袖

随着互联网技术的发展和普及，出现了一批网络意见领袖，他们通过影响众多网民和舆论走向，正在成为一支重要的社会影响力量。在互联网时代，与传统社会意见领袖一样，网络意见领袖与受其影响者处于同一群体并拥有共同的兴趣爱好。不同的是，他们所属的同一群体是存在于网络社会的虚拟群体，这些群体是基于共同兴趣而建立的。共同兴趣是意见领袖与受其影响者之间产生联系的基础，也是意见领袖发挥个人影响力的前提。而同一群体的身份使意见领袖的意见和观点更具说服力，更易获得群体成员的信赖和尊重。

1. 网络意见领袖的构成和作用

（1）网络意见领袖的构成。网络意见领袖，主要包括政府部门网络发言人、网络媒体评论员、网络知名专家、网络论坛版主、微博"大V"等。其中，政府部门网络发言人由于具有独家的新闻发布渠道和官方身份，在提供信息的权威性、可信度方面具有较大优势。而其他几类网络意见领袖，则主要是基于其发布意见比较善于聚焦公众关注的热点话题，观点有见地、有新意，表达通俗易懂、有冲击力，能吸引眼球，在网民中易引起共鸣。

（2）网络意见领袖的作用。网络意见领袖的作用表现为通过议程设置影响舆论。在议题分布上，对政治、经济、军事、外交等国家大事和与民生相关的医疗、教育、住房等最为关注。他们往往采取先声夺人的方式，提出公众关心的问题，继而以公众代言人的身份，对事件及当事人展开评价、分析甚至批判。在网络传播过程中，由于意见领袖被认为能够代表其所在全体的主流意见，一旦意见领袖就某一问题发表了意见，则很容易引起公众的赞成、响应甚至盲从。

2. 充分发挥网络意见领袖的积极作用

（1）正确对待网络意见领袖。在众声喧哗的网络世界，由于网络意见领袖与网民身份接近，容易交流意见，具有独特的优势。他们针对社会热点公共事件发表言论，与网民、媒体之间形成互动，其观点往往影响大批"粉丝"和舆论走向，甚至改变公共事件在现实中的走向。代表正确舆论方向的意见领袖可以凭借其网络公信力、权威性，及时发布正能量的声音，从而发挥主流官方媒体无法替代的正面引导作用。只要确保这些意见领袖能充分发挥其领袖作用，在网络互动中影响和感染其他群体，就能有效引导互联网中的舆论方向。可以通过邀请现实生活中某一方面的权威来承担网络中"意见领袖"的角色，参与网络互动，争取更多网民的支持、理解和参与。这在一些大型论坛应用得非常成功。例如，人民网强国社区的"嘉宾访谈"已经成为一个影响巨大的栏目。每年"两会"期间都会邀请全国人大代表、政协委员与网友交流互动，产生了极好的影响。

（2）培养和团结网络意见领袖。网络意见领袖是随着社会发展自发产生的，但也可以通过积极培养而壮大数量，提升素质。社会管理者要进一步解放思想，创造条件，整合体制内外的资源，发挥平台、渠道、资金、技术等优势，积极培养、扶持有较高政策水平、网络传播能力的网络论坛版主、网络访谈节目名主持人、网络社区名评论员和知名博客、微博博主，将其纳入社会主流意见群。对业已得到网民公认的意见领袖，只要是不违法、不违反社会公德的，无论其社会身份高低，都应采取友好、团结的态度，积极开展沟通交流活动，帮助他们更加积极正面地看待问题，发表理性不偏激、富有建设性的言论，共同促进网络文明和谐。

（3）依法引导和管理意见领袖。互联网不是法外之地，在互联网上发布言论必须合法、合德，对网络意见领袖的管理也应在法治轨道上运行，同时要遵守社会道德规范。依法加强互联网监管和对意见领袖进行必要的引导要符合国际惯例。

二、网络舆情的传播渠道

综合来看，网络信息传播和网络舆情传播犹如孪生兄弟，互为共生，网络信息和网络舆情在共享传播渠道的基础上，呈现出各自在政治学和传播学领域的差异形态和不同机制。由此，需要对网络舆情的传播渠道有清晰的认识。网络舆情的传播渠道包括有形和无形两种，有形的是媒介形式渠道，无形的是公众心理情绪渠道。

（一）媒介形式渠道

网络舆情必须借助媒介渠道才能实现传播和衍变，新媒体媒介形式加速了这种媒介渠道的重要作用。此外，近年来，各类典型的网络舆情都是通过新媒体媒介渠道促发和衍变的。当然，网络新媒体作为非结构化渠道发挥作用，传统媒体的结构化渠道也不可忽视。

1. 网络新媒体的非结构化渠道

网络舆情的传播渠道主要是网络新媒体。网络新媒体的形态随着网络技术的变化而有所不同，从开始的新闻组、论坛、门户到微博、微信，贯穿其中的是技术功能和数据。其技术特点决定网络新媒体的数据化特性，那就是网络新媒体的用户可量化。网络用户的网络行为的巨量积累，形成所谓的大数据基础。这种大数据带来了非结构化的特性。非结构化的状态带来了网络舆情的复杂和不可完全把控性。从网络用户立场看，网络用户始终是在活动的。当然，网络舆情在大数据的环境中传播，在可承担的人力成本、经济成本范围内，管理者可以借助结构化方式去追溯舆情事件的传播路径。

2. 传统媒体的结构化渠道

从不同的传播渠道对比来看，传统媒体作为传播渠道，它的舆论扩散和到达率不如网络媒体，但是，在整个传播渠道中仍然是非常重要的一个节点。对于报纸杂志而言，能够看到网络舆情的传播形态存在于报纸杂志的定位、采编流程、内部审稿流程、编辑记者与采访线索及采访对象之间整理信息和提供信息的关系和过程中。舆论和舆情的传播在很大程度上受限于报纸杂志的议程设置。对于广播和电视而言，对于网络舆情的传播也是遵循采编流程、内部审稿流程，存在于编辑记者与采访线索及采访对象之间整理信息和提供信息的关系和过程中。

（二）心理情绪渠道

在网络舆情传播过程中，报纸杂志、广播电视和网络新媒体等媒体构成网络舆情传播的重要有形渠道，但是，在心理学层面的个体心理之间的信息传播才是网络舆情传播渠道的最"原生态"的存在。心理情绪渠道可分为社会话题的立场传播渠道、网络话题的情绪传播渠道。

1. 社会话题的立场传播渠道

在网络空间里的社区、论坛、朋友圈等环境中，网络舆情也体现了这种"沉默的螺旋"特点。

在基于观点和立场的表达构成的网络舆情中，一定程度上是报纸杂志和广播电视的议程设置在引导着社会公众的舆情走向，而在网络发展和兴起后，"沉默的螺旋"的结构化更多地偏向于个体的情绪化结构。

2. 网络话题的情绪传播渠道

网络媒体和网络社交的普及应用逐渐消解了原有社会的传播结构和交往方式。全新的信息传播方式带来的最大变化就是信息传播权和知晓权落到了个体手上，因此带来了网络舆情的异常活跃和非结构化状态。

作为网络舆情表达主体的网民只有通过特定方式的舆情表达，才能将网络舆情的状态显露出来。网络舆情表达的渠道和方式较复杂，通畅是网络信息大数据形态中的非结构化可见形式。

第三节　加强新媒体舆论引导的方法

新媒体坚持正确的舆论导向，既是马克思主义意识形态建设的需要，也是社会整合、人民团结、党的统一和国家稳定的要求。网络舆论的分散化和群体化并存、异质化和同质化并存的特点更加令人扑朔迷离。舆论引导也面临比以往更加复杂的形势。以下就从渠道、机制两个角度阐述加强新媒体舆论引导的方法。

一、从渠道上加强新媒体舆论引导的方法

（一）政府要充分利用新媒体

政府要充分利用新媒体提高信息发布的透明度、增强社会管理和调控能力，可以考虑从以下三大方面入手：

1. 转变管理观念

传媒管理者及媒体专业者必须重构政府与媒体之间的新型关系，从"媒体控制"转变为"媒体合作"。相应地，媒体与政府之间的关系，也由原来一体关系，到侍从关系，再向伙伴关系转变。在社会转型的过程中，应该让媒体成为政府的诤友。在管理观念的转变过程中，还应注意对传媒运行规律的尊重。承认媒体的专业性，尊重新闻价值规律，而不仅仅是从管理者的主观愿望出发，才能更科学地引导新媒体舆论。

管理者还应利用新媒体紧密、快速、有效地联系受众。交互性较强的微信、微博等社会化媒体能有效联系人群，其构建关系的关键在于"紧密联系"，个体创造性在 Web 2.0 中得到释放，善用这些途径，了解并掌握这些途径，与受众站在同一条起跑线上，相信管理者与新闻专业工作者会有不同的视野。此外，还可以建立独立运行的信息管理机构或团体。

2. 更新调控手段

树立传媒治理的观念，意味着社会调控手段的更新，即在坚持党管媒体的原则的同时，改善党管媒体的方式方法。首先是以对舆论导向的"宏观调控"取代对具体报道内容的耳提面命式的"微观干预"；其次是依法行政，以法制化、规范化的手段来调节媒体行为。借助互联网这个平台进行信息传播，提高信息发布的透明度，增强社会管理和调控能力。

3. 重视民间舆论诉求

在对新媒体进行舆论引导的过程中，不能忽略现实新媒体所代表的民间舆论诉求。网

络媒体面对来自网民的各种声音，要善于分析网民所反映的问题，找出舆论实质，不能只看表面。重视、尊重新媒体舆论诉求，尊重新媒体发展规律，才能更好地进行引导。

知情权是现代社会公民的一项基本人权，公众需要不断获取各种信息来充实自己的生活，做出自己的选择，保障自己的合法权益。公众的知情权得到满足，很大程度上即可减少谣言的出现。

（二）新媒体自身加强舆论引导

1. 加强网络媒体舆论引导力

（1）做好网络舆情预警。传媒是社会应对危机的"雷达"和"预警机"，这主要表现在媒体应在第一时间快速向公众告知各种社会危机信息。如果媒体对危机事件的预警报道能正确反映事件的发展进程，人们就能够对危机形成正确的看法并由此采取正确的行动，从而减轻或消除危机所带来的巨大危害，防患于未然。

鉴于此，应尽快建立并完善互联网舆情汇集与分析机制。要想掌握舆论的话语权，就应当时时检测舆情，准确进行舆情分析和判断，及时回应与疏导网上言论，化解舆论危机，掌握舆论引导的主动权。建立信息公开、发布机制，保持信息公开通畅。准确把握虚假信息的重要性程度及敏感度，有效预警，及时开展调查取证工作，澄清谣言，疏导危机，就能将危机及早消弭于无形。

（2）设置网络议程。新闻媒体要善于捕捉、追踪和报道重大事件和热点、焦点、难点问题。敏锐地分析舆情，了解大众的所思、所虑和所忧，摸清楚公众最关心、对他们的生活和工作有重大影响力的问题，然后及时准确设定媒体议程，进行重点报道。同时要善于引导公众正确认识和对待这些热点议程，纠正由偏见、谣言、流言等所激发而形成的谬误言论，做出权威、详尽、令人信服的评论、解释，发挥释疑、解惑、求真的作用。在网络这个虚拟的空间里，各种各样的"议题"纷至沓来，常使网民感到莫衷一是。通过"议题设置"可以把社会的注意力引导到特定的方向，帮助网民提高对环境的认知，从而达到引导舆论的目的。

突发事件和重大社会问题之所以难以报道，原因在于其背后往往隐藏着多种矛盾，报道的分寸把握不好，就可能带来负面影响，使问题更加复杂化。这要求设置相关话题时具有大局意识、责任意识，充分考虑事件的整体状况和发展变化的规律，稳妥、准确地把握群众的利益和情绪，以积极健康的舆论氛围发挥心理疏导、安抚情绪、缓和矛盾的作用，帮助政府部门妥善、迅速处理突发事件，维护社会的和谐稳定。

（3）重视"把关人"作用。传统媒体的信息控制通过各个层级的"把关人"来完成，"把关人"在传统媒体中处于决定媒介内容的支配地位。但网络的非中心特征、网络的无疆界特征、网络的散播传递方式、网络的"匿名效应"等都在摧毁传统意义上的"把关人"，网络论坛传播更是一种典型的"去中心化"的信息流动，网民更多的是采取交互方式接收信息，这种交互性方式也使"把关"角色弱化。由此，传统媒体中那种"沙漏"式把关的传播过程已经被网络状的传播模式所取代，媒介作为"把关人"的作用被大大削弱，由政府部门和专门的社会组织充当"把关人"已不足以应对当前面临的困境。但是，新媒体传播的开放性和匿名化削弱了"把关人"的特权，但并不等于"把关人"职能的终结。实际上，在网络传播中，被削弱的主要是政府的"把关"功能而不是传统媒体背景网站的"把关"功能。就大众传播而言，信息的"把关人"不仅包括信息收集者和信息加工者，还包括公共关系从业人员及其他意欲影响大众媒介内容的利益团体的代表。虽然政府的直接控制力相对减弱，但它会采取其他一些措施，如扩大自己国家的一些主要新闻机构的影响，以防止本国受众的流失，并强大政府在网络中的声音。

新媒体"把关人"是新闻和资讯以及服务的重组者、链接人和发布平台。除了新闻价值的专业判断之外，还要考虑如何体现广度，在多种载体上获取信息，针对不同的受众分配不同的新闻信息，以及培育不同的新闻增值产品。媒体把关人必须适应时代的变化要求，勇于和善于承担起自己的社会职责，承担起对新闻的解释和评析，正本清源，求真务实，引导社会舆论。无论是通过价值判断在海量新闻信息中进行的优化筛选，还是通过"议程设置"进行的价值导向，网络编辑都是事实"把关人"，无时无刻不在行使把关权。如果网络媒体放弃把关，海量信息鱼龙混杂不加区分地在网上罗列，显然会使网民不知所措，网站存在的价值和意义就不复存在。

值得注意的是，网络媒体的把关不能以牺牲网络新媒体的优势和发展为代价，不能单纯为了把关而封闭社会，片面强化管制。

此外，还应充分发挥意见领袖的积极作用。由于相关内容前文已经进行较为详细的阐述，因此不再展开。

2. 加强手机媒体舆论引导力

（1）充分利用优势，正面宣传为主。手机媒体的最大优势是能在最短时间内、最快报道事实。手机媒体舆论引导要坚持有利于稳定社会情绪、促进和谐社会建设，以正面宣传为主，在重大突发事件中，更要充分发挥优势，迅速传递，正面引导，积极疏通。

（2）手机媒体与其他多种媒体形成积极互动。在舆论形成和发展的过程中，手机媒体可以和报纸、广播、电视、网络等媒体形式积极联手，共同发力，形成舆论合力，推动事态发展。

（3）开发出更多的舆论引导形式。手机媒体可以开发出更多的舆论引导形式，如特设专题和及时的评论；设舆论监督版块，化解公众的不良情绪；展开对争议性话题的讨论，吸引大众参与。

（4）加强手机运营商的管理和自律。加强对手机运营商的管理、手机运营商加强自律会是比较有效的手段。

3. 加强微信、微博舆论引导力

在新媒体环境下，传统媒体需要规范微信、微博新闻的发布流程、提高信息过滤功能，从源头上减少谣言产生的可能性。主流媒体微博使用者面对各种模糊不清的信息，应多一些批判，少一些盲从，及时发布权威信息，引导公众理性思考。

同时，微信、微博的发布者也应有强烈的公民责任意识，提高自身素养。2014 年 8 月 7 日，网信办发布《即时通信工具公众信息服务发展管理暂行规定》，提出服务提供者从事公众信息服务需取得资质、强调保护隐私、实名注册、遵守"七条底线"、公众号需审核备案、时政新闻发布设限、明确违规如何处罚。除了道德的自律与行业的规范，更需要进一步完善法律制度，才能在网络谣言损害到公民个人合法权益时，做到有法可依、违法必究。

此外，应建立起科学的、基于微信的舆情监测体系，实现对社交媒体舆情的实时掌握。发现相应的网络舆情后，及时处置，正确引导。

（三）传统主流媒体引领新媒体舆论

传统大众传媒都是党和政府的宣传舆论机构，有着明确的宣传指导思想、规范的信息管理体制和专业的编辑记者队伍，在受众中享有较高的信誉。新媒体舆论引导的过程中，不能忽略传统媒体对新媒体的舆论引导，要与传统媒体融合嫁接，形成强大的合力。新媒体与传统媒体之间，应是互补、互动、互利、互助的合作关系。对此，传统主流媒体要主动发展新媒体，充分利用新媒体技术和新媒体手段促进国内外传播能力，继续保持和发展对社会舆论包括新媒体舆论的引领作用。第一，在技术层面上，传统媒体要引进新技术、适应新技术、熟练掌握新技术，努力与新媒体在技术层面站在同一起跑线上。第二，传统主流媒体应该积极转换观念，变被动调整者为主动调整者，调整传播策略，与互联网、手机等新兴媒体进行资源整合，以便在"碎片化"传播语境下，最大限度地影响受众，从而实现舆论导向功能。第三，做好新旧"连接"。传统媒体应把自身具有的优势信誉延伸到网络上，积极引导网上舆论，形成良好的传播环境。网络媒体的发展也离不开传统大众媒体这个"母体"，它需要借助传统主流媒体的内容与深度，两者有效结合、"新旧连接"才能实现传播媒体和社会信息资源合理分配的目标。

二、从机制加强新媒体舆论引导的方法

（一）切实保障新媒体舆论引导机制正常运转

1. 组织保障

确保新媒体舆论引导机制正常运转，提高新媒体舆论引导能力，必须坚持马克思主义新闻观，坚持正确的舆论导向。我们国家的新闻媒体是党和人民的喉舌，具有鲜明的党性特征。马克思主义新闻观是社会主义国家新闻事业的指路明灯。如果离开了马克思主义新闻观的指导，社会主义新闻事业就会迷失方向、误入歧途。

新媒体的管理涉及宣传、广电、通信、公安、安全等多达 20 余个部门，他们分头负责制定具体管理办法、协调解决互联网重大问题，由于管理部门众多，一定程度上存在管理权限、内容交叉重复、责任不明的问题，削弱了管理力度。所以，要理顺新媒体管理部门，明确各部门职责，同时加强协作，在一定程度上即能够避免责任不明、效率不高、扯皮推诿等现象。建立新媒体管理专职机构，整合新媒体宣传管理的相关行政资源，形成有

效管理的体制机制，改变"多头管理、都管都不管"的情况。

2. 制度保障

新媒体舆论引导作为一个结合政府、媒介、受众的复杂系统，必须在社会实践中权衡各个标准，保持兼容的协调性，使整个系统有弹性地运行。面对复杂的新媒体态势，相关部门要研究媒体格局的变化，改变传统理念和落伍的新闻生产与管理方式，总结规律性的认识，建立起对新媒体舆论引导的制度保障。

3. 构建新时期的舆论调控体系

构建新时期的舆论调控体系，还必须建立起保障新媒体舆论引导有效进行的长效机制，建立一套完善的舆论调控体系、舆情信息的汇集和分析机制、舆情的预警和快速反应机制、健全的社会信息披露制度，只有这四个环节协调配合，才能实现舆论调控的预期目标，保障新媒体舆论引导机制长效运转。

4. 新媒体责任保障

鉴于媒体在社会生活中的巨大影响力，新媒体必须对其信息生产和传播行为尽到责任，必须杜绝影响国家安全、民族团结和社会稳定以及青少年身心发展的不良信息。作为具有社会控制能力的新媒体，必须跳出传统的"独善其身"的束缚，而"兼济天下"回报社会。通过这种负责任的激励相容行为，取得社会效益与经济效益的双赢发展。

(二) 破解舆论引导难题

1. 建立健全安全预警系统

信息涌动的时代，社会危机一般最先在新媒体上露出端倪。新媒体已成为社会思潮、民众情绪表达的有效载体，建立一支专业的民意调查机构和专业调查队伍，确保在第一时间及时报送事态发展情况。持续跟踪人们思想情绪的波动变化，多角度、多侧面掌握群众思想反应，提出舆论引导的对策建议，在调查数据的基础上进行科学决策，都有助于事先预警，掌握事态发展的苗头，及早采取防范措施。

2. 第一时间抢占先机

在坚持新闻真实性的前提下，第一时间介入新闻事件，第一时间发布权威信息，乃至第一时间做出客观评论，用正确的导向防止和消除各种杂音和噪声的干扰，用真实的声音挤占谣言传播空间。

3. 勇于触及敏感问题和矛盾

当前我国正处在社会转型的关键时期，新媒体要勇于触及敏感问题和矛盾，及时、准确地做出权威报道、深度解读或评论，掌握舆论引导的话语权。

4. 增强针对性和实效性

舆论引导实质上就是用新闻舆论改造和同化公众舆论的能力。各新闻网站要坚持用时代要求审视新闻宣传工作，按照新闻传播规律办事，充分发挥网络媒体的优势和特点，不断提高舆论引导的权威性、公信力、影响力。要把握媒体分众化、对象化的趋势，提高宣传的针对性、实效性。随着技术的发展和信息量的激增，受众的信息需求出现从"被迫接受"向"主动选择"转变的趋势。需要媒体根据受众的差异、兴趣爱好对自身特色进行"定位"，运用差异化策略找到在社会和市场中的位置。

5. 正确处理堵与疏的关系

充分运用网络传播规律，形成一套科学合理、行之有效的舆论引导管理机制，正确处理好网络舆论开放与有序、堵与疏的关系，变"堵"为"疏"，有效化解民间情绪，成为真正的社情民意直通车。

（三）严格技术管控

严格技术管控，能有效防范有害舆论的传播扩散。新媒体是信息技术的产物，技术决定新媒体的更新与发展，通过新技术提升新媒体的管理水平和运用效率是必然选择。没有强大的技术平台，再好的内容都无法送达受众。对此，应搭建新媒体技术管理平台，加强对媒体自身的信息过滤，对受众网络进行监控，控制不良手机信息。

（四）健全法规管理体系

完善管理法律和法规，依法管理新媒体是依法治国的必然选择。新媒体舆论的法律建设应当从三个层面来建构法律法规管理体系：一是《宪法》，二是一些基本法律和司法解释中与舆论有关的条文，三是有关网络、手机媒体等专门行政法规。首先从《宪法》高度规定我国传媒的性质、地位和作用，也从具体执行角度规定传媒的基本行为规范，将党的舆论主张和政策法律化，变党的意志为国家意志。真正以法律规范为特征的舆论引导长效机制还有待建立和健全。

同时，还应加强行业自律与监督。2002 年 8 月 16 日在苏州召开的"2002·第二届中国网络媒体论坛"公布了《保护网络作品权利信息公约》，为规范网络媒体行业自律迈出了重要一步。2003 年 12 月 8 日，由人民网、新浪、搜狐、新华网等数家中国主要网络媒体签署《互联网新闻信息服务自律公约》，2006 年 4 月 9 日，千龙网送温暖工程北京地区 14 家网站联合向全国互联网界发出办文明网倡议书，承诺担起网络自律责任，签署发表自律公约。此外，许多网络媒体也通过一些实际的措施，努力完善作为信息传播者的形象。2006 年，北京 43 家网络媒体签署《北京网络媒体自律公约》，成立网络新闻信息评议会，对北京网络媒体行业开展新闻信息服务的情况实施社会公众评议。这一机制获得了社会各界的一致肯定，对净化网络环境正显现出越来越明显的力量。后来又有 2008 年《中国互联网视听节目服务自律公约》多部自律公约产生。

（五）重构新媒体舆论道德伦理规范

如果说法律对新闻舆论是一种硬性调控手段，那么伦理则是一种不可缺少的软性调控手段。由于网络的隐匿性，传统道德在网络时代发生了异化，但无论网络交往如何具有匿名性，其行为主体还是现实社会中真实的个人，个人道德素质的高低将决定其网络交往行为的文明程度。建立自主、互惠、开放、多元的网络道德规范，培养成熟的、有责任心的网民，营造良好的网络道德氛围，才能保障网络文明。重构新媒体舆论道德伦理规范，具体可从以下几点入手：

1. 倡导网络道德

网络道德是人们通过网络媒介进行交流、传播时应自觉遵守、约定俗成的各种道德规范准则。网络是现代人生存的第二空间，理应有自身的一套道德伦理体系。网络道德规范应具备自律、开放、多元、全民、互惠这几个原则。

2. 他律与自律相结合，规范行业引导和社会监督

中国的互联网协会组织是一个重要的网络管理与协调机构，它通过制定行业规范、管理条例等多种方式，推动自律与他律相结合，也成为政府监管的补充。例如，在它的影响下，出台了《互联网行业自律公约》《中国互联网视听节目服务自律公约》《网络直播相关短视频营销平台自律公约》等，倡导网络文明，推动了更为广泛的社会监督。

3. 不能忽视青少年网络道德规范建设

青少年由于自制力相对较差，比较容易沉溺于网络，再加上他们对是非的分辨能力不够，往往容易受到网络舆论的影响，从而做出违反道德的事情，所以我们要特别注意。全社会要树立科学的成才观，不但关注青少年的学习，更应关注他们的身心健康，满足他们心理与成长的需求，加强道德培养。

4. 传统主流媒体加大道德引导力度

新媒体使用道德规范建设需要传统主流媒体全力以赴。当前从中央到地方的党报党刊都有网络版，还有专业评论员队伍，必须最大限度运用这种优势资源。因为党报党刊都由各级党委直接掌握，处于强势地位，舆论引导主要也是靠它们，它们的道德水平、引导水平直接关系舆论氛围，所以各级党报党刊除了掌握舆论导向以外，还应承担更大的责任，如网络道德规范建设、便民利民服务等。

网站也必须拥有自己的特色评论栏目和一批舆论专家，如网易的专家点评新闻栏目、人民网的"人民时评"，这些评论专栏，普遍邀请各方专家加盟，以提高言论的水平和深度，营造了一种强势的舆论空间，对网民进行适度的道德引导。

第十章 新媒体的管理与规制

随着数字技术在信息传播领域的广泛应用，新的媒体形态应运而生，新媒体以新的数字技术为基础。在新媒体传播环境下，传统的单向传播变成了互动传播，信息传播的自由度得到了前所未有的提升，信息传播的广度和深度也有了更大的拓展空间。当然，在新媒体环境下也会出现一些问题，本章即对新媒体的管理与规制方面的相关内容进行简要阐述。

第一节 新闻自由与新媒体的责任

一、新媒体新闻自由

（一）新媒体新闻自由的特点

新媒体新闻自由具有显著的特点，概括来说主要包括以下几方面：

1. 新媒体传播的原创性

新媒体传播的原创性主要表现在以下几方面：

（1）各大网络视频媒体的原创性愿望增强。例如，腾讯网站推出原创访谈电视节目。腾讯公司在线视频部总经理刘春宁曾表示，新媒体形式和传统媒体二者在内容上的互补与相互输入，是两种媒体跨界融合趋势的集中体现。随着视频网站出品内容数量和质量的增多，视频网站将会在未来发挥更重要的内容反哺作用。

（2）公民新闻运动所衍生出来的"草根记者"大量涌现。这类群体区别于那些所谓正统的、主流的声音，有其独立存在的理由和独特优势。像草根网民"边民"，在参与一系列网络事件中声名鹊起。

（3）个人创造的内容被推送到更广阔的平台上，使原创产品被更多的人接受。以智能手机为例，智能手机作为图片和视频传播载体，其平台广阔性、开放性使其成为新闻传播的途径之一。当移动媒体客户端成为人们接触信息的窗口，它所带来的改变是我们不可忽视的。移动媒体客户端使人们对信息更加挑剔，促使媒体提供更专业化、更个性化的信息传播方式。移动媒体客户端鼓励人们将一个客户端内提供的信息进行"一对多"传送。

2. 新媒体言论传播的便捷性

由于网络具有匿名性的特点，互联网允许任何一台网络终端设备参与到全球信息的交流，而且任何人进入互联网都不会受到阻碍，人们可以在网络上畅所欲言。网民被查明身份的可能性很小，身份、人种、财富、知识等各方面的限制条件在网络中都可以忽略不计，随着网络基础设施的完备，大家拥有的网络资源几乎是平等的。网民的言论自由在相当大的范围内是可以得到保障的。一方面，随着移动终端设备的普及，每个人都是信息传播的主体。自媒体时代的来临，公民新闻的兴起，使得每个人随时随地都可能成为新闻事件的策划者和主导者，人们可以用摄像机、手机、网站记录身边的一点一滴，甚至有些还可能报道轰动一时的重大新闻。另一方面，对于言论自由的渴望，使得我们的表达因传播门槛的降低而越发便利，"关注"与"被关注"的需要同时得到满足。

3. 新媒体传播的交互性

交互性这一概念至少有两种含义：一是指用户在网络上获得信息时，可以有更多的自主权，即他们可以自己控制何时以何种方式获得何种信息。二是指信息的提供者与信息的接受者之间的关系，主要指用户的反馈。这意味着受众对网上信息具有选择权和迅速反馈的能力。交互性使受众更广泛地参与到传播过程中，言论自由得以在更多范围内延展。

（二）新媒体环境下言论自由的注意事项

1. 媒体在对话过程中应担当对话平台的角色

大众媒体要在社会危机中及时补正传播中相位的不对称性，要赋予那些"支离破碎"的信息一种逻辑和结构，使民众可以通过这个结构形成对事件比较完整清晰和深刻的把握，另外要在社会话语体系中，更加凸显知识分子的社会话语权，让知识分子真正重返对话引领者的位置。只有这样，媒体才能真正呈现真相，走出危机。

2. 要建立及时准确的舆情预警机制

政府部门、网站版主对于舆情变化、对现实状态中潜在的舆论暗流要有预计和把握，当这些舆论暗自涌动的时候，要有提前预警，这对政府部门争取时间、争取主动是极为有利的。

3. 要遵循言论自由的底线

就公共领域而言，言论自由的底线至少有三个：一是不违背人类千百年来所形成的最基础性的道德价值。二是不蓄意伤害他人。我不同意你的观点，但捍卫你表达意见的权利，其前提是"你"是在就某个问题发表个人意见，而不是蓄意伤害他人的情感。三是要遵循社会主义核心价值体系。

二、新媒体的责任

（一）新媒体应承担的社会责任

1. 及时报道公益事件

目前我国对新媒体还没有公益广告发布的要求，因此学界与业界都对新媒体是否需要承载社会责任展开了争论。事实上，新媒体不能仅仅作为商业工具而存在，理应成为社会公益事业的中坚力量。公益事件的及时报道，其实是通过有效的诉求，激发受众的高级情感，如正义、爱国主义、团结等，这有利于社会和谐观念和良好风尚的形成。

2．及时传递信息

新媒体由于在信息传递的速度、规模、空间范围的自由等方面具有显著的优势，所以其传播信息的及时性与广泛性应当为社会提供更多的意见指导。由于民众获得的很多信息直接来源于媒介，如何有效引导舆论并让民众能够在社会主流价值观的指导下共同进步是新媒体的一大责任。

3．及时反馈信息

交互是新媒体受欢迎的原因之一。互动意味着信源与信息收受者之间的双向交流或多向交流。个人可以有自己的博客，可以生成、发布自己的信息内容，也可以参与他人发起的在线讨论。这些文章中有的反映群众对某一热点事件的集体看法，有的反映人民群众生活的苦难与达观，有的反映社会机制存在的纰漏，社会的包罗万象都能在新媒体的平台上展现。新媒体要运用自身的互动性和信息发布的高度开放性特征，及时捕捉来自生活中的第一手信息，成为群众与政府、群众与媒介、群众与群众等群体间的交流平台，成为党和国家改革过程中可靠的事实依据。如此一来，新媒体便能真正发挥及时反馈信息，从而传达社情民意的作用。

（二）新媒体承担社会责任的注意事项

1．坚持真实报道

真实是新闻的生命。目前，新媒体虚假新闻与失实报道呈上升趋势。如何杜绝新闻失实，追求公信，是社会关注的焦点。追求真实、树立权威、建立公信力，关键是在正确的新闻观指导下，进行有效的规避与整治。具体来说应做到以下两方面：

（1）加强对新媒体的监管。目前我国新媒体发展迅速，但面临的问题较多，管理部门存在着职能交叉、协调混乱、责任不明等问题。需要建立完善的信息发布审查机制，有效做好"把关人"，借鉴传统媒体经验，建立健全新媒体相关法规，规范新媒体市场。

（2）严惩制假、造假者。假新闻泛滥与没有严惩机制有关，这就需要依法管理，保护社会、公民的信息安全。

2．实现数字时代版权的合理合法使用

现今在互动式新闻、电子图书、音乐样品等新媒体领域，侵权事件经常发生。如何实现数字时代的版权合理合法使用，是需要解决的问题。具体应做到以下两方面：

（1）应用新技术，对数字产品进行版权保护，防止电子盗版。

（2）要有法律保障，运用法律手段，加大打击侵权行为的力度。

3．加快建设互联网法规制度体系

当前我国有 30 多部与互联网管理相关的法律、行政法规、司法解释和部门规章。这

些法律法规为依法管理互联网提供了基本依据，在维护网络信息安全方面发挥了重要作用。今后，应继续加快建设强大的新媒体法律体系，为新媒体和谐发展提供保障。

第二节　新媒体法制与伦理建设的困境与出路

一、新媒体法制与伦理建设的困境

"自由与规制"的矛盾是目前新媒体管理的难点，它引发了新媒体伦理与法制建设的诸多困境，信息共享与信息独有的难题就是困境之一。自互联网建立之初，就确立了"自由"的属性。信息共享可以使信息、资源得到充分利用，极大地降低全社会信息生产的成本，但是这对信息的生产者又是不公平的，因为信息的生产需要物质、智力等投入，所以信息生产者拥有信息产品的所有权并通过信息产品的销售来收回成本、赚取利润，是合乎情理的。那么，在新媒体世界，应该对信息的使用进行规制还是保持信息自由流动？应该让信息所有者拥有多少信息的独有权和控制权才更为合理？这一困境就是知识产权保护、网络信息霸权等问题一直悬而未决的根源。

另外，目前上网被视为一种自由、便捷的信息获取方式和通信方式，但网络的隐匿性和分散性等特征，很容易使上网者"为所欲为"。网络给人们提供的"自由"，远远超出了社会赋予他们的责任，如果网络行为主体的权利义务不明确，便会出现网络行为主体的行为自由度与其所负的社会责任不相协调甚至相冲突的局面。同样，隐私权是私人生活不被干涉、不被擅自公开的权利，保护个人隐私是基本的社会伦理要求。但为了避免个人行为侵犯他人权利或是社会安全，个人行为应该留下详细的原始记录供有关部门进行监督和查证，这就产生了个人隐私权和社会监督的矛盾。这一矛盾同样是由"自由与规制"的矛盾所引发的。

二、新媒体法制与伦理建设的原则

新媒体法制与伦理建设的困境问题并非是我国独有的，而是全世界都面临的问题，对此，各国都提出了关于新媒体法制与伦理建设的原则，这些原则也为我国新媒体法制与伦理建设提供了有益的借鉴。概括来说，新媒体法制与伦理建设的原则主要包括以下几个：

（一）自律原则

自律原则可以看作一种终极的道德诉求，在网络社会中，由于个人具有充分的自由，缺少约束，要达成一致同意，或完全享有所有资源，显然是不现实的。这就要求每个网络用户都有自觉性，遵守一般道义原则。只有这样，每个人才能够达到自己的目的。

（二）共享原则

网络具有大量的信息资源，而这些信息资源可以免费地供人们搜索和使用，对于用户来说，这是网络最大的吸引力。资源的共享不但促进了以网络为代表的新媒体的快速发展，同时也可以增进文化的交流和进步。当然，这种共享原则具有约定性，它使用的是网络提供的默认值。如果超出约定的范围，这一原则就会受到挑战和限制。

（三）无害原则

无害原则又被称为"最低道德标准"，是网络伦理的最基本准则，也是网络伦理最起码的道德规范。这一原则认为，人们不应利用计算机和信息技术给他人造成直接或间接的损害，避免实际的或潜在的损害或危害是新媒体法制与伦理建设的最低道德标准。

三、新媒体伦理与法制建设的内在基础

我国新媒体法制与伦理建设的内在基础是新媒体的伦理建设。新媒体伦理是指人们通过新媒体进行交流时所表现出来的各种道德关系。新媒体伦理建设，就是要在这些关系中建立一些相应的原则规范，使之成为网络媒体使用者自觉遵守的行为准则。当前，在我国积极推进新媒体建设的形势下，深刻认识信息时代伦理道德的重要性，借鉴国外新媒体伦理理论及实践的经验教训，深入研究新媒体的伦理道德问题，构建中国特色的新媒体道德规范体系，具有重要的理论价值和现实意义。

（一）政府及相关团体应积极引导新媒体伦理道德规范的形成

伦理道德规范的自发形成需要很长的时间，因此，政府及相关团体对新媒体伦理道德规范形成的引导和促进在当前就显得至关重要。政府及相关团体正确地引导网络的发展方向，是规范网络行为、保证这一新兴社会形态有序发展的基础和必要步骤。基于此，政府应在这个过程中起到引导和推进的作用，与民间团体一起出台和推行相应的网络伦理规则，以引导和规范网络行为主体的行为。具体来说可以做到以下几方面：

（1）建立多层次、多样化的新媒体道德委员会，加强对计算机网络行为的引导与监督。

（2）通过最广泛的道德商讨和道德民主程序，逐步形成新的道德共识，构建适合新媒体交往和生活特点的道德原则、规范和要求。

（3）由于网络拥有传统媒体所没有的、全新的传播方式，因此，政府及相关媒体在引导过程中，应该坚持"与时俱进"的原则，启动网络伦理道德规范建设的工程，把网络伦理道德当作一个系统工程来研究，支持对此进行各种类型的学术研讨，争取建立较为客观和适应网络发展的网络伦理规范。

（二）通过教育机制提高新媒体相关主体的道德自律能力

社会道德建设的根本目的就是要全面提高公众的道德自觉性，以形成整个社会良好的道德风尚。衡量道德建设成败的关键在于社会公众是否都遵守了一个社会共同要求的道德准则，是否普遍地养成了文明的道德习惯。加强社会的道德建设必须着眼于如何增进社会

公众道德意识的养成和道德行为的自觉。

道德意识和道德自觉首先是人们内心世界的活动。它是一种无形的、非程序化的精神力量，深藏于人们的品性、意向之中，内化为人的感情、意志和信念。某种价值观念要想成为现实的道德力量，就必须以征服人们的心灵、获得主观上的认同为前提。因此，只有反复进行晓之以理、动之以情的道德教化，并在此基础上引导个体逐步建立其所理解和追求的由道德理想、道德信念、道德价值等意识和观念所构成的意义世界，普遍的、共同的社会道德自觉才会成为可能。

目前，在很多国家，新媒体的伦理建设是通过硬性、长效的教育机制实现的。例如，美国、韩国等国家从中小学开始就开设有关网络伦理和计算机伦理的课程，通过持久、深入的教育，使网络伦理思想深入人心，增强个人的道德责任心，提高国民的整体网络伦理道德水准。因此，我国要想提高新媒体的伦理建设，同样需要通过长效的教育机制来实现。

（三）以传统伦理和世界伦理为基础构建我国新媒体伦理规范的具体内容

1. 构建我国新媒体伦理规范内容应该以我国的传统伦理规范为基础

我国本身有丰厚的伦理道德规范，而这些伦理道德传统是中华民族数千年一直延续下来的行为规范，本身就具有独特性。因此，遵循传统的伦理规范是构建符合我国国情的新媒体伦理规范的基础。

2. 我国新媒体伦理与法制建设应该注意全球性与本土性的协调统一

新媒体空间是一张国际性的大网，它的触角伸展到世界每一个角落。因此，新媒体的伦理与法制建设，首先应该考虑到它的全球性，在全球范围内确保网络信息交流通畅，然后形成共同的行为规范。在哲学界，学者们提出了"全球伦理"的理论构想，希望从不同的民族文化传统中吸取资源，对当今社会重大问题达成"最低限度上的共识"，形成"和而不同"的"全球伦理"。全球性网络新闻伦理的建设是"全球伦理"建设的一个重要组成部分，我们也可以在考虑全球网民共同利益的基础上，形成一些共识性的行为道德规范，并将严重违背这些道德规范的行为纳入法律的范畴。

3. 我国的新媒体伦理规范内容应充分考虑我国的具体国情

研究和建设新媒体伦理和法制，其最终目的是服务于社会发展，服务于社会主义精神文明建设。在今天，互联网已经成为思想政治工作的一个新的、重要的阵地，只有从思想上重视，在研究中做到严谨、认真、公正、客观，才能正确掌握这一新兴交往工具，引导其健康发展。

四、新媒体伦理与法制建设的外在保障

我国新媒体法制与伦理建设的外在保障是新媒体的管理、文化与技术建设。有效的管

理都需要自律与他律的统一。新媒体主体行为的控制既需要自律，也离不开他律。

（一）依靠科学的管理手段配合新媒体管制

目前，我国采取了一系列措施加强对网络文化的建设和管理，概括来说，较为有效的管理方法有以下几种：

（1）制定法规和部门规章。如中国互联网协会制定了举报、删除互联网上不良信息和垃圾信息的具体办法，以抵制不文明网络行为，净化网络环境。

（2）加强舆论引导和舆论斗争。行使行政职权管理是打击网络色情的主要手段。新闻出版总署利用技术手段实行实时监控，发现不良信息及时处理；设立了24小时举报电话，每天根据群众举报查处各种网上色情活动；同时还在全国实行公共场所巡查制度，及时发现问题并进行处理。

（3）开展治理工作，包括整治网吧，打击网络赌博、淫秽色情等。

相对于单一的管理手段，目前在我国，形成全国统一协作的管理体系、实现专项打击和长效机制相结合才更为关键。专项打击就像网络之外的治安"严打"一样，打完一拨又来一拨，不但费时费力，还起不到长效、彻底整治的作用。因此，监管部门应该各司其职，明确责任和义务，建立监管信息共享机制和监管合作机制。

（二）通过新媒体文化的建设为新媒体管理创造良性的媒体环境

要塑造良好的新媒体管理环境，进行新媒体的文化建设是一条捷径。具体可以从以下几个方面进行尝试：

1. 把世界优秀文明成果作为创作、传播网络文化的重要源泉

我国网络文化要走向世界，必须充分消化和吸收这些优秀成果。要精心筛选确定适合网络传播特点的古今中外优秀文化成果，采用新技术，设计新载体，对这些高品位文化信息进行数字化编辑、精品化包装、网络化传播。

2. 要打造具有中国特色、体现时代精神、品位高雅的网络文化

主流网站要进一步把品牌栏目和频道建设好、发展好，并创造出更多受网民喜爱的网上栏目和频道，丰富其内容，不断提升网络中中国传统文化、民族文化和当代文化的魅力。

3. 由重点发展信息产业向信息产业与文化产业融合发展转变

在网络的发展过程中，要把握网络传播的特点和规律，创新网络建设思想，在推进互联网物理层面建设的同时，注重从网络文化、趣味培养、价值弘扬等方面进行引导。

4. 要根据不同层次网民的精神文化需求进行创作和生产

网民的价值取向、兴趣爱好、知识水平、文化层次不尽相同，逐渐形成相对固定的网络群体。要把网络文化创作生产的先进性要求和广泛性要求统一起来，将音视频等多媒体技术结合起来，声、色、图、文、动作并茂，做到贴近实际、贴近生活、贴近网民。

（三）依靠先进技术保障新媒体发展

网络是现代高新技术的结晶，网络犯罪也是一种高智能的犯罪，犯罪者往往具有高超的专业知识。在网上，传统意义的作案现场根本不存在，证据多存于电子记录物中，由于信息量大，难以进行人工核实，而且易被篡改和销毁，因而传统法规无法有效制止网络犯罪，许多管理方面的问题需要依赖技术手段来解决。

（1）要强化技术保障，加强对网络防病毒技术、防火墙技术、防攻击入侵检测技术、不良信息监控过滤技术、加密与认证技术、远程监控技术等的研究和开发，有效封堵和杜绝不良信息。

（2）在重点网站、论坛上设立的"报警岗亭"和"虚拟警察"要充分发挥作用。

（3）要进一步健全完善网上接受群众举报求助、线下迅速处置的工作机制，构筑起有效的网络安全防范体系，更好地维护国家文化安全和信息安全。

（4）国家或网络管理部门应通过统一技术标准，建立一套网络安全体系，严格审查、控制网上信息内容和流通渠道。

第三节　国内外对新媒体的管理与规制

一、国内对新媒体的管理与规制

（一）国内对网络媒体的管理与规制

在我国，对网络媒体的管理与规制主要表现在以下几个方面：

1. 政府监管与法律规制

（1）网络媒体的管理机构建设。根据参与管制环节的不同，我国的网络媒体管理机构可以分为三类：第一，内容管制部门，是网络媒体新闻传播的核心部门，它由中央和地方的新闻办公室和对外宣传办公室两个部门来管理。其中，新闻办公室负责互联网登载新闻资格的审批。2000年4月，国务院新闻办公室成立网络新闻管理局，负责统筹协调全国的互联网新闻宣传工作，随后各省、市、自治区也陆续设立了相应的管理机构。第二，接入管制部门，主要指信息产业部和工商部门。信息产业部负责网络与信息安全技术平台的建设和管理；工商部门负责网站经营许可证的管理和监督。第三，安全管制部门，主要指公安部门和国家安全部门。

（2）政府对网络的社会管理。政府对网络的社会管理主要表现在：第一，对网吧进行管理。我国对互联网的社会管理是从网吧开始的。2002年9月，国务院出台了《互联网上网服务营业场所管理条例》，明确了网吧的审批、管理权限，强化了经营者的责任和管理要求，并做出了"互联网上网服务营业场所不得接纳未成年人进入"的规定。2004年，文化部等部门对网吧开始专项整治，整治重点是坚决取缔"黑网吧"，严厉查处接纳未成年人进入行为，打击网上传播有害文化信息的行为。2005 年，文化部等九部门联合发出《关于进一步深化网吧管理工作的通知》，要求深化网吧管理。总之，一系列规定与通知的出台，表明了政府治理网吧的决心，也将我国的网吧行业推向了规范化发展之路。第二，对互联网站展开综合治理。包括打击违法和不良信息、整治行业低俗之风等。此外，我国政府还对在互联网上传播和制造虚假、有害信息等行为进行了清理和处罚。

总之，通过立法和社会管理两种方式，我国政府在网络监管上采取了较为严格的措施。

2．技术管制

目前我国对网络媒体的技术防范与监管主要有阻止进入技术、过滤技术以及分级技术，当前普遍采用的是前两种方式。

除了技术的防范与监管，我国政府还建立了网络警察部队。建立这种新型警察队伍的主要目的是打击作案快速且不留任何作案痕迹的网上犯罪。网络警察均具有高超的计算机能力和良好的专业素质，他们的主要任务是进行网上搜寻，检索出不良信息，然后根据线索，利用高科技手段对网络犯罪协查破案。

3．行业自律

中国互联网协会是我国网络媒体的行业自律组织。该协会成立于 2001 年 5 月，由国内从事互联网行业的网络运营商、服务提供商、设备制造商、系统集成商以及科研、教育机构等多家互联网从业者共同发起成立。

中国网络媒体论坛也是我国网络媒体进行行业自律的平台。该论坛是由中华全国新闻工作者协会、人民网等十几家单位共同发起组织的一个大型论坛。

4．网民自律与公众监督

网络带来的各种问题并不是仅仅依靠法律和技术就能解决的，人的因素在互联网管制中同样发挥着不可替代的作用，网民自律与公众监督在互联网管制中具有重要意义。

公众监督就是把网络使用监督权交给网络使用者，让他们参与网络监督，发现违法和不良信息及时举报，通过各种渠道参与网络治理。如 2004 年 6 月，由中国互联网协会互联网新闻信息服务工作委员会主办的"违法和不良信息举报中心"网站开通。该网站的宗旨是举报违法信息，维护公共利益。任何公民在网上发现违法和不良信息，只要登录到该网站，说明相关信息所在网站的名称和页面位置，提供举报人的必要联系渠道，即可实施举报。"举报中心"的开通为公众监督互联网信息传播提供了全新的渠道，标志着我国网络媒体在公众监督方面进入实质性发展阶段。

（二）国内对手机媒体的管理与规制

我国对手机媒体的管理与规制表现在以下几个层面：

1. 政府监管与法律规制

在手机短信方面，2004 年 4 月，信息产业部颁布了《关于规范短信息服务有关问题的通知》，对资费不透明、退订难等问题提出了专门的解决措施。同年，全国公安机关还专门开展了"打击治理利用手机短信和网络诈骗犯罪专项行动"。2005 年 9 月，信息产业部发布《关于进一步加强移动通信网络不良信息传播治理的通知》，将手机媒体治理的矛头指向了运营商，并明确要求"相关电信运营企业、各移动信息服务业务经营者应逐条核查所发布信息的标题和内容，对发现的问题，立即整改"。同年 11 月，公安部、信息产业部、银监会联合开展了一次全国范围内的手机违法短信息治理活动。在这次活动中，信息产业部还起草了《通信短信息服务管理规定》，明确要求基础运营商承担一些责任，对用户的有效身份要进行登记。

在手机偷拍方面，《中华人民共和国电信条例》第 57 条规定："任何组织或者个人不得利用电信网络制作、复制、发布、传播含有侮辱或者诽谤他人，侵害他人合法权益的信息。"第 58 条规定："任何组织和个人不得利用电信网从事窃取或者破坏他人信息、损害他人合法权益的活动。"安全部颁布的《国家安全法》第 21 条规定："任何个人和组织都不得非法持有、使用窃听、窃照等专用间谍器材。"2006 年 3 月 1 日起实施的《中华人民共和国治安管理处罚法》中明确规定，偷窥、偷拍他人隐私是违法行为，可处以拘留或罚款。如果使用特殊专业设备偷拍，情节严重的可能触犯刑法。虽然我国已经把偷拍归纳到法律范畴，在处罚上有法可依，但是被侵害者依然面临着举证难的困境。

面对手机媒体的各种失范现象，手机实名制可以说是规制手机媒体最关键、最有效的措施之一。在实名制下，屡禁不绝的非法短信有所收敛。

2. 技术管制

在手机短信方面，运营商一方面可以限制短信的发送数量和频率，另一方面也可以制定一套判断垃圾短信的措施。工信部网络不良与垃圾信息举报受理中心接收到的举报的垃圾短信，按照发送方式可以分为通过 SIM 卡发送的垃圾短信和通过手机增值业务提供商发送的垃圾短信。举报中心对有发送嫌疑的手机号码会给予警告，那些警告无效并继续发送垃圾短信的号码将被转交给运营商进行监管。2015 年，《通信短信息服务管理规定》发布，对规范垃圾短信、促进市场健康发展发挥了积极作用。

在手机安全方面，手机反病毒软件可以做到实时拦截、提示不安全信息，对已确认的病毒进行杀除，并恢复感染文件等。针对隐私泄露问题，目前业界普遍采用加密的方法来解决。

3. 行业自律

在短信产业链中，运营商好比是一条河流的源头，要有效地清除不良短信和短信欺诈现象，源头自身的清洁和自律至关重要。企业在努力创造物质财富的同时，也要承担社会责任，运营商作为手机短信发送及接收的技术提供商，其地位特殊而关键。只要运营商大力规范短信市场、强化自律能力、划清自身的权责和处罚方式，加大对垃圾短信制造者的封杀力度，短信环境自然会得到净化。运营商也有义务保障用户个人资料的安全，泄露、窃取、贩卖用户个人资料的，应负法律责任。

二、国外对新媒体的管理与规制

（一）国外对网络媒体的管理与规制

由于历史传统和文化背景的差异，各国对网络媒体进行规制的理念不一，规制的程度也很不相同。但概括来说，国外对网络媒体的管理与规制主要体现在以下几方面：

1. 政府监管与法律规制

下面选取几个具有代表性的国家来简要阐述其政府对网络媒体的管理与规制。

（1）美国。美国是互联网的发源地，也是较早探索网络媒体管制的国家。早在 1978 年 8 月，美国佛罗里达州就率先通过了《佛罗里达计算机犯罪法》，该法规涉及侵犯知识产权、侵犯计算机装置和设备、侵犯计算机用户权益等问题，并做出了种种规定。随后，美国共有 47 个州相继颁布了计算机犯罪法。1984 年，美国国会通过《联邦禁止利用电子计算机犯罪法》。1987 年，国会通过一项方案，批准成立国家计算机安全技术中心，并制定了《计算机安全法》。1996 年 2 月，美国总统签署了国会通过的《传播净化法》，这是美国对互联网内容审查的首次立法，明确规定互联网不得向未成年人传播有伤风化的文字及图像。1997 年，美国最高法院判定这一法案违宪，使它最终未能实行。2000 年 4 月，美国贸易委员会制定了《儿童网上保护法》，该法规定，商业网站收集年龄在 13 岁以下少年的个人信息以及允许这些未成年人进入网上聊天室时，必须得到父母的同意。

需要注意的是，美国为达到监管网上新闻信息传播的目的，有时并不是直接制定专门法规，而是从通信法、电子商务法、网上知识产权保护等领域切入，设立相关条款。

（2）德国。德国是全球第一个制定成文网络法律的国家，该国在 1997 年 8 月通过的《信息与通讯服务法》（即《多媒体法》）是世界上第一部规范互联网的法律，其全称为"规定信息和通信服务的一般条件的联邦法令——信息和通信服务法"，该法案确立了"传播自由"和"责任并重"的原则。

此外，德国政府还通过了《电信服务数据保护法》，并根据发展信息和通信的需要对《刑法法典》《传播危害青少年文字法》《著作权法》等法律进行了修改和补充。

（3）韩国。韩国是世界上最早设立互联网审查机构的国家。早在 1995 年，韩国国会就修改通过了新的《电信事业法》，将"危险通信信息"作为管制对象，并根据该法组建信息通信伦理委员会。该委员会的主要工作包括接受不良信息举报、对网络进行监察、对网络纠纷进行仲裁、关闭国内非法或不健康网站以及屏蔽国外不良网站等。2008 年，韩国政府新成立了广播通信审议委员会承担上述职责。2005 年 10 月，在广泛征求社会各界意见后，韩国政府发布了"网络实名制"规定。根据该规定，网民在网站留言、建立和访问博客时，必须先登记真实姓名和身份证号，通过认证后方可使用。2006 年年底，韩国国会通过了《促进信息通信网络使用及保护信息法》修正案，规定主要门户网站在接受网民留言、发布照片和视频等操作前，必须先对网民个人的真实姓名和身份证号码等信息进行记录和验证，否则将对网站处以最高 3000 万韩元的罚款。由此，韩国成为世界上首个强制推行"网络实名制"的国家。

2. 技术管制

（1）分级与过滤技术。分级与过滤是指通过应用软件来设定不同的信息获取水平，帮助用户控制在登录网络后应该看到和不应该看到的信息内容。分级与过滤技术是互联网行业进行自律的有效技术手段，也是对网上不良信息，尤其是对青少年不利的信息进行技术监管的核心。通过对不良信息进行分级与过滤，可以提供较好地实现道德内化的外部环境。

（2）执法人员的技术培训。网络监管需要专门的知识和技能，如果处理网络犯罪的执法人员专业知识不足，就无法有力打击网络犯罪。因此，许多国家都在加强对执法人员的技术培训。比如，韩国警察厅就成立了由"网络警官"所组成的网络犯罪应对中心，专门对付网络犯罪。应对中心除了对犯罪嫌疑人进行调查并根据犯罪情况提出处罚意见外，还要对犯罪环境和作案手段进行分析，这无疑需要相当专业的互联网技术知识。

（3）政府和企业间的合作。在互联网管制、打击网络犯罪的过程中开展国际合作十分迫切。全球最大的警察组织——国际刑警组织，为了打击日益猖獗的网络犯罪，对其工作人员提供了专门培训，并开通了 24 小时不间断的网络支持系统，以为其成员国警方提供证据调查、收集以及专家咨询服务。互联网市场发展潜力巨大，竞争不是发展的唯一方式，积极促进网站、软件企业、政府间的合作才能开拓更大的市场，实现良性发展。

3. 行业自律

行业自律不仅可以减轻政府的压力，而且能给予行业更多的精力来应对快速变化的网络环境。为了有效地进行网络媒体的行业自律，发达国家建立了诸多行业自律组织。这些组织大致可以分为以下两类：

（1）互联网协会，如英国互联网服务提供商协会、加拿大互联网提供商协会以及澳大利亚互联网行业协会等，这类协会制定了互联网企业的行业标准和行为规范，并通过行业协会来协调自律中出现的问题。

（2）带有一定管制色彩的非政府组织，如英国的互联网监看基金会和澳大利亚网络警示机构等组织，这些组织通过向互联网业主发布撤除不良信息警告等方式开展行业自律。

4. 网民的自律

虽然西方各国都非常注重行业自律在互联网管制过程中的作用，但单纯依靠行业自律机制，其作用依然是有限的。因此，加强网民的自律意识，帮助他们提高对网络安全问题的认识，是确保网民尤其是青少年上网安全的关键因素。当然，自律并不是一件容易的事情，最后极有可能变成空谈。只有网民自律与行业自律相结合，再加上政策和法律等他律方式，网络媒体的有效规制才有可能真正实现。

（二）国外对手机媒体的管理与规制

1．美国

由于短信泛滥成灾，所以美国对商业短信的发送采取"自由选择"的政策，除非用户明示有接受这类短信的意愿，否则就不会收到。为防止某些公司忽视这一政策，美国移动营销商们还成立了移动营销协会，该协会负责制定行为准则，对违规行为进行监督和约束，把人们受垃圾短信骚扰的程度降到最低。

2．英国

英国移动通信运营商联合通过了行业自律条例并建立了独立的监管机构，效果显著。根据最新版《英国关于手机新形式内容的自律执业条例》，运营商必须对他们所能影响的手机网站的商业内容进行分级标注。对有些手机网站，运营商只能提供上网渠道而不能影响其内容，所以就必须根据分级规则，采用技术手段屏蔽那些不适合青少年的内容。此外还采取"年龄确认"方式控制手机用户可访问内容的范围。手机用户只有在购买手机卡时出示年龄证明，或通过其他方式证明自己年满 18 岁，才能获取访问权。

3．韩国

韩国对于手机媒体的立法可谓走在世界前列。2001 年，信息通信部制定"防止手机短信滥发对策"，规定各有线、无线通信服务商和短信广告商必须签订杜绝滥发行为协议。从 2002 年起，韩国开始实施手机短信屏蔽服务，用户只要向服务商提出申请，服务商就会在终端服务器上阻止相关发送者的短信。同年，韩国又进一步改进了手机功能，设置了短信拒收菜单，用户可以直接在手机上操作，屏蔽不愿接收其信息的号码。2004 年年底，韩国政府再次修改《信息通信网法》，规定向用户推销商品和服务的手机短信、电话广告和传真均要征得用户同意。另外，韩国不仅在立法上逐步完善对手机媒体的管制，同时也加强了技术防范措施。耗资 3 亿多韩元的技术系统于 2006 年年底正式启动，这项技术系统主要是被绑定在三大移动通信运营商的任意电话号码上，通过搜集向这些电话进行非法活动（包括不良短信、留言信息及彩信等）的来源号码，从源头上消灭垃圾信息，从而杜绝垃圾信息的扩散。

第四节　新媒体传播环境下的媒介素养

媒介素养是指人们获取、分析、选择、评价媒介信息的能力，以及创造生产和传播媒介信息的能力，以及使媒介信息为我所用的能力。媒介素养近几年频繁地出现在人们的视野中，引发了众多学者专家的研究和探讨。本节主要对网民的媒介素养和网络编辑的媒介素养进行简要阐述。

一、网民的媒介素养

在新媒体的媒介生态环境中，网民的主体地位越来越突出，其参与传播的热情也前所未有地高涨，在这一大环境下，网民应该具备一定的媒介素养，概括来说主要包括以下几方面：

（一）对媒介要有清晰的认知

随着媒体技术的发展，新的媒介层出不穷，论坛、微博、即时通信软件等，让人眼花缭乱。各种新的媒介满足了人们各类需求，提供了人们个性化使用媒介的便利。但是如果没有对媒介的清晰认知，也会被新媒介这把双刃剑所伤。作为网民，要认识新媒介，利用新媒介为自己服务，同时也要清醒认识新媒介可能带来的危害。趋利避害，源于对媒介的清晰认知。

（二）对新闻专业知识要有一定的了解

在新媒体环境下，受众与传播者的界限已经相当模糊，传播者的中心地位去除，传统的受众可以同时具备受众和传播者两种身份，或者两种身份随时转化，那么在这种情况下，网民就应该具备一定的新闻责任意识，了解一定的新闻专业知识。了解新闻基础知识，是网民提高媒介素养的重要一环。

（1）要了解新闻是什么。既然你可以随时随地地成为一个新闻内容的生产者，那么你首先要了解什么是新闻。

（2）要了解新闻的基本属性：真实性、时间性、客观性和倾向性。如果不了解新闻的基本属性，就可能随意地发布虚假信息，或者发布过期信息，或者发布充满主观情绪的信息。

（3）要了解新闻的价值所在。要知道到底什么样的新闻才是值得发布的，如果不了解这一点，就会制造垃圾信息，给网络公共领域造成信息污染。

（三）要善于运用信息过滤机制

在新媒体新闻传播环境下，互联网的海量信息每天充斥于网络，作为普通网民，面对如此巨大的信息轰炸，要善于运用信息过滤机制。

1. 浏览新闻门户网站的分类信息

相对来讲，在新媒体环境下，新闻门户网站把关人的作用还是有所体现的。网络新闻编辑作为把关人，把比较有价值的新闻信息进行搜集并分类上传。所以，网民可以通过浏览门户网站的新闻来对信息进行过滤。

2. 利用搜索引擎

网络中的信息良莠不齐，浩如烟海，网民自己去评估和选择信息是非常困难的，运用搜索引擎，就使人们从海量信息中挑选出对自己有用的信息变为可能。搜索引擎把海量信息进行拣择，按一定的标准前后排序，使人们可以比较容易地挑选和获取信息。搜索结果的排序，通常是以搜索关键字的相关度为依据的。但是如果搜索产业公司把商业利益置于客观公正的原则之上，就会出现竞价排名的网站排序在前的结果，这也是网民们在利用搜索引擎时需要警惕和注意的。

（四）要注意保护个人隐私

实际上，网民参与网络传播时所有的浏览记录、搜索历史、发布信息，都会被网络记录下来。如果将这些信息进行搜集整理，就可以合成个人的数据，从而很容易暴露网民的个人信息。而这些暴露出的个人信息，也很容易被别有用心的人利用。所以，网民们要对自己在网络上的印记有所注意，对自己要有所约束，尽可能地避免伤害别人，同时也要保护自己的个人隐私。

（五）要提升网络上的人际沟通交流能力

人际传播是新媒体新闻传播的一种重要方式，所以，要提升媒介素养，必须要有良好的人际沟通交流能力，在网络上拓展人际交往的广度和深度，更好地利用人脉资源，对网民在新媒体新闻传播环境下进行信息生产和传播提供更为广阔的自由发挥的空间。网络传播过程伴随着人际关系的建立和巩固，成为新媒体传播环境下的新景象。如果你在网络中有良好的人际关系，就可以融入不同的群体、圈子，从中获得各种信息。

（六）要具有信息的制作生产能力

学会使用媒介，在多媒体传播的信息环境下，懂得如何制作音视频，如何把文字和图片整合在一起，并且上传至网络，是网民在新媒体环境下应具备的信息制作能力。

二、网络编辑的媒介素养

当前社会，信息的集合和传播都是以多样化和极为快速的方式生成，并且已经进入一个媒体融合的时代，也就是全媒体时代。在这样一个时代，人们对信息的需求非常旺盛，作为新媒体新闻传播的专业从业者，网络编辑的思想越来越丰富，编辑手段也在向传统媒体的精细化靠拢，网络编辑越来越专业化。在当今这样一个时代背景下，网络编辑应该具备一定的媒介素养，概括来说主要包括以下几方面：

（一）网络编辑要更加专业化和职业化

在新媒体传播环境下，几乎任何人都可以随时随地地发声，发布新闻信息，传播新闻信息，这样就产生了公民新闻的概念。公民新闻的主要特征是报道主体的非专业化和报道内容的非政治化。公民新闻在目前的新闻传播态势下，虽然形成了职业新闻机构与非职业化组织和个人并存的传媒生态，但是我们要看到，公民新闻的传播如果没有主流新闻网站或传统媒体的介入，其传播力和影响力就比较有限。因为公民新闻往往是新闻事实的浅显表述，新闻事实的表述也往往呈现不完整的模糊状态，且掺杂较多的个人情感和情绪，甚至会混入虚假信息，所以，受众在接收公民新闻时，往往对专业的新闻传播机构抱有期待，希望专业的新闻机构对此新闻予以核实和验证，并进行相关报道。由此看来，公民新闻虽然日渐崛起，但其对新闻专业机构和从业者并没有构成太大威胁，反而成为新闻专业网站和从业人员更加专业化、职业化的推动力。

（二）网络编辑要有新媒体新闻的传播能力

网络编辑在选择整合相关媒介产品后，要掌握传播技巧，具备媒介产品的传播能力。要注意编辑内容的多元与丰富性，以及编辑设计的双向交互性。在新闻网页上，最直观的就是新闻标题。由于网页超文本超链接的编辑组织方式，新闻首先是以标题的形式呈现在新闻网页的首页上，受众根据新闻标题是否能吸引自己来决定是否点击链接进行全文阅读，所以标题的制作对于网络编辑来说要求很高。网络新闻标题要简洁明了、新颖生动，并且要单行实题，新闻标题必须能够反映新闻的主要内容，题文紧密配合，不能出现文不对题，或者题目偏离文章中心内容的情况。

除了标题的制作，网络编辑还要善于利用多种编辑手段来体现编辑思想。例如通过字体的变化，套红或变蓝，添加图片或音视频资料，版面排序靠前等手段来体现此新闻的重要性。另外，对于热点难点问题应进行深度报道。对于长消息，可以用增加小标题和关键词的方式体现易读性，或采用分层报道方式，既提供简讯，也提供详细报道。这些手段对提高新闻的传播强度，提升新闻网站的影响力具有积极意义。

（三）网络编辑要有对网络受众的研究分析能力

在新媒体传播环境下，受众的地位越来越突出，传播呈现一种去中心化的趋势，权威被解构，人人都可以成为中心，传播者和接受者的界限日益模糊，受众个性化的信息需求凸显，受众在庞杂的信息洪流中，可以主动地选择和接受信息。在这样的情况下，网络编辑必须要从受众的角度出发，考虑新闻稿件的选择和编排。这就要求网络编辑具有对网络受众的研究和分析能力，要了解网络受众的喜好和感知程度。

（四）网络编辑要有对自媒体的挖掘和链接能力

博客、微博等自媒体的出现，满足了人们对个性化媒体传播的需求。但是自媒体本身的影响是有限的，网络编辑可以成为扩大自媒体影响的推进剂，提供自媒体与社会联系的平台。比如在新浪新闻中，就专门辟出博客一栏，制作标题，链接相关博客。博客作为自媒体，是网民自我发表的阵地，网络编辑发掘其中的精粹，并链接到门户网站的新闻平台上，成为自媒体连接社会的纽带，既可以吸引门户网站的受众，也可以扩大自媒体的影响。这就需要网络编辑每天关注大量的有影响力的博主的博客，聚集高水平的意见领袖，并从中选择能够吸引大众的文章，在新闻网站的平台上为他们提供表达空间。网络编辑还要关注访问量激增的草根博客，判断草根博客突然引发如此多关注的原因以及其是否具有新闻价值，从而选择性地链接相关博客文章。由此可见，门户网站已经充分认识到自媒体的力量不容忽视，同时也在发挥专业媒体的链接和整合作用。因此，网络编辑应该具有对自媒体的挖掘和链接的能力。

（五）网络编辑要有信息的辨识和整合能力

信息的辨识包括以下两个方面：

（1）从传统媒体中选择有价值的新闻。

（2）从海量的碎片化的公民新闻中选择有价值的新闻，并且对其进行核实验证，去伪存真。

在编辑公民新闻的时候，要注意其表述新闻事实立场的客观性，要注意区分公民新闻中的新闻事实和发布者的感性认知与情感表达。

整合主要体现在以下三个方面：

（1）对传统媒体中相关新闻的整合。比如把不同媒体关于同一新闻事件不同角度的表述整合在同一新闻标题之下，或者把传统媒体关于同一新闻的不同体裁的报道整合在同一版块之中。

（2）多媒体整合，把关于同一新闻事件的不同的媒体表现手段整合在一起，例如，文字、图片、音视频的整合。

（3）整合公民新闻中的碎片化信息。公民新闻中的碎片化信息往往是不完整的，虽然有时效性，但是往往没有深度。网络编辑通过整合碎片化信息，梳理新闻事件的来龙去脉，挖掘碎片化信息之间的联系，可以让公民新闻更加易于接受和传播。

参考文献

[1]《中国公共管理年鉴》编委会. 中国公共管理年鉴（2013）[M]. 北京：中国财政经济出版社，2013.

[2] 毕书清，李婷婷. 传播变革 新时期传统媒体的变革与发展 [M]. 南京：江苏凤凰科学技术出版社，2017.

[3] 毕书清. 新时期的媒体融合与数字传播 [M]. 南京：江苏凤凰科学技术出版社，2015.

[4] 毕伟. 互联网时代的新媒体 [M]. 兰州：甘肃科学技术出版社，2017.

[5] 车云月. 数据化网站运营深度剖析 [M]. 北京：清华大学出版社，2017.

[6] 褚亚玲. 新媒体舆论引导力研究 [M]. 北京：团结出版社，2015.

[7] 范军. 2013—2014 中国出版业发展报告 [M]. 北京：中国书籍出版社，2014.

[8] 傅思明，李文鹏. 党政干部提升网络执政能力读本 [M]. 北京：东方出版社，2013.

[9] 宫承波. 新媒体概论 [M]. 北京：中国广播电视出版社，2012.

[10] 宫京成. 大众传媒回应与引领当代社会思潮研究 [M]. 北京：人民日报出版社，2016.

[11] 何倩，等. 实用新媒体简论 [M]. 成都：四川大学出版社，2016.

[12] 侯晓娜. 电子商务概论 [M]. 北京：北京理工大学出版社，2016.

[13] 黄传武. 新媒体概论 [M]. 北京：中国传媒大学出版社，2012.

[14] 黄河，刘琳琳，王芳菲. 新媒体管理 [M]. 北京：中国传媒大学出版社，2015.

[15] 黄迎新. 数字时代的中国电视产业研究 [M]. 厦门：厦门大学出版社，2012.

[16] 金涛. 旅游网络营销 [M]. 北京：中国旅游出版社，2017.

[17] 金星. 实用广告学教程 [M]. 上海：复旦大学出版社，2013.

[18] 匡文波. 新媒体理论与技术 [M]. 北京：中国人民大学出版社，2014.

[19] 匡文波. 新媒体舆论 模型、实证、热点及展望 [M]. 北京：中国人民大学出版社，2014.

[20] 李伟权，刘新业. 新媒体与政府舆论传播 [M]. 北京：清华大学出版社，2015.

[21] 李瑶. 网络营销策划与实施 [M]. 北京：清华大学出版社，2012.

[22] 李宇. 数字时代的电视国际传播：路径与策略 [M]. 北京：中国广播影视出版社，2015.

[23] 郦瞻. 网络营销 [M]. 北京：清华大学出版社，2013.

[24] 刘美玲. 媒介融合时代电视媒体的转型之路 [J]. 新闻研究导刊，2017（3）：259.

[25] 刘沛. 工会干部新媒体实用手册 [M]. 北京：中国工人出版社，2014.

[26] 刘前红，秦琴. 新媒体营销项目化教程 [M]. 北京：中国轻工业出版社，2018.

[27] 刘小华，黄洪. 互联网＋新媒体 全方位解读新媒体运营模式 [M]. 北京：中国经济出版社，2016.

[28] 刘行芳. 新媒体概论 [M]. 北京：中国传媒大学出版社，2015.

[29] 刘阳. 自媒体终极秘诀 [M]. 哈尔滨：哈尔滨出版社，2016.

[30] 卢毅刚. 舆论学教程 第 2 版 [M]. 郑州：郑州大学出版社，2012.

[31] 吕奇，杨元刚. 计算机辅助翻译入门 [M]. 武汉：武汉大学出版社，2015.

[32] 马为公，罗青. 新媒体传播 [M]. 北京：中国传媒大学出版社，2011.

[33] 强荧，戴丽娜. 新闻传播学理论前沿 在媒体融合的视域下 [M]. 上海：上海社会科学院出版社，2016.

[34] 乔辉，曹雨. 网络营销 [M]. 北京：机械工业出版社，2015.

[35] 秦州. 网络新闻编辑学 [M]. 上海：复旦大学出版社，2012.

[36] 申启武. 广播新闻学 [M]. 广州：暨南大学出版社，2016.

[37] 孙黎，徐凤兰. 新媒体广告 [M]. 杭州：浙江大学出版社，2015.

[38] 谭云明，郑坚. 新闻编辑学 [M]. 武汉：华中科技大学出版社，2016.

[39] 汪启明，李岗，梅红. 选题策划学 [M]. 成都：西南交通大学出版社，2015.

[40] 王松，李志坚，赵磊. 信息传播大变局 新媒体传播管理与数字技术 [M]. 上海：上海交通大学出版社，2013.

[41] 王松，唐莉芳，施妍. 信息传播大变局 2 新媒体与数字娱乐传播 [M]. 上海：上海交通大学出版社，2015.

[42] 肖海清. 社交搜索的应用分析——以 Facebook 社交图谱搜索为例 [J]. 华中师范大学研究生学报，2013（3）：152－158.

[43] 谢耘耕，陈虹. 新媒体与社会 第 14 辑 [M]. 北京：社会科学文献出版社，2015.

[44] 严三九. 新媒体概论 [M]. 北京：化学工业出版社，2011.

[45] 杨艳琪. 新媒体与新闻传播 [M]. 北京：社会科学文献出版社，2015.

[46] 杨颖. 新闻采写 200 问 [M]. 北京：蓝天出版社，2015.

[47] 詹新惠. 新媒体编辑 [M]. 北京：中国人民大学出版社，2013.

[48] 张玲. 新媒体广告 [M]. 重庆：西南师范大学出版社，2016.

[49] 张名章. 网络新闻编辑 [M]. 北京：北京师范大学出版社，2010.

[50] 周洁如. 企业社交网营销经典案例及精解 [M]. 上海：上海交通大学出版

社，2013.

［51］周丽玲，刘明秀. 新媒体营销［M］. 重庆：西南师范大学出版社，2016.

［52］周茂君. 新媒体概论［M］. 成都：西南师范大学出版社，2016.

［53］周蔚华，徐发波. 网络舆情概论［M］. 北京：中国人民大学出版社，2015.

［54］周艳. 新媒体理论与实务［M］. 北京：中国传媒大学出版社，2014.